Elogios para
EN BUSCA DE LA FELICIDAD

«La historia inspiradora de cómo un hombre increíblemente decidido consiguió llegar con éxito a la sala de juntas y permaneció allí. Se trata de una tremenda lección de tenacidad. Es una historia extraordinaria».

—Donald Trump

«El viaje increíble de vencer lo imposible».

—Los tres doctores, autores de *The Pact* y *We Beat the Street*, éxitos de ventas según el *New York Times*

«Gardner narra la crónica de su largo y doloroso viaje, gratificante en última instancia, desde el interior de la ciudad de Milwaukee hasta el pináculo de Wall Street».

—*Publishers Weekly*

«Puedes venir de cualquier parte y aun así acabar en un lugar extraordinario. Podrías encontrarte sin hogar, sentirte desvalido, y a pesar de ello convertirte en un líder visionario y un filántropo supercaritativo. Chris Gardner lo hizo y su libro te inspirará a hacer lo mismo, o incluso a superarlo».

—Mark Victor Hansen y Robert G. Allen, coautores de *Millonario en un minuto* y *Cracking the Millionaire Code*

«Es real, apasionante, valiente, una historia universal que podría proporcionarnos una nueva comprensión de la creciente distancia entre los que tienen y los que no poseen nada. *En busca de la felycidad* es un libro que te atrapa y te mantendrá despierto toda la noche».

—Reverendo Cecil Williams, Glide United Methodist

«*En busca de la felycidad* se centra firmemente en temas universales como la violencia doméstica, la incultura, la enfermedad mental, el abuso de menores, el alcoholismo, la pobreza y el desamparo, a la vez que sirve como una guía auxiliar para todos los que son padres de bebés y necesitan ayuda en la senda de la paternidad».

—Jet

«Esta exitosa historia nos permite atisbar la determinación y la verdad de una vida sin concesiones».

—Upscale

EN
BUSCA DE LA
FEL*y*CIDAD

CHRIS GARDNER

con

Quincy Troupe

y

Mim Eichler Rivas

HarperCollins *Español*

Editora en Jefe: *Graciela Lelli*
Traducción: *Loida Viegas*
Adaptación del diseño al español: *Grupo Nivel Uno, Inc.*

ISBN: 978-0-82970-150-0

Impreso en Estados Unidos de América
15 16 17 18 RRD 9 8 7 6 5 4 3 2 1

Dedicado a mi madre,
Bettye Jean

Bueno, hijo, te diré una cosa:
la vida no ha sido para mí una escalera de cristal.

Pero todo el tiempo ha habido una escalada...

—«Mother to Son» [La madre al hijo] de Langston Hughes

Contenido

Agradecimientos

Mi madre siempre me recalcó que las palabras más importantes de nuestra lengua son *por favor* y *gracias*. Con esto en mente, me gustaría mostrarles mi agradecimiento a algunas de las personas que me han bendecido al formar parte de mi vida y también me han ayudado con la tarea tan desafiante de intentar escribir este libro.

Mi primer reconocimiento va para el equipo de Gardner Rich & Company (GRC), que me permitió usar el tiempo, el espacio y la amplitud de movimientos emocional requerida para mirar en retrospectiva mientras ellos esperaban. Quiero darle las gracias en especial a Collene Carlson, presidenta de GRC, por cubrirme la espalda y apoyarme durante los últimos doce años.

Tengo que hacer público mi agradecimiento personal a Lynn Redmond, mi chica del programa de noticias *20/20* de ABC. Fue su pasión por una parte del viaje de mi vida la que hizo que tantas bendiciones y oportunidades se convirtieran en realidad. Asimismo, debo darle las gracias a Bob Brown, también de *20/20*. Bob llevó un poco lejos lo de «meterse en la cabeza del sujeto». ¡Él y yo tenemos el mismo barbero!

En una ocasión, Quincy Troupe me hizo objeto de un malicioso cumplido diciéndome que estaba tan loco como su anterior protagonista, Miles Davis. ¡Desde luego que lo tomaré como un cumplido! Fue Quincy quien me ayudó a abrir todas las puertas de mi mente que había procurado mantener cerradas.

Mim Eichler Rivas me ayudó a sincerar mi alma. Quincy escribió lo sucedido; Mim plasmó cómo se *percibió* lo ocurrido. Si hay algún sentido de sentimiento, pasión o sueños en todo esto, se debe a Mim.

Dawn David, de Amistad, mi brillante editora que no sabe nada de mis andanzas ni le importan lo más mínimo, también ha sido vital para este libro. Desde el primer momento en que nos conocimos supe que «era ella», sin tener la menor duda ni la necesidad de reconsiderarlo. Cuando nos encontramos, el último libro que ella había publicado iba camino de conseguir el premio Pulitzer. ¡Como he dicho, no tuve ni un asomo de duda! Y gracias también a los demás aplicados trabajadores de Amistad: Rockelle Henderson, Gilda Squire, Morgan Welebir, así como los equipos de producción y diseño.

Le estoy eternamente agradecido a Will Smith. ¡Ese muchacho es EL MEJOR! Fue a Will al que le expresé mis preocupaciones durante la filmación de *En busca de la felycidad*. Sigo asombrado por su elegancia, humildad y talento.

A los chicos de Escape Artists: Todd Black, Jason Blumenthal y Steve Tisch. Una vez más supe desde el principio que eran las personas idóneas. ¡Gracias! ¡Gracias! ¡Gracias!

Mark Clayman, tu visión sigue dejándome perplejo. Nada de esto podría haber ocurrido sin tu visión.

Gracias a Jennifer Gates, mi agente en Zachary Schuster Harmsworth Literary Agency, por creer en mí, guiarme y permitirme sentir miedo.

Nada en esta vida ni en la venidera me importará jamás tanto como mis dos hijos. Fueron criados, con muchísima ayuda, hasta convertirse en dos jóvenes absolutamente fabulosos: Christopher, mi hijo, y Jacintha, mi hija. Mis mayores bendiciones. Gracias por ser quienes son, incluso cuando yo no era lo que debería haber sido.

A H., mi amor eterno. Tu apoyo a lo largo del proceso ha hecho que todo sea posible. A Madame Baba, mi musa, mil gracias.

Mi gratitud a la familia en la que nací, e igual de importante, mi agradecimiento a la familia que me adoptó: mi padre Bill Lucy; mi hermano mayor Reggie Weaver; mi fantástico primo Charles Ensley; mi hermana mayor Anne Davis; mi «abuelito» el reverendo Cecil Williams; el padrino, el Gran Will original, Willie L. Brown; y mi madrina Charlene Mitchell.

Y un agradecimiento sumamente sincero a mi mentora, Barbara Scott Preiskel.

Nota del autor

Esta obra no es ficción. He expuesto los acontecimientos con toda fidelidad y veracidad, tal como los recuerdo. Algunos nombres y descripciones de individuos se han modificado con el fin de respetar su intimidad. Si el nombre de alguien no ha acudido a mi mente o lo he omitido, presento mis más sinceras disculpas. Aunque las circunstancias y las conversaciones que aquí se describen proceden de mi más esmerada rememoración, no pretenden representar una cronología precisa de los sucesos ni tampoco la reconstrucción de mi vida palabra por palabra. Las cuento de un modo que evoca el verdadero sentimiento y el significado de lo que se expresó, así como mi opinión sobre lo que me ocurrió, manteniéndome fiel a la verdadera esencia del estado de ánimo y el espíritu de aquellos momentos que moldearon mi vida.

EN
BUSCA DE
LA FELYCIDAD

¡Adelante!

Cada vez que me preguntan qué fue exactamente lo que durante mis días más oscuros no solo me ayudó y guió a sobrevivir, sino a dejar atrás aquellas circunstancias y finalmente alcanzar un grado de éxito y realización que un día me pareció imposible, dos acontecimientos acuden a mi mente.

Uno de ellos tuvo lugar a principio de los ochenta, cuando tenía veintisiete años, durante un día inusualmente caluroso y soleado en el Área de la Bahía. En el atiborrado estacionamiento exterior del Hospital General de San Francisco, donde no cabía ni un alfiler, mientras salía del edificio el destello del resplandor del sol me cegó por un instante. Al volver a enfocar mi mirada, lo que vi cambió el mundo tal como lo conocía. En cualquier otro momento de mi vida aquello no me hubiera impresionado de un modo tan poderoso, pero hubo algo en aquel segundo en el tiempo y en el precioso Ferrari 308 rojo, descapotable, que vi rodeando lentamente la explanada del estacionamiento —conducido por un tipo que obviamente buscaba donde aparcar— que me impulsó a dirigirme a él y mantener una conversación que transformaría mi vida.

Unos años antes, recién licenciado de la Armada, San Francisco fue el primer lugar al que llegué, atraído hacia la Costa Occidental por un prestigioso empleo de investigación y la oportunidad de trabajar con uno de los jóvenes cardiocirujanos más prestigiosos del país. Para un muchacho como yo, que apenas había puesto un pie fuera de las seis cuadras de viviendas de mi barrio en Milwaukee —sin contar el período de tres años que había pasado como estudiante de medicina en la Armada, en Carolina del Norte— San Francisco era todo lo que podía soñar. La ciudad era la tierra de leche y miel y la Ciudad Esmeralda de Oz juntas. Surgiendo de la bahía e irguiéndose en la suave bruma dorada y resplandeciente de la posibilidad, me sedujo al instante, desde el principio, presumiendo de sus salpicadas colinas y sus valles de escarpadas pendientes mientras permanecía allí tendida con los brazos abiertos. De noche, la ciudad era afrodisíaca, con sus luces centelleantes como joyas excepcionales, bajando desde Nob Hill y Pacific Heights, atravesando los mejores barrios y a lo largo de las calles más agrestes de *Mission* y *Tenderloin* (mi nuevo vecindario), esparciéndose desde las torres del Distrito Financiero y reflejándose en la bahía, cerca de Fisherman's Wharf y el puerto deportivo.

En los primeros días, independientemente de las veces que me desplazara en auto hacia el oeste sobre el Puente de la Bahía desde Oakland, o hacia el norte desde Daly City en dirección al puente Golden Gate, que se extiende ascendiendo hasta el horizonte antes de dejarse caer en el condado de Marin, aquellas vistas de San Francisco eran como enamorarse una y otra vez. Aun cuando el tiempo fue pasando y me acostumbré al clima —los períodos de cielos grises y cubiertos por la niebla alternándose con días de lluvia que calaba los huesos— me despertaba a uno de esos días gloriosos y perfectos de San Francisco y la belleza borraba todo recuerdo de la melancolía. Esa ciudad permanece en mi mente hasta el día de hoy como «el París del Pacífico».

Claro que, volviendo a aquella época, no tardé en descubrir que también era mentirosa, no necesariamente fácil, a veces de corazón frío, y desde luego nada barata. Entre los exorbitantes alquileres y las reparaciones crónicas del automóvil provocadas por el peaje que imponían las cuestas sobre la caja de cambios y los frenos —para no hablar de la montaña de multas sin pagar por mal estacionamiento que la mayoría de los habitantes de San Francisco conocen más que bien— mantenerse a flote podía resultar un gran desafío. Sin embargo, eso no iba a enturbiar mi confianza en que lo conseguiría. Además, sabía bastante de retos. Conocía lo que era trabajar duro, y en realidad durante los años siguientes fueron los desafíos los que me ayudaron a remodelar mis sueños, llegar más lejos y perseguir metas con un mayor sentido de la urgencia.

A principios de 1981 me convertí en padre primerizo, y a pesar de lo contento que me sentía, esa percepción de urgencia aumentó aun más. A medida que volaban los primeros meses de vida de mi hijo, no solo intenté avanzar con mayor rapidez, sino también empecé a cuestionar el camino que había elegido, preguntándome si de algún modo, en todos mis esfuerzos, no estaría intentando subir corriendo las escaleras mecánicas de bajada. Al menos ese era mi estado de ánimo aquel día en el estacionamiento exterior del Hospital General de San Francisco, cuando me acerqué al conductor del Ferrari rojo.

Aquel encuentro se cristalizaría en mi memoria, se convertiría casi en un momento mitológico al que podía regresar en el tiempo presente, cuando lo quisiera o necesitara su mensaje. Veo el deportivo delante de mí como si fuera hoy, rodeando la explanada a cámara lenta, con el zumbido de aquel motor de increíble potencia al mantenerse en ralentí, esperando y ronroneando como un león a punto de abalanzarse. Con los oídos de mi mente sigo escuchando la genial llamada de una trompeta tocada por Miles Davis, mi héroe musical, y en quien en aquellos tiempos estaba muy seguro de convertirme cuando creciera. Es una de esas sensaciones imaginarias en la banda sonora de nuestra vida que nos avisa de prestar atención.

Con la capota bajada y el reluciente capó color rojo fuego metalizado, el tipo que está al volante es tan genial como los músicos de jazz que solía idolatrar. Blanco, cabello oscuro, recién rasurado, de estatura media y complexión ligera, lleva el traje más elegante, posiblemente hecho a la medida y de la pieza más hermosa de tela. Se trata de algo más que una prenda maravillosa, es todo su aspecto: la corbata de buen gusto, la camisa de color tenue, el pañuelo en el bolsillo superior de la chaqueta, los discretos gemelos y el reloj. Nada arrogante, solo perfectamente combinado. Nada llamativo, nada de pamplinas. Solo elegante.

«Hola, amigo», lo saludo aproximándome al Ferrari y señalando hacia el lugar donde está estacionado mi auto, indicándole con la cabeza que voy a salir. ¿Acaso me siento seducido por el Ferrari en sí? Por supuesto. Soy un hombre estadounidenses de sangre caliente. Sin embargo, es mucho más que eso. En ese instante, el auto simboliza todo aquello de lo que he carecido mientras crecía: libertad, evasión, opciones. «Oye, puedes aparcar en mi sitio», le ofrezco, «pero antes tengo que hacerte unas cuantas preguntas».

Enseguida capta que le estoy proponiendo un intercambio: mi plaza de estacionamiento por su información. Tengo veintisiete años y hasta aquí ya he aprendido algo sobre el poder de la información y el tipo de moneda en el que esta se puede convertir. Ahora percibo una oportunidad de obtener alguna información privilegiada, según creo, y por ello saco mi espada confiable: una compulsión por formular preguntas que ha formado parte de mi equipo de supervivencia desde la infancia.

Viendo que no es un mal trato para ninguno de los dos, se encoge de hombros y responde: «Está bien».

Mis preguntas son muy sencillas: «¿A qué te dedicas?» y «¿Cómo lo haces?».

Con una carcajada, contesta a la primera pregunta limitándose a decir: «Soy corredor de bolsa». No obstante, para responder a la segunda extendemos la conversación a una reunión dentro de unas cuantas semanas y luego a una subsiguiente introducción al abecé de Wall Street, un lugar totalmente desconocido, aunque fascinante, en el que estoy lo bastante loco como para pensar que podría hacer lo mismo que él y otras personas similares si consigo entrar.

A pesar de no contar con la más mínima experiencia ni tener contacto alguno, procurar conseguir mi gran oportunidad en el mercado de valores se convirtió en mi principal objetivo durante los meses que siguieron; no obstante, también me tuve que centrar en otras preocupaciones urgentes, en especial cuando de repente me convertí en padre soltero en medio de una serie de otros acontecimientos imprevistos y convulsos.

En aquella época las actitudes contradictorias frente a una creciente población sin hogar ya resultaban bien conocidas. Lo que según declararon las autoridades era una nueva epidemia entre los desamparados sin techo se había venido desarrollando en realidad a lo largo de más de una década como resultado de varios factores, incluidos los drásticos recortes de los fondos estatales destinados a instalaciones para enfermos mentales, las limitadas opciones de tratamiento para el gran número de veteranos de Vietnam que sufrían del síndrome de estrés postraumático así como de adicción al alcohol y las drogas, junto con los mismos males urbanos que acosaban al resto del país. Durante el largo y frío invierno de 1982, a medida que se fueron eliminando los programas gubernamentales de ayuda a los necesitados, la economía en el Área de la Bahía, como en el resto de la nación, se encontraba en recesión. En un tiempo en el que era cada vez más difícil encontrar un trabajo y una vivienda asequible, el acceso a las drogas callejeras baratas, como el polvo de ángel y el PCP (Fenciclidina) empezaba a ser más fácil.

Aunque algunos líderes del sector empresarial se quejaron de que los sin techo espantarían a los turistas, si visitaste San Francisco a principios de la década de 1980 lo más probable es que la agudización de la crisis te pasara inadvertida. Quizá hubieras oído hablar de cuáles eran los barrios que se debían evitar, las zonas donde se advertía acerca de los borrachos, los drogadictos, las mujeres de mala vida, los vagabundos y otros que, como se solía decir en mi ciudad natal de Milwaukee, «sencillamente habían perdido la cabeza». Tal vez no te percataras de algunas de las señales: las largas colas en la repartición de comida, la cantidad cada vez mayor de mendigos, las madres con hijos en los escalones de los albergues que sobrepasaban su capacidad, los adolescentes que se escapaban de sus hogares, o aquellas formas humanas durmientes que en ocasiones más bien parecían montículos de ropa de desecho abandonada en los callejones, los bancos de los parques, las estaciones de tránsito, debajo de los aleros o en los portales de los edificios. Tal vez la visita a San Francisco te recordara problemas similares de tu propia ciudad de residencia, o quizá hasta te alertara del creciente porcentaje de trabajadores empobrecidos que habían ingresado en las filas de los sin hogar: personas con un empleo remunerado, pero con un exceso de cargas o familias, obligadas a escoger entre pagar el alquiler y comprar alimento, medicamentos, ropa o cualquier otra necesidad básica. Es probable que hicieras una pausa para preguntarte qué tipo de vida, sueños e historias habían vivido antes, y posiblemente para considerar con qué facilidad uno puede caer entre las grietas de cualquier tipo de apoyo con el que hubiera contado una vez, o afrontar una crisis repentina de cualquier proporción y sencillamente tropezar hasta el agujero del desamparo.

Sin embargo, por observador que puedas haber sido, no creo que me prestaras atención. O si en realidad me divisaste, por lo general moviéndome a paso veloz mientras empujaba un carrito ligero y desvencijado de color azul, que se había convertido en mis únicas ruedas y transportaba mi carga más preciosa del universo, mi hijo Chris Jr., de diecinueve meses —un hermoso bebé, activo, despierto, comunicativo y *hambriento*— es poco probable que hubieras sospechado que mi niño y yo éramos unos sin hogar.

Vestido con uno de mis dos trajes de negocio, llevaba el otro en una funda que colgaba de mi hombro, junto con el bolso de lona lleno de nuestras posesiones terrenales (que incluían varias prendas de vestir, artículos de aseo y los pocos libros sin los que no podía vivir), mientras intentaba sostener un paraguas en una mano, un maletín en la otra, a la vez que sujetaba la caja de pañales más grande del mundo bajo mi brazo y maniobraba con el carrito; más bien parecería que nos estuviéramos marchando a pasar un largo fin de semana a alguna parte. Algunos de los lugares en los que dormimos así lo sugerían: los trenes subterráneos del Transporte Rápido del Área de la Bahía [BART] o las salas de espera del aeropuerto de Oakland o San Francisco. Por otro lado, los lugares más recónditos en los que pernoctamos podrían haber revelado mi situación: la oficina, donde trabajaba hasta tarde para que pudiéramos tendernos sobre el suelo debajo de mi escritorio, fuera de las horas de trabajo; o, como en una ocasión sucedió, el baño público de la estación del BART de Oakland.

Aquella especie de celda pequeña, sin ventana y alicatada —lo suficiente amplia para nosotros, nuestras cosas, un inodoro y un lavabo, donde podía llevar a cabo nuestra higiene lo mejor posible— representaba mi peor pesadilla de confinamiento, encierro, exclusión y, al mismo tiempo, una verdadera protección enviada por Dios donde podía cerrar la puerta y mantener fuera a los lobos. Era lo que era: una estación entre mi lugar de procedencia y el destino al que me dirigía, mi versión de una parada técnica o de rigor en el ferrocarril subterráneo, al estilo de la década de 1980.

Mientras mantenía mi enfoque mental en los destinos que se hallaban delante de mí, destinos con los que tenía la audacia de soñar y en los que podía haber un Ferrari rojo de mi propiedad, me protegía de la desesperación. El futuro resultaba incierto por completo, y eran muchos los obstáculos y los altibajos por vencer; no obstante, mientras me mantuviera avanzando, poniendo un pie delante del otro, las voces del temor y la vergüenza, los mensajes de quienes deseaban hacerme creer que no era lo suficiente bueno, quedarían silenciados.

¡Sigue adelante! Esa frase se convirtió en mi mantra, inspirada por el reverendo Cecil Williams, uno de los hombres más iluminados que ha vivido jamás sobre la tierra, un amigo y mentor cuya bondad me bendijo en formas que no podré recordar nunca lo suficiente. En la iglesia metodista de Glide Memorial, en Tenderloin —donde el reverendo Williams alimentó, albergó y restauró almas (alcanzando a hospedar a miles de desamparados en el que llegó a ser el primer hotel de personas sin hogar de la nación)— él ya era un icono. En aquella época, y también más tarde, uno no podía vivir en el Área de la Bahía sin conocer a Cecil Williams y encontrarle sentido a su mensaje. Siempre coherente con sus palabras, predicaba y actuaba. Cualquier domingo, su sermón podía tratar varios asuntos, pero esa cuestión siempre estaba presente además de las otras. Actúa y avanza todo el tiempo. No te limites a hablar, pon en práctica lo que dices y sigue adelante. Ese caminar tampoco tenía por qué hacerse a grandes pasos; los pasos de bebés también contaban. ¡Sigue adelante!

Las frases se repetían en mi cerebro hasta convertirse en un canturreo sin palabras, como la cadencia de tres tiempos mientras recorríamos en tren los rieles del BART, o como la síncopa *clac-clac-clac* de las ruedas del carro con la percusión añadida de los chirridos, crujidos y gemidos que hacía sobre los bordillos, al subir y bajar las famosas calles empinadas de San Francisco y doblar las esquinas.

En los años siguientes, los carros de bebés avanzarían enormemente exhibiendo una alta tecnología con ruedas dobles y triples a cada lado, toda la aerodinámica, líneas sofisticadas y tapizados de cuero, más compartimentos adicionales para guardar cosas y cubiertas que se pueden añadir hasta convertirlos en pequeños iglús habitables. Sin embargo, el desvencijado carro azul que yo tenía cuando entramos de repente en el invierno de 1982 no disponía de nada de esto. Lo que sí poseía —durante el que fue, sin duda, el invierno más húmedo y frío registrado en San Francisco— era una especie de tienda de campaña sobre Chris Jr. que fabriqué con plásticos de lavandería que conseguía gratuitamente.

Por mucho que siguiera adelante debido a que creyera que me aguardaba un futuro mejor, y aun estando seguro de que el encuentro en el exterior del Hospital General de San Francisco me había encaminado hacia ese futuro, la verdadera fuerza motriz llegó del otro suceso crucial de mi vida, ocurrido allá en Milwaukee en marzo de 1970, poco después de mi decimosexto cumpleaños.

A diferencia de muchas experiencias de la infancia que tendían a desdibujarse en mi memoria como una serie de imágenes parpadeantes, con una luz tenue, como fotos animadas antiguas y granuladas, este acontecimiento —que no debió de durar más de una fracción de segundo— se convirtió en una realidad vívida que podía conjurar en mis sentidos cada vez que quisiera, con detalles perfectamente conservados.

Este período fue uno de los más volátiles de mi juventud, más allá de la turbulencia pública de la época: la guerra de Vietnam, el movimiento de los derechos civiles, los ecos de asesinatos y revueltas, así como las influencias culturales de la música, los hippies, el poder negro y el activismo político; todo lo cual ayudó a moldear mi opinión sobre mí mismo, mi país y mi mundo.

Durante mi infancia y mi adolescencia, mi familia —formada por mis tres hermanas y yo, nuestra madre, que solo estuvo esporádicamente presente en los primeros años de mi vida, y nuestro padrastro— había vivido en una sucesión de casas, edificios sin ascensor y apartamentos, interrumpidas por separaciones intermitentes y estancias con una serie de parientes, todo ello en una superficie de cuatro cuadras. Finalmente, nos habíamos mudado a una pequeña casa en un barrio considerado más supuesto a prosperar. Es posible que solo lo fuera en comparación con el lugar donde habíamos vivido antes, pero esta vivienda no obstante era «mejor»... al estilo de los Jefferson, que todavía tendrían que esperar otros cinco años para tener su propio programa televisivo.

En ese día en particular, la televisión era en realidad el foco de mi atención y la clave de mi ánimo alegre y expectante, no solo porque me estaba preparando para ver el último de los dos partidos de cuartos de final de la NCAA, sino porque tenía toda la sala de estar para mí solo. Esto significaba que podía gritar y vociferar todo lo que se me antojara, y podía hablar en voz alta conmigo mismo si me placía y responderme. (Mi madre también tenía esta costumbre. Cuando otros le preguntaban qué estaba haciendo, siempre respondía: «Hablando con alguien que tiene mucho sentido común».)

Una razón más para sentirme bien aquel día consistía en que mi madre era la única otra persona que se hallaba en casa. Aunque no estuviera sentada junto a mí para ver el partido, sino por algún lugar cercano —ocupada planchando en el comedor adyacente, como así fue— era como si la casa suspirara de alivio debido a que solo estábamos nosotros dos allí, algo que casi nunca ocurría, sobre todo porque casi nunca faltaba la amenazante presencia de mi padrastro.

La Locura de Marzo, que ocurría cada año al final de la temporada del baloncesto universitario, siempre me resultaba apasionante y una excelente distracción de mis pensamientos más serios sobre mi caminar en la cuerda floja desde el final de la adolescencia hasta la adultez. El torneo siempre estaba lleno de sorpresas, historias de Cenicientas y dramas humanos, y empezaba con los sesenta y cuatro mejores equipos de la nación que se enfrentaban en treinta y dos encuentros, los cuales se iban reduciendo rápidamente a dieciséis equipos (*Sweet Sixteen*), a ocho (*Elite Eight*), y acababa con los dos partidos de cuartos de final (*Final Four*) antes que los ganadores lucharan por el título del campeonato. Ese año, todos los ojos estaban puestos en cómo lo haría la UCLA en su primera temporada sin el jugador Lew Alcindor (que pronto se convertiría en Kareem Abdul-Jabbar), de dos metros diez centímetros de altura, después que les hubiera dado tres títulos consecutivos. El equipo que parecía destinado a asegurarse de que la UCLA no regresara a casa con el trofeo del campeonato aquel año era la Universidad de Jacksonville, un programa universitario desconocido hasta entonces que no se jactaba de tener una estrella, sino dos, Artis Gilmore y Pembrook Burrows III, ambos superando los dos metros diez centímetros. En aquel tiempo era bastante inusual que los jugadores alcanzaran semejante altura, y mucho menos que hubiera dos de esa envergadura en un mismo equipo.

Conocidos como las Torres Gemelas, o en ocasiones las Torres del Poder, Gilmore y Burrows habían ayudado a Jacksonville a arrasar con sus oponentes, llevando a su equipo a cuartos de final para enfrentarse a St. Bonaventure. A medida que se acercaba el partido, el entusiasmo solo aumentó mientras los locutores predecían la carrera y la riqueza que esperaban a los dos gigantes en la NBA o la ABA.

La casualidad quiso que fuera Jacksonville quien ganara el partido para, después de todo, perder el campeonato frente a la UCLA. Artis Gilmore seguiría hasta alcanzar el éxito en la NBA, mientras que Seattle reclutó a Pembrook Burrows antes de que iniciara su carrera como oficial de la Patrulla de Carreteras de Florida.

Nada de esto reviste importancia alguna mientras estoy sentado allí, tan absorto en la expectación del partido y tan cautivado por el bombo publicitario que los locutores le están dando a la capacidad atlética y la fortuna que les aguardan a Gilmore y Burrows, que exclamo en voz alta: «¡Vaya, un día estos tipos van a ganar un millón de dólares!».

De pie, tras la tabla de planchar, justo detrás de mí en la habitación contigua, mamá dice con toda claridad, como si hubiera estado sentada a mi lado todo el tiempo: «Hijo, si *tú* así lo quieres, un día podrías obtener un millón de dólares».

Estupefacto, permito que su declaración penetre en mí, sin responder. No es necesaria una respuesta, ya que Bettye Jean Triplett, de soltera Gardner, ha pronunciado de manera oficial un hecho que no se debe cuestionar y al que no hay que contestar. Es algo tan fáctico como si uno dijera el viernes: «Mañana es sábado».

Fue bíblico, uno de los diez mandamientos que Dios le había entregado a mamá: «Si tú así lo quieres, un día podrías obtener un millón de dólares».

En un solo instante, todo mi mundo se puso patas arriba. En 1970, la única forma en que un niño del gueto como yo podía ganar un millón de dólares era si sabía cantar, bailar, correr, saltar, atrapar pelotas o traficar con drogas. Yo no sabía cantar. Sigo siendo el único hombre negro de los Estados Unidos que no es capaz de bailar ni de jugar a la pelota. Y fue mi mamá quien me puso en mi sitio en cuanto a convertirme en Miles Davis.

«Chris», dijo después de oírme comentar cómo me convertiría en él una de tantas veces, «tú no puedes ser Miles Davis, porque él ya tiene ese trabajo». Desde ese momento, entendí que mi tarea consistía en ser Chris Gardner, implicara lo que implicara.

No obstante, ella me había dicho —y yo tenía dieciséis años y le creí— que mi trabajo podría ser lograr un millón de dólares... *si* así lo quería. La cantidad de dinero no era lo importante cuando mamá pronunció aquellas palabras; la parte operativa de su mensaje era que si yo deseaba hacer algo, fuera lo que fuera, podría conseguirlo.

Y no solo le creí entonces, a mis dieciséis años, sino que seguí creyendo en esa afirmación todos los días que siguieron, incluido aquel profético día en San Francisco cuando percibí el primer pálpito de un futuro en Wall Street, así como en los momentos en que empujaba cuesta arriba por las calles empinadas, bajo aquel aguacero, el carro desde el que mi hijo me miraba a través del plástico de lavandería salpicado por la lluvia, y en las desoladas horas en las que el único lugar de refugio era el baño de una estación del BART.

No fue hasta años más tarde ya en mi adultez, tras aquellos días de vagar por el desierto de los desamparados, creyendo en la tierra prometida de la que mi madre me había hablado y habiéndola hallado, y solo después de haber generado muchos millones de dólares, cuando por fin comprendí por qué aquellos dos sucesos fueron tan esenciales para mi éxito final. El encuentro con el conductor del Ferrari rojo me mostró la forma de descubrir *cuál* era el campo al que debía dedicarme y también de aprender *cómo* hacerlo. Sin embargo, fue la temprana declaración de mi madre la que plantó en mí la creencia de que *podía* lograr cualquier objetivo que me propusiera en la vida.

Solo después de revisar profundamente la vida de mi madre fui capaz de comprender a plenitud por qué me dirigió aquellas palabras en el momento en que lo hizo. Al reconocer las decepciones que habían tenido lugar en su vida, antes y después de que yo apareciera, fui capaz de ver que aunque muchos de sus sueños habían quedado aplastados, al hacer que yo me atreviera a soñar ella se estaba dando otra oportunidad.

Para responder por completo a la pregunta de qué fue lo que me guió y se convirtió en el secreto del éxito que siguió, tuve que regresar a mi propia infancia y hacer el viaje de regreso al lugar del que procedía mi madre, con el fin de entender al menos cómo prendió en mí ese fuego de soñar.

Mi historia es la suya.

PRIMERA PARTE

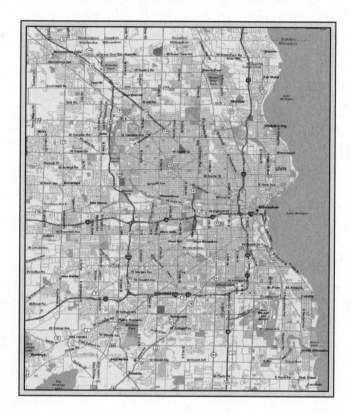

CAPÍTULO 1

Caramelo

En el boceto de mi temprana infancia que guardo en mi memoria, dibujado por un artista de la escuela impresionista, una imagen sobresale entre las demás, una que cuando la recuerdo va precedida por un aroma que me hace la boca agua: el del sirope para panqueques calentándose en la sartén, así como los sonidos chisporroteantes y burbujeantes de este al transformarse, como por arte de magia, en tiras de caramelo masticable. Luego aparece *ella*, la mujer guapa a rabiar que está junto al fogón, realizando esta magia solo para mí.

Al menos, eso es lo que le parece a un niño de tres años. Otro olor maravilloso acompaña su presencia cuando ella se da la vuelta, sonriendo en mi dirección, mientras se acerca más al lugar en el que me encuentro en medio de la cocina, esperando con ansias junto a mi hermana Ophelia, de siete años, y otros dos niños, Rufus y Pookie, que viven en esa casa. Mientras ella escurre el caramelo que se está enfriando de la cuchara de madera, tirando de él y partiéndolo en trozos que trae y coloca en mi mano extendida, mientras observa con qué felicidad saboreo el delicioso dulce, su prodigiosa fragancia se manifiesta de nuevo. No es un perfume ni un aroma floral o especiado —tan solo es un *buen* olor a limpio, cálido, que me envuelve como si se tratara de la capa de Superman, haciéndome sentir fuerte, especial y amado— aunque yo no encontrara todavía las palabras para esos conceptos.

A pesar de no saber quién es, cierta familiaridad me une a ella, no solo porque ha venido antes y ha hecho ese tipo de caramelo, sino también por la forma en que me mira, como si me hablara con la mirada y me dijera: *¿Verdad que me recuerdas?*

En ese momento de mi infancia, y durante la mayor parte de los cinco primeros años de mi vida, el mapa de mi mundo se dividía estrictamente en dos territorios: lo familiar y lo desconocido. La zona feliz y segura de lo familiar era sumamente pequeña, con frecuencia un punto cambiante en el mapa, mientras que lo desconocido era inmenso, aterrador y constante.

Lo que sí sabía a la edad de tres o cuatro años era que Ophelia era mi hermana mayor y mi mejor amiga, y también que el señor y la señora Robinson, los adultos en cuya casa vivíamos, nos trataban con amabilidad. Lo que desconocía era que la casa de los Robinson era un hogar de crianza, y tampoco sabía lo que eso significaba. Nuestra situación —dónde estaban nuestros verdaderos padres y por qué no vivíamos con ellos, o por qué a veces vivíamos con tíos, tías y primos— era tan misteriosa como las de otros niños acogidos que vivían en casa de los Robinson.

Lo que más me importaba era que tenía una hermana que cuidaba de mí, y contaba con Rufus y Pookie y los demás niños a los que seguir para pasarlo bien en la calle y hacer travesuras. Todo esto me resultaba familiar, el patio trasero y el resto de la cuadra eran un territorio seguro donde podíamos correr y jugar a cosas como las agarradas, a darle patadas a una lata y al escondite, incluso hasta después de oscurecer. Es decir, todo excepto la casa que había dos puertas más abajo de la de los Robinson.

Cada vez que pasábamos por delante de ella, tenía que volver la cara y mirar a otra parte, sabiendo que la anciana blanca que vivía allí podía aparecer de repente y echarme una terrible maldición, ya que según Ophelia y todos los del barrio, aquella mujer era una bruja.

En una ocasión en que Ophelia y yo caminábamos por allí juntos y le confesé que le tenía miedo a la bruja, mi hermana replicó: «A mí no me asusta», y para demostrarlo entró directamente al patio delantero y arrancó un puñado de cerezas del cerezo de la mujer.

Ophelia se comió aquellas cerezas con una sonrisa. Sin embargo, a lo largo de la semana, me encontraba en casa de los Robinson cuando llegó corriendo mi hermana —que tenía siete años entonces— subió los escalones a toda prisa y entró a trompicones, jadeando, sujetándose el pecho y describiendo cómo la bruja la había sorprendido robando cerezas y agarrándola por el brazo, con su risa malvada, la había amenazado: «¡Ya verás lo que esto te va a costar!».

Aterrada como estaba, Ophelia decidió de inmediato que como aquella vez había escapado a una muerte prematura, podía volver a robar cerezas. Aun así, me hizo prometerle que evitaría la casa de esa extraña mujer. «Recuerda bien», me advirtió mi hermana, «si la ves en el porche al pasar por allí, no la mires y jamás le dirijas la palabra, aunque ella te llame por tu nombre».

No hacía falta prometérselo, porque yo sabía que nada ni nadie podrían conseguir que hiciera lo contrario. No obstante. las pesadillas seguían atormentándome por las noches, tan reales que casi podía jurar que me había colado en su casa y me encontraba en medio de una habitación oscura y escalofriante, donde me rodeaba un ejército de gatos que se alzaban sobre sus patas traseras, enseñando sus garras y colmillos. Las pesadillas eran tan intensas que durante largo tiempo sentí un miedo irracional y una gran aversión por los gatos. Al mismo tiempo, no estaba del todo convencido de que aquella anciana fuera de veras una bruja. Tal vez solo fuera diferente. Como no había visto a ningún otro blanco aparte de ella, me imaginé que quizá todos serían así.

Por otro lado, mi hermana mayor era mi único recurso para explicarme todo lo desconocido; por lo tanto, le creí y acepté sus interpretaciones. No obstante, al ir uniendo fragmentos de información sobre nuestra familia a lo largo de los años, principalmente por parte de Ophelia y también de algunos de nuestros tíos y tías, descubrí respuestas mucho más difíciles de entender.

Nunca se me dijo cómo encajaba en el rompecabezas la preciosa mujer que venía a hacer el caramelo, pero algo antiguo y sabio en mi interior sabía que ella era importante. Tal vez fuera aquella atención especial que parecía prestarme, aunque era igual de amable con

Ophelia y los demás niños, o quizá fuera el hecho de que entre ella y yo parecía existir una forma secreta de comunicarnos sin palabras. En nuestra conversación silenciosa, entendía que esta mujer me expresaba la gran felicidad que sentía al verme a mí feliz, y de ese modo, en algún lugar de mis células, aquello se convirtió en mi primer trabajo en la vida: hacer que ella se sintiera tan bien como me hacía sentir a mí. Mi intuición también me hizo comprender quién era ella, a pesar de que nunca me lo dijeron, y hubo un momento de reconocimiento que ocurrió durante una de sus visitas, mientras la contemplaba junto al fogón y ella me iba haciendo observaciones que se reforzarían durante los años siguientes.

Más que guapa es hermosa, con una hermosura de esas que al pasar junto a ella te obliga a volverte y mirarla dos veces. Con su metro sesenta, no es alta, pero tiene una estatura de nobleza que parece conferirle mucha más altura; su piel es morena clara, pero no demasiado clara, casi del color del rico sirope que ella remueve y calienta hasta convertirlo en caramelo. Sus uñas son sobrenaturalmente fuertes, siendo capaz de partir una manzana en dos solo con las manos, algo que pocas mujeres u hombres pueden hacer, y que me dejó impresionado de por vida. Viste con estilo —destacándose los vestidos de color bermellón y el estampado de cachemir— con un pañuelo o chal sobre los hombros, para darle un toque femenino y estético. El color brillante y las vaporosas capas de tejido le dan una apariencia que yo más tarde describiría como afrocéntrica.

Sin embargo, los rasgos que mejor captan su belleza son sus expresivos ojos y su sorprendente sonrisa. En ese entonces —y también más tarde— asemejé esa sonrisa a abrir el refrigerador por la noche. Abres esa puerta —la sonrisa— y la luz inunda la habitación. Incluso en esas noches que vendrían después, cuando el frigorífico estaba vacío a excepción de la bombilla y el agua helada, su sonrisa y el recuerdo de ella son todo el consuelo que necesitaba.

En qué instante exacto la reconocí, no lo recuerdo, salvo que esto tuvo lugar en algún momento de mi cuarto año de vida, tal vez después de que me entregara un trozo de caramelo, en un segundo en el que por fin pude responder a esa mirada que ella posaba sobre mí y la tranquilicé con la mía: *¡claro que te recuerdo! ¡Tú eres mi madre!*

———

La nuestra era una familia de secretos. Durante el transcurso de los años solo oí retazos de la historia de mi madre que me llegaron de toda una diversidad de fuentes, produciendo finalmente en mi mente algo parecido a la historia de la Cenicienta... eso sí, sin el hada madrina ni la parte final, cuando se casa con el príncipe y viven felices para siempre. La hija mayor, y única, de los cuatro hijos sobrevivientes nacidos de Archie y Ophelia Gardner, Bettye Jean, abrió los ojos a este mundo en 1928, en Little Rock, Arkansas, aunque fue criada en la Luisiana rural con una pobreza extrema y durante la Depresión, en algún lugar cercano a la ciudad de Rayville, de unos quinientos habitantes. Con las aflicciones de la pobreza y el racismo, la vida de los Gardner no fue nada fácil. Bettye y su hermano Archie —que siendo adulto lloraba al recordar lo que suponía caminar hasta la escuela por aquellos largos caminos polvorientos en las décadas de 1930 y 1940 en Rayville— tenían que mantener la cabeza bien alta mientras los niños blancos hacían el trayecto en carretas tiradas por caballos o a lomos de un equino, mirándolos por encima del hombro a ambos, señalándolos con el dedo, llamándolos «negros» y escupiéndoles.

Con todo, y a pesar de los duros tiempos y una ignorancia impregnada de odio, la infancia de Bettye fue relativamente estable y llena de amor. Adorada por sus tres hermanos menores —Archie Jr., Willie y Henry— fue a decir verdad una prometedora niña bonita, una estudiante brillante que se graduó como la tercera de su clase en la escuela secundaria para estudiantes de color de Rayville en 1946. Sin embargo, sus sueños se esfumaron rápidamente cuando llegó el momento de irse a la universidad para seguir su vocación de educadora, empezando por la devastadora y repentina muerte de su madre. Como le sucedió a Cenicienta, mientras todavía lloraba su pérdida, casi de la noche a la mañana, su padre volvió a casarse, dejando que Bettye se las apañara con una madrastra dominante —apodada irónicamente Little Mama (Madrecita)— y con un nuevo grupo de competitivos hermanastros. Justo en ese tiempo, cuando Bettye Jean dependía del apoyo económico de su padre para asistir a la universidad, Little Mama se ocupó de que el dinero fuera a parar a su propia hija, Eddie Lee, graduada en la misma clase que mi madre, pero que no se encontraba entre los mejores estudiantes.

En lugar de renunciar a todo, aunque la negativa de ayuda por parte de su padre le rompiera el corazón, Bettye encontró trabajo como maestra sustituta, a la vez que iniciaba sus estudios en la escuela de belleza. Sin embargo, cuando volvió a necesitar que su padre la ayudara económicamente para pagar los derechos de licencia, él volvió a negarse.

A pesar de todo el talento, la brillantez y la belleza con que Bettye Jean Gardner había sido naturalmente dotada, parecía haberle tocado la peor carta en lo concerniente a los hombres, la mayoría de los cuales estaban al parecer destinados a decepcionarla, empezando por su propio padre. Samuel Salter, un maestro de escuela casado que profesaba su amor por ella y planeaba abandonar a su esposa, debió cambiar de opinión cuando quedó encinta. Fieles a su forma de ser, su padre y Little Mama no la ayudaron en lo más mínimo. Le hicieron saber que los había avergonzado bastante al seguir célibe a sus veintidós años, pero que encima fuera soltera y madre era demasiado bochorno para que lo soportaran. Basándose en estos argumentos, la pusieron de patitas en la calle.

Así empezó una travesía de cuatro años para mi madre hasta llegar a Milwaukee, donde se habían instalado sus tres hermanos. Por el camino dio a luz a mi hermana —a la que llamó Ophelia en memoria de su amada madre— antes de que se cruzara en su camino un forastero alto, muy oscuro de piel y apuesto, durante un viaje de regreso a Luisiana. Su nombre era Thomas Turner, un hombre casado que conquistó a mi madre con su romanticismo o por la fuerza. El resultado fui yo, Christopher Paul Gardner, nacido en Milwaukee, Wisconsin, el 9 de febrero de 1954, un año de buen augurio en el que se decretó que la segregación escolar era una violación de la Decimocuarta Enmienda de la Corte Suprema de los Estados Unidos.

En concordancia con otros misterios familiares, mi padre era un producto de la imaginación perteneciente a la inmensa incógnita que recorrió mi infancia. Su nombre solo se mencionó un par de veces. Es probable que me hubiera incomodado mucho más de no haber estado tan ocupado intentando llegar al fondo de otras cuestiones más apremiantes, sobre todo el cómo-cuándo-dónde y por qué mi inteligente, fuerte y hermosa madre se enredó con Freddie Triplett.

Alto y oscuro de piel, aunque no exactamente apuesto —en ocasiones guardaba un fuerte parecido con Sonny Liston— Freddie tenía el comportamiento de un engendro resultante del cruce entre un pítbull y Godzilla. Con un metro ochenta y cinco de alto y ciento veintisiete kilos de peso, poseía una estatura y una musculatura que para algunas mujeres resultaban atractivas. Sin importar lo que fuera que captó la atención de mi madre, debió ser su lado bueno, que más tarde se desvaneció. O tal vez fuera, como yo pensaba en mi joven imaginación, que mi madre se dejó engañar por un hechizo pensando que él era uno de esos sapos que se convierten en príncipe. Después de todo, otros hombres de buen ver tampoco habían resultado dignos de fiar, así que quizá creyó que Freddie sería justo lo contrario, un hombre que parecía peligroso, pero que en el fondo era amable y tierno bajo su disfraz. Si este fue el caso y ella creyó que, como en el cuento de hadas, su beso transformaría al sapo en príncipe, se equivocó por completo. En realidad, él fue verdaderamente mucho más peligroso de lo que parecía, sobre todo después de aquel primer beso, y luego de que decidiera que ella le pertenecía.

Nadie habló jamás de la serie de acontecimientos que condujeron a que mi madre fuera perseguida y encarcelada por presunto fraude a la beneficencia social. Al parecer empezó con una denuncia anónima que la acusaba de ser un peligro para la sociedad, porque estaba ganando dinero con un trabajo —para alimentar y cuidar de sus dos hijos (Ophelia y yo) y un tercero que venía en camino (mi hermana Sharon)— y a la vez recibía una ayuda. Aquella acusación procedía de Freddie, un hombre dispuesto a hacer o decir lo que fuera con tal de tenerla encerrada durante tres años por haber cometido el crimen de intentar abandonarlo.

Por culpa de las acciones que Freddie emprendió para deshacerse de ella, Ophelia y yo tuvimos que pasar aquel período en casas de crianza o con nuestros parientes. Pese a ello, nunca supimos por qué o cuándo tendrían lugar los cambios en nuestro modo de vida.

Así como nadie me contó que era mi madre la que venía a hacer caramelo y visitarnos en la casa de crianza durante su permiso carcelario especial y supervisado, ninguna explicación acompañó nuestra mudanza cuando Ophelia y yo fuimos a vivir con mi tío Archie y su esposa Clara, o TT, como solíamos llamarla. Allá en Luisiana, toda la familia Gardner debió haber firmado un juramento de confidencialidad; cuando se hacían preguntas serias sobre el pasado, se ignoraban con una encogida de hombros, política que mi madre debió haber instituido por su aversión a discutir sobre cosas desagradables.

Más adelante, durante mi adolescencia, hubo una ocasión en que la presioné solo para que me dijera quién era mi padre y por qué no formaba parte de mi vida. Mamá me dirigió una de sus miradas intensas, de esas que me callaban enseguida.

«Pero...», intenté protestar.

Ella negó con la cabeza, renuente a sincerarse.

«¿Por qué?».

«Porque el pasado es el pasado y ya está», respondió mamá con firmeza. Viendo mi frustración, suspiró. Sin embargo, siguió insistiendo: «No hay nada que puedas hacer al respecto». Entonces le puso fin a mis preguntas, añadiendo con melancolía: «Las cosas ocurren». Y eso fue todo.

Aunque mis preguntas continuaron mientras esperaba que llegara la aclaración por sí sola, regresé a mi trabajo de intentar ser tan feliz como pudiera, una tarea que en principio no parecía difícil.

———

El territorio de lo familiar en el que crecí, en una de las zonas más pobres de la parte norte de Milwaukee, era un mundo que con el tiempo llegué a considerar como *Días felices* en versión negra. Como en aquel programa de televisión ambientado en la década de 1950 —el mismo período de tiempo en el que mi barrio pareció estar congelado, e incluso décadas más tarde— había garitos, lugares donde grupos de diferentes edades se reunían para socializar, conocidos minoristas estrafalarios y abundancia de grandes personajes. Aunque en la serie televisiva lo único negro que se vio era la chaqueta de cuero de Fonzie, en mi barrio, durante los casi doce primeros años de mi vida, los únicos blancos que vi estaban en la televisión y los autos de policía.

En nuestra versión de *Días felices*, algunos de los personajes más importantes eran los miembros de mi propia familia, empezando por mis tres tercos tíos. Después de que Willie y Henry se licenciaran del ejército, tras haber viajado por muchas tierras lejanas, regresaron ambos a Luisiana durante el tiempo suficiente para unirse al tío Archie, ya que cada uno de ellos llegó a la decisión simultánea de alejarse tanto como fuera posible de la intolerancia sureña. Su plan consistía en marcharse a Canadá, pero cuando su automóvil se averió en Milwaukee, se cuenta que echaron el ancla y no siguieron su camino.

No les costó mucho a los trabajadores hermanos Gardner convertir Milwaukee en su hogar. Para ellos, la fértil y versátil ciudad asentada en el punto de encuentro del río Milwaukee y el lago Michigan —que proporcionaba un terreno rico para la agricultura y amplias vías fluviales para el comercio y la industria— era su tierra de leche y miel, de la oportunidad dorada. A fin de sobrellevar las estaciones extremas, los inviernos brutales y los veranos abrasadores, uno tenía que poseer una dureza innata y la clase de actitud profundamente práctica y activa que mis parientes, y muchos de las otras minorías e inmigrantes, trajeron con ellos a Wisconsin desde otros lugares. Estos rasgos debieron haber existido también en los descendientes de los verdaderos originarios de Milwaukee, miembros de tribus como los winebago y los potawatomi. Había otra característica local que no era exclusiva de los recién llegados negros, judíos, italianos y europeos del este, o las familias de la primera oleada de colonos procedentes de Alemania,

Irlanda y Escandinavia, o los estadounidenses nativos de la zona: un optimismo que casi rayaba con la locura.

Todos esos sueños ambiciosos y pragmáticos resultaron en logros más altos de lo esperado. No bastaba con tener una sola marca de cerveza; Milwaukee tenía que contar con varias. La región no podía conformarse con ser famosa por sus productos lácteos, debía producir el mejor queso del mundo. No había una sola industria principal, sino varias, desde fábricas de ladrillos, curtidurías, fábricas de cerveza, astilleros y empaquetadoras de productos cárnicos hasta las poderosas siderúrgicas como Inland Steel y A. O. Smith, así como el gigante del sector automotriz American Motors (que desapareció a finales de los ochenta).

Fueron principalmente las plantas siderúrgicas, las fundiciones y las fábricas de autos las que trajeron a tantos negros de estados como Luisiana, Alabama, Mississippi, Georgia y de todos los puntos de la línea Mason-Dixon al norte que llegaba hasta Milwaukee, Detroit, Chicago y Cleveland. Estos trabajos de obreros eran muy preferibles a una vida de aparceros bajo el sofocante calor del lejano sur en Dixie, en lugares donde menos de un siglo antes mucha de nuestra gente había sido esclava. Parecía que casi todos tenían miembros de su familia que habían llevado consigo las costumbres de su país y que tendían a reunirse. Sam Salter —el padre de Ophelia— acabó con su familia en Milwaukee, así como otros amigos de Luisiana. Los Triplett, unas de las personas más amables y bondadosas que uno pudiera conocer —a excepción de Freddie, la oveja negra— habían venido de Mississippi.

Por duro que todos trabajaran durante la semana, al menos en mi barrio, durante el fin de semana jugaban y oraban incluso más. En nuestra parte de Milwaukee no existía nada parecido a beber por casualidad. Desde el viernes por la tarde, cuando sonaba la sirena de Inland Steel —donde trabajaban mis tres tíos, Archie y Willie hasta que se jubilaron allí, y Henry hasta el día de su muerte demasiado prematura— la fiesta comenzaba y duraba hasta el domingo por la mañana, cuando llegaba el momento de ir a la iglesia y orar pidiendo perdón.

Entre los cuatro y los cinco años, mientras vivía con el tío Archie y la tía TT, llegué a apreciar el ritmo de trabajo semanal. Mi tío y su esposa mantenían un ambiente fácil y apacible, sin demasiadas normas. Siendo una cristiana devota, TT se aseguraba de que tuviéramos en nuestro interior esa religión de antaño. Todos los domingos pasábamos el día entero en la Iglesia Bautista del Tabernáculo, y en verano asistíamos a la escuela bíblica a diario, además de acompañar a mi tía a todas y cada una de las reuniones a mitad de semana y hacer acto de presencia en los funerales de cada miembro de la iglesia que moría, los conociéramos o no. En su mayor parte, esto no me molestaba mucho, considerando todo el valor del entretenimiento experimentado mientras observaba a los diversos personajes del barrio que había visto pecar durante toda la semana que ahora se cambiaban de ropa y hasta ellos mismos eran otros. Me gustaban los cánticos y los gritos, el sentimiento de calidez y entusiasmo, y sobre todo la conexión que experimenté con la comunidad en un tiempo en el que no sabía con exactitud quién era mi madre ni dónde estaba.

TT no intentó nunca sustituir a mamá, pero aun así proveyó amor y consuelo. Nadie cocinaba como Bettye Jean, pero mi tía hacía un inolvidable pan de maíz con agua caliente que a un niño en pleno crecimiento como yo le tomaba poco tiempo devorar. Me ocurría lo mismo con los libros que me compraba TT con fondos que parecían ilimitados. Más tarde, mi madre recalcó la importancia de leer, educándome con su propio credo de pasar tanto tiempo como fuera posible en nuestra biblioteca pública. Lo que solía decir para demostrarme el poder que había en un edificio lleno de libros era: «El lugar más peligroso del mundo es una biblioteca pública». Esto servía solo si sabías leer, claro está, porque como mamá explicaba, si podías hacerlo significaba que eras capaz de entrar allí y resolver cualquier cosa. Pero solo si sabías leer bien...

Sin embargo, fue TT la primera en inculcarme el amor por la lectura y la narración. Aunque yo no leía aún, después que TT me leyera algunos libros, podía recordar en parte las palabras y las historias contemplando después las ilustraciones, y sentía como si ya pudiera leer. Eran libros de la mitología griega y romana, cuentos de hada infantiles clásicos, historias de aventura y mi primer géne-ro favorito: las historias del rey Arturo y los caballeros de la Mesa Redonda. El cuento del mago Merlín dejó una profunda huella en mí, haciéndome pensar que algún día, de alguna manera, yo encon-traría el destino que me aguardaba.

Los libros no solo me permitían viajar en mi imaginación, sino mirar a través de ventanas al mundo de lo desconocido sin sentir-me asustado. Eso fue hasta que TT me trajo un libro que me moría de ganas de tener, *The Boy's Book of Snakes* [Libro de ser-pientes para niños]. Era un gran libro de color verde brillante, el color de una serpiente de jardín, y me cautivó durante días ente-ros mientras estudiaba hasta el más mínimo detalle del mundo de dichos reptiles, desde las serpientes de leche y las de coral, aparen-temente inofensivas, hasta las mortíferas serpientes de cascabel, las cobras y los pitones. Cuando estaba despierto, me sentía fascina-do, pero de noche, en especial durante una pesadilla infestada de serpientes en la que mi cama estaba llena de reptiles venenosos que se retorcían y silbaban, me arrepentía de haber contemplado aquellas fotografías.

Al parecer a TT y tío Archie les ocurrió lo mismo, porque se despertaron en medio de la noche para encontrarme acostado entre ellos. «¿Pero qué...?», empezó a farfullar mi tío, sin embargo, ni tranquilizándome ni retándome consiguieron que regresara a mi cama. Al final, ambos volvieron a dormirse, permitiendo que me sintiera a salvo y sin avergonzarme demasiado... hasta después cuan-do ya era un muchacho grande y fuerte, y ellos me hacían bromas sin piedad debido a aquel episodio.

La otra ventana al mundo de lo desconocido fue el televisor en blanco y negro, y la mejor de las imágenes que vi en este de Sugar Ray Robinson junto a un Cadillac.

«¡Ya he visto todo lo que tenía que ver!», exclamó tío Archie con su mano sobre mi hombro, señalando la pantalla del televisor. «¡Sugar Ray Robinson se ha agenciado un Cadillac *rosa*!».

Con un televisor en blanco y negro, nadie habría sabido que era rosa si el locutor no lo hubiera indicado, pero aun sin saberlo no habría dejado de ser asombroso.

Las peleas de las noches de los viernes que Gillete Blue Blades patrocinaba eran nuestro momento. Tío Archie y yo nos sentábamos juntos —sin TT ni Ophelia— y disfrutábamos cada minuto, desde nuestras conversaciones preliminares en las que él me contaba todo lo que sabía de la historia del boxeo, el instante en que oíamos aquella música de suspense que servía de introducción para que el presentador pronunciara el resonante: «¡Gillette presenta...!», hasta el combate en sí.

El tío Archie poseía un aura de calma contagiosa que mantenía incluso durante el entusiasmo de las peleas o cuando aparecían las crisis. Casi en la treintena por aquella época, no había tenido hijos ni yo tenía padre, lo cual nos unió aun más. Aparte de su ética del duro esfuerzo en el trabajo, Archie usaba su tranquila y firme inteligencia para ir ascendiendo por las filas de su sindicato en Inland Steel, estableciendo un ejemplo de tenacidad y concentración para mí. Era muy atractivo, la versión masculina de mamá en cuanto a su aspecto —piel color canela, delgado y tirando a bajito, pero dando la impresión de ser más alto de lo que era— y resultaba increíblemente elegante, algo que influyó en mi posterior sentido del estilo y la forma de vestir que adquirí mucho antes de podérmelo permitir. Nunca se abrigaba en exceso y su acicalado era inmaculado, llevaba el pelo muy corto, el bigote bien recortado y su ropa no era llamativa, sino siempre impecable. Siempre.

Según la sabiduría popular del tío Archie, nadie podía tocar a Joe Louis, el bombardero de Detroit, el boxeador que él seguía desde niño en la radio, escuchando, sintiendo, oliendo y viendo cada movimiento, cada golpe, cada balanceo, cada puñetazo y cada paso, todo ello en un medio que no era visual. Como resultado, podía narrar aquellos combates para mí con la misma eficacia que cualquier presentador de su época. Ahora éramos testigos juntos del desarrollo de la historia, con Sugar Ray Robinson que todavía se mantenía fuerte, incluida su pelea con Jake LaMotta, la cual yo no olvidaría jamás. Sugar Ray y los demás boxeadores eran enormes, superhéroes que podían hacer cualquier cosa y tenerlo todo... hasta un Cadillac de color rosa. Y esto lo decía todo para un pobre niño del gueto como yo, se trataba del precursor del Ferrari rojo que vendría después. Sin embargo, Sugar Ray Robinson y su Cadillac aparecían en la televisión. Yo tenía algo más a la mano para mostrarme el hermoso mundo que había más allá del gueto: el catálogo Spiegel.

A través de sus páginas de ensueño, Ophelia y yo vivíamos vidas indirectas, mientras jugábamos a un juego que inventamos con el catálogo de la familia. Lo llamábamos «esta-página-y-la-otra» y la dinámica era sencilla: consistía en abrir una página de manera aleatoria y reclamar todos los tesoros que se exhibían allí como si fueran míos o suyos. «Mira todo lo que tengo», decía yo tras abrir mi página. «¡Mira tú mis muebles! ¡Y toda esta ropa es mía!», exclamaba Ophelia mientras pasaba a otra hoja, cantando: «Mira todas mis cosas, mi hermoso fogón y mis joyas». El catálogo Spiegel debía de tener unas trescientas páginas o más, de modo que nunca nos cansábamos de ese juego de «esta-página-y-la-otra».

Un año, en lo peor del invierno, modificamos un poco el juego como reconocimiento a la Navidad. Cuando le tocó a Ophelia, abrió una página y esbozó su gran sonrisa de hermana mayor, anunciando que aquella página era para mí, con lo que indicaba todas las cosas que me estaba regalando por Navidad: «Te doy esta página. Todo esto es tuyo».

Luego llegó mi turno. Abrí una página y exclamé: «Te regalo esta página por Navidad. ¡Todo esto es tuyo!». No estaba del todo seguro si me hacía más feliz tener una página solo para mí o poder regalar una.

En aquellas horas pasadas jugando a «esta-página-y-la-otra», no había debate sobre quién era mamá, a dónde iba o cuándo volvería. Sin embargo, sí había un sentimiento de anticipación que reconocía. Nos pasábamos el tiempo esperando algo o a alguien que viniese por nosotros. Por esa razón no sufrí una conmoción ni fue una ocasión memorable para mí cuando por fin me enteré que mamá abandonaba el lugar donde había estado —ahora sé que era la cárcel— y venía a recogernos a mí, a Ophelia y a nuestra hermana Sharon, que era un bebé y apareció de repente en escena.

Aunque la historia de Cenicienta de mamá no había tenido el resultado del libro de cuentos, durante un breve tiempo pensé que volvernos a reunir con mi madre era un cuento de hadas a punto de producirse. Todos los recuerdos felices de la hermosa mujer que me hacía caramelo me llenaban de una maravillosa expectación, y por un radiante y fugaz momento la realidad de estar juntos me hizo sentir más feliz que cualquier otra cosa que hubiera podido soñar. No obstante, aquellos sentimientos se ensombrecieron con rapidez desde casi el primer momento en que Freddie Triplett entró en mi vida. Se podría pensar que tuviera una fase de luna de miel con el hombre que se había convertido en el marido de mamá y nuestro padrastro, pero fue mi enemigo desde el segundo en que posé mis ojos sobre él.

Aunque yo no tenía ni la menor idea de la violencia que causaría en nuestras vidas, debí haber tenido la sensación de que era malo y parecía disfrutar hiriendo mis sentimientos. Mi corazonada se confirmó cuando estrenó el mensaje que le encantaba dirigirme en cuanto tenía oportunidad y que me mataba cada vez que lo decía, agitando en mí el sedimento de la ira y el resentimiento que haría posteriormente erupción. Sin que lo hubiera provocado y sin motivo alguno, se volvió hacia mí en aquel primer encuentro que puedo recordar y proclamó de manera rotunda, con los ojos llameantes y una voz que estalló en mis oídos: «¡Yo no soy tu maldito papá!».

CAPÍTULO 2

El *blues* «Sin papá»

«¡Chris! ¡Chris, despierta!». Es la voz ceceante de mi hermana Sharon, que tiene tres años y me tironea del hombro con su pequeña manita.

Sin abrir los ojos, me obligo a recordar dónde estoy. Es la noche de Halloween y ya muy tarde, estoy en mi cama, que ocupa la mayor parte de la pequeña habitación en la casa de atrás, donde vivimos ahora, detrás de la «Gran Casa» en la Octava y Wright, propiedad de Bessie, la hermana de Freddie. Tan pronto como mi mente recopila esos datos, me dejo caer de nuevo en el sopor, queriendo descansar solo un poquito más. Lo curioso es que aunque el sueño trae a veces pesadillas, la realidad de las horas en que estoy despierto es la que me causa mayor terror.

Desde el momento en que mamá volvió para recogernos, llevándonos primero a mí, Ophelia y Sharon —que había nacido en las instalaciones del correccional de mujeres durante el tiempo en que mi madre estuvo ausente— a fin de que viviéramos con ella y Freddie, la vida había cambiado drásticamente, y en su mayor parte para peor. El mundo de lo desconocido que me abrumaba cuando vivía con el tío Archie y TT parecía maravilloso en comparación con todo lo que sucedió en el territorio de lo familiar sobre el que reinaba Freddie Triplett. Mamá nos daba todo el amor, la protección y la aprobación que podía, pero con frecuencia aquello parecía convertirlo en alguien más brutal de lo que ya era.

Mi instinto me decía que lo lógico era encontrar la forma de hacer que Freddie me quisiera. Sin embargo, hiciera lo que hiciera, su respuesta era desanimarme y con frecuencia golpearme. Ophelia y yo casi nunca recibimos azotes cuando vivimos con el tío Archie y TT, pero con Freddie las zurras eran continuas, y por lo general sin ninguna otra razón que el hecho de que él era un analfabeto, beligerante, abusador y completo borracho.

En un principio creí que Freddie estaría orgulloso de mi éxito académico. A los cinco, seis y siete años, la escuela fue un refugio para mí, donde parecía progresar en el aprendizaje y las interacciones sociales. Mi primera exposición a los libros dio resultado, y con el estímulo continuo de mamá, pronto dominé la lectura. Una de mis profesoras favoritas, la señora Broderick, reforzó mi amor por los libros pidiéndome con frecuencia que leyera en voz alta porciones más extensas que las de mis compañeros de clase. Como no teníamos televisor en ese tiempo, leer se convirtió en algo sumamente relevante en casa, sobre todo porque a mamá le gustaba sentarse tras su largo día de faenas domésticas para escuchar lo que yo había leído o aprendido ese día.

Mi madre seguía aferrándose a la esperanza de lograr un día acabar sus estudios y obtener la licencia para enseñar en el estado de Wisconsin. Hasta ese momento, se dedicaba a hacer lo necesario para cuidar a sus cuatro hijos: Ophelia, yo, Sharon y la más pequeña, mi hermana Kim, que era una bebé y llegó en ese período de tiempo. Aunque mamá no se quejaba de los días que pasaba limpiando casas de ricos (blancos), tampoco hablaba de su trabajo y se dedicaba a vivir indirectamente a través de lo que le iba contando sobre lo que mis maestros me habían enseñado aquel día, o mirando conmigo algunas de las ilustraciones de los libros de cuento que yo llevaba a casa. *El globo rojo* era un libro que yo podía leer una y otra vez, sentado junto a mamá y mostrándole las fotografías de una ciudad mágica donde un niño llegó volando con su globo rojo, explorando las azoteas. Los ojos de mamá se iluminaban con hermosa serenidad, como si se encontrara en algún lugar en las nubes, tal vez soñando estar en aquel globo y volar hacia arriba, más arriba, a otro lugar. Nunca supe que la ciudad mágica del cuento era un lugar llamado París, en un país llamado Francia.Y desde luego, no tenía ni idea de que visitaría la capital francesa en varias ocasiones.

Obviamente, mis logros como estudiante de la escuela primaria llenaban a mamá de orgullo. No obstante, si en algún momento me engañaba a mí mismo pensando que ganaría puntos con Freddie, estaba en un lamentable error. En realidad, Freddie Triplett —que no sabía leer ni escribir lo más mínimo— pasaba cada minuto haciendo una campaña de un solo hombre contra la alfabetización. En aquella época tenía un poco más de treinta años y había abandonado su escolarización en tercer grado en Mississippi, sin ser siquiera capaz de marcar un número de teléfono hasta más adelante en su vida, y tampoco le resultó fácil entonces. Sin duda esto alimentó una inseguridad profundamente arraigada en él, la cual escondía declarando que todo aquel que supiera leer y escribir era un «cabrón hábil».

Por supuesto que, según su lógica, esto nos incluía a mamá y a mí, a mis hermanas y a cualquiera que le pareciera saber un poco más, porque esto significaba que podían aprovecharse de él. En el brillo desbocado de sus ojos se veía que vivía en un mundo lleno de cabrones hábiles que habían salido a acabar con él. Si mezclas esta actitud con el alcohol, el resultado es una enorme paranoia.

Aunque empecé a darme cuenta de algunas de estas dinámicas con anterioridad, por un momento estuve deseoso de ver más allá de ellas y tener la mejor de las conductas, con la esperanza de que descubriera de algún modo su lado paternal conmigo. Sin embargo, él se encargó de destrozar aquella expectativa una tarde, durante una visita de Sam Salter, el padre de Ophelia.

En una extraña asociación, Salter y Freddie se convirtieron en grandes amigos y compañeros de borracheras. Aquello no tenía sentido, no solo porque ambos tenían hijos con mamá, sino por lo distintos que eran. Como hacía cada vez que venía de visita, Salter entró en la habitación con su cálido encanto de caballero sureño. Siempre bien vestido y siendo un elocuente profesor de la escuela secundaria —que sabía leer, escribir y avasallar con tanta soltura que todos creían que era abogado, aunque Freddie no lo acusó jamás de ser un cabrón hábil— Samuel Salter no tenía nada en común con Freddie Triplett, que se adueñaba de cualquier espacio en el que entraba por medio del asedio. A veces, vaciaba la habitación arma en mano, agitando su escopeta y voceando: «¡Lárguense de mi maldita casa!». En otras ocasiones, lo hacía despotricando, gesticulando airado con un cigarrillo Pall Mall encendido en una mano y su siempre presente vaso de whisky en la otra.

Old Taylor era su marca por elección, pero también bebía Old Granddad y Old Crow, o básicamente cualquier vaso de whisky al que pudiera echarle mano. No tenía una petaca para dicha bebida, como la mayoría de los hombres negros más sofisticados que veía. Vestido siempre con su uniforme de obrero, que consistía en unos pantalones vaqueros o caqui, una camisa de lana, una camiseta interior y zapatos de trabajo, Freddie solo llevaba su botellita de media pinta. A todas partes. Era un apéndice de él. Cómo se las apañaba para mantener su trabajo en A. O. Smith —llegando incluso a jubilarse allí con pensión y todo— era otro misterio para mí. Hay que reconocer que como trabajador del acero era un obrero esforzado. No obstante, era un bebedor aun más aplicado.

Aquella tarde en que vino Salter, Ophelia y yo corrimos a saludarlo, seguidos inmediatamente por la entrada de Freddie en la sala de estar. Cada vez que venía, Salter traía alguna cosita para nosotros, por lo general dos dólares para Ophelia, su hija biológica, y uno para mí, porque me trataba como a un hijo. Aquel día pasamos por la misma rutina: Ophelia tuvo un abrazo, un beso y sus dos dólares antes de escabullirse y decir con un gesto de la mano: «¡Adiós, papi!», y luego me tocó a mí.

Salter sonrió al ver mi mano abierta y no me hizo esperar, elogiándome primero por mi buen trabajo en la escuela y entregándome a continuación el crujiente billete de un dólar. Los sentimientos de felicidad me recorrieron por dentro y no pude evitar preguntarle: «¿No eres también mi padre?».

«Claro», dijo Salter, asintiendo con la cabeza pensativamente. «También soy tu padre. Toma». Y sacó otro billete de un dólar que me entregó diciendo: «Ahora ve y pon esto en tu alcancía, hijo».

Con una gran sonrisa en mi cara, aunque no tenía alcancía, empecé a darme la vuelta para salir pavoneándome, un dólar más rico y con el acuerdo del papá de Ophelia de ser también mi padre, cuando me topé inesperadamente con el ceño fruncido de Freddie mientras vociferaba: «¡Oye, acaso yo no soy tu condenado padre y no estás recibiendo ninguna mierda de mí!».

¡Hablando de destruir las esperanzas! Por un momento, volví la vista atrás y miré a Salter, que le lanzó a Freddie una extraña mirada que yo no entendí ni mi padrastro tampoco. Probablemente le estaba diciendo algo parecido a lo que yo estaba sintiendo: que Freddie no era nadie para opinar, en primer lugar, porque yo estaba hablando con Salter en ese momento, y en segundo lugar, porque era un castigo cruel y poco habitual. Freddie ya se había expresado en ese sentido en demasiadas ocasiones, además de su incesante comentario sobre el tamaño de mis orejas.

Aunque yo estuviera muy cerca, cada vez que alguien preguntaba dónde estaba, él respondía con un rugido: «No sé dónde anda ese orejudo hijo de puta».

Luego, como si no le importara, se dio la vuelta y me miró con una sonrisa —como si pisotearme a mí y destruir mi autoestima hicieran de él un hombre más grande— mientras yo permanecía allí de pie, sintiendo cómo mi piel oscura por naturaleza ardía y se sonrojaba de dolor y vergüenza.

En otra ocasión, me encontraba en el cuarto de baño cuando oí que alguien preguntaba por mí y tuve que escuchar la burla de Freddie a mis espaldas: «No sé dónde anda ese orejudo hijo de puta». Ya era bastante duro cuando lo decía delante de mí, sobre todo porque disfrutaba observando cómo yo intentaba encubrir mi dolor de niño de siete años, pero resultaba aún peor oírlo cuando él desconocía de verdad dónde me encontraba. Además, cuando me miraba las orejas en el espejo del baño para comprobar su tamaño, me daba cuenta de que eran un tanto grandes, y esto hacía que sus comentarios me dolieran todavía más. No me importaba saber que un día yo crecería y todo se equilibraría.

Entre las observaciones de Freddie y algunos de los niños del vecindario, así como de varios en la escuela que me llamaban «Dumbo» —el elefante volador de la película de dibujos animados de Disney— mi autoestima estaba pagando factura, y esto se mezclaba con el enorme vacío de no tener papá. Todos los demás sabían quién era su padre. El papá de Ophelia era Salter, Sharon y Kim tenían a Freddie, todos mis amigos tenían papá. Aquel comentario innecesario de mi padrastro la tarde en que Salter me dio el dólar dejó definitivamente claro para mis sentimientos infantiles que nunca sería cálido conmigo. La pregunta que me hice entonces fue: ¿qué puedo hacer al respecto?

Mi plan a largo plazo ya se había formulado, empezando con la solemne promesa que me hice a mí mismo de que crecería y tendría mi propio hijo, que él siempre sabría quién era yo y nunca desaparecería de su vida. Sin embargo, mi proyecto a corto plazo era mucho más difícil de imaginar. ¿Cómo podía esquivar la impotencia de no tener papá y llevar la etiqueta de «tú, orejudo hijo de puta»? No obstante, lo que más daño le hacía a mi psique era la indefensión que se originaba en el temor y parecía no amainar jamás en casa.

Era miedo a lo que Freddie pudiera hacer y a lo que ya había hecho. Terror elevado a la mayor potencia. Pánico de regresar a casa y encontrar a mi madre asesinada. Pavor de que pudiera matarnos a mis hermanas y a mí. Espanto de que la próxima vez que llegara ebrio a casa, sacara su escopeta, y nos despertara a todos encañonándonos y gritando: «¡Largo todo el mundo de mi condenada casa!», cumpliera su promesa de acabar con todos nosotros. Por aquella época habíamos llegado a un punto en que mamá dormía en el sofá del salón con los zapatos puestos, por si tenía que correr llevando al bebé y tirando del resto de nosotros para sacarnos de casa a toda prisa. Temor de que la próxima vez que Freddie golpeara a mamá hasta casi matarla, llegara más lejos y acabara con ella. Miedo de tener que presenciar esa paliza u observar cómo golpeaba a Ophelia, o de soportar yo mismo que me moliera a golpes y no ser capaz de hacer nada por detenerlo. ¿Qué podía yo hacer que la policía no pudiera o no quisiera, luego de tantas veces que se habían asomado por allí sin hacer nada ni llevarse con ellos a Freddie para devolverlo a casa una vez sobrio?

Las preguntas de qué iba a hacer y cómo lo haría fueron adquiriendo gran importancia. Me seguían a la escuela, colándose entre mis pensamientos al despertarme y al dormirme, y en las agitadas pesadillas que me habían turbado la mayor parte de mi joven vida, pesadillas que se remontaban al hogar de crianza, cuando se suponía que calle abajo vivía una bruja. Algunos de mis sueños eran tan aterradores que también me quedaba paralizado, sin poder despertarme, creyendo en mi sueño que si podía darle un golpe a algo, a la lamparilla junto a mi cama, por ejemplo, despertaría a alguien de la casa que viniera a rescatarme y ayudarme a escapar del terror que hubiera en el sueño de aquel momento.

«¡Chris!». La voz de Sharon traspasa una vez más mi estado de semiinconsciencia.

Abro los ojos, me incorporo mientras hago un rápido inventario. Antes de irme a dormir no ocurrió nada digno de reseñar, solo el habitual recorrido pidiendo dulces por Halloween, después de lo cual Ophelia se fue a una fiesta con sus amigas, y según parece allí sigue todavía. Por lo demás, había sido una noche bastante tranquila en la casa de atrás que le alquilamos a mi emprendedora tía, la señorita Bessie, la primera de nuestros parientes que posee una casa que alberga su negocio en el sótano, su hermoso Salón de Peluquería Bessie.

Llorando, Sharon me tira de la manga y me dice: «Mamá está en el suelo».

Sin saber qué me voy a encontrar, aparto bruscamente las mantas, agarro mi bata y me precipito pasillo abajo hasta la puerta principal. Allí, boca abajo en el suelo, veo a mi madre inconsciente, con un tablón de cinco por diez centímetros pegado a la parte trasera de la cabeza y un charco de sangre desparramándose por debajo y alrededor de ella. El llanto de Sharon va adquiriendo mayor intensidad mientras permanece parada junto a mí y mira fijamente a nuestra madre. «¡Despierta, despierta!», grita. «¡Despierta!».

Luchando contra la parálisis de la conmoción, siento que otro mecanismo se apodera de mí y mi reacción inmediata es valorar qué ha sucedido, como si fuera el analista de la escena de un crimen.

Primero observo que mamá intentaba salir de la casa y se dirigía hacia la puerta cuando Freddie la atacó con el tablón, aporreándola en la parte trasera del cráneo con tal fuerza que la madera se había astillado en su piel, pegándose a ella, y que no solo había sangre debajo de su cabeza, sino por todas partes en la habitación.

A continuación, sintiendo las oleadas de terror al pensar que mamá está muerta o a punto de fallecer, y me doy la vuelta para ver que Baby está al teléfono llamando a la ambulancia. La hermana pequeña de Freddie, conocida afectuosamente como Baby, me tranquiliza asegurándome que los paramédicos están en camino y se dedica a calmar a Sharon.

En medio de todos mis sentidos intentando comprender el caos de la sangre, el temor, los sollozos de mi hermana, a Baby insistiendo en que mamá irá al hospital y se pondrá bien, y más sangre aún, en mí hace erupción la volcánica pregunta: *¿Qué puedo hacer?* La respuesta: ¡limpia el fogón! Tengo que hacer algo, lo que sea. Necesito una tarea, un deber que cumplir. De modo que me precipito a la cocina y empiezo a frotar nuestra vieja cocina a gas que parece haber estado en uso desde la época de los Pilgrims y se halla cubierta de una capa de mugre de procedencia desconocida. Usando un trozo de estropajo, detergente y agua, empiezo a limpiar y restregar con todas mis fuerzas, a la vez que empiezo a orar. Mi plegaria es más elaborada que un sencillo *¡Oh Dios, te lo ruego, no permitas que mamá muera!* Incluye eso, pero también *¡Por favor, Dios, no dejes que entre nadie aquí y vea este lugar tan sucio como está!*

La idea de que los paramédicos y los policías blancos vieran la sangre por todas partes y el cochambroso fogón es demasiado vergonzosa para soportarla. Por tanto, mi tarea consiste en limpiarlo, demostrar que aquí vive gente decente, no salvajes, a excepción de Freddie que ha vuelto a hacer sangrar a una mujer.

Cuando llegó la ambulancia, los asistentes entraron rápidamente, hablaron con Baby y Bessie, conmigo no, por supuesto, pusieron a mamá sobre una camilla luego de quitarle el tablón, la metieron en la ambulancia y se marcharon.

Yo seguía limpiando, realizando la única tarea que pude encontrar para crear orden en aquel caos. El mundo se hizo muy pequeño para mí aquella noche. Una parte de mí dejó de funcionar, de un modo que me paralizaba emocionalmente, pero eso era también necesario para mi supervivencia.

Mis esfuerzos no salvaron a mamá. Al parecer, su terquedad fue la que impidió que muriera. Literalmente. Gracias a la fuerza y la resistencia de su cráneo, el intento de Freddie de matarla había fracasado. Regresó al día siguiente, vendada y maltrecha, pero lo bastante consciente como para prometer que jamás le permitiría volver. Con una determinación que yo no había visto antes, nos miró a todos a los ojos y juró: «Se acabó. No volverá a poner más los pies aquí».

Pasaríamos más o menos una semana sin él, pero antes de que me pudiera relajar y a pesar de lo que había hecho, ya estaba de vuelta. Aquella montaña rusa no me era desconocida. Habíamos vivido en ella desde que tenía uso de razón. Cada vez que regresaba disculpándose y contrito, empezaba a ser verdaderamente amable. Sin embargo, era tan predecible como la lluvia. Nadie sabía cuándo estallaría, pero todos sabíamos que lo haría en un momento dado. Una vez tras otra.

Lo desconcertante, sin lugar a duda, era por qué se volvía a tragar mamá el mismo cuento. De igual modo, comprendí que en las ocasiones en que intentábamos salir de aquello era cuando más peligro corríamos.

Aunque no tenía control sobre el plan a corto plazo, amplié mi proyecto a largo plazo. No solo me iba a asegurar de que mis hijos tuvieran un papá, sino de que nunca fuera un Freddie Triplett. No aterrorizaría ni amenazaría, ni dañaría o maltrataría a una mujer o un niño, ni tampoco bebería tanto que no pudiera ser responsable de mis actos. Este plan evolucionó con el tiempo a medida que estudiaba en el colegio virtual de cómo crecer y no ser como Freddie. Por el momento, no podía más que odiarlo. Era una verdad emocional que vivía bajo mi piel, pegada a mis huesos.

Los pequeños brotes de rebeldía habían empezado a surgir. Como antídoto de mi sentimiento de impotencia, hice unas cuantas cosas tan solo para ver si podía fastidiar a Freddie. Por ejemplo, como estaba al tanto de que no sabía leer y se sentía amenazado por cualquiera que sí pudiera hacerlo, esto me abrió el camino.

A veces, empezaba a leer en voz alta sin otra razón que enviarle un mensaje. *Tal vez tenga las orejas grandes, pero puedo leer. Eso sí que está bien. Puedes apalearnos, pero no eres capaz de leer*. En otras ocasiones era incluso más calculador: sosteniendo mi libro y señalando una palabra, le preguntaba a mamá a voz en grito para asegurarme de que Freddie lo oyera: «¿Qué significa este término?». O alguna otra variación: «¿Qué quiere decir esto?». O, en el colmo del atrevimiento, le preguntaba de repente a mamá cómo se escribía una palabra en particular.

Mamá solo tenía que lanzarme una suave mirada, y únicamente me hablaba con la expresión de sus ojos. *Hijo, sabes perfectamente cuál es la respuesta*. Era nuestra conspiración tácita, nuestro acuerdo privado de que él no conseguiría quebrantarnos. Luego, en voz alta, contestaba: «No lo sé», y ambos nos dirigíamos una sonrisa con los ojos.

Finalmente, a altas horas de la noche aquel mismo invierno, después del incidente del tablón, mamá me alistó a mí y al resto de nosotros en una rebelión a gran escala. Después que Freddie se desatara contra ella por enésima vez y abandonara la casa para ir a uno de los diversos antros del vecindario, mamá se levantó del suelo, aplicó hielo sobre su rostro hinchado y empezó a empaquetar, instándonos a que la ayudáramos.

«Tenemos que irnos», fueron simplemente sus palabras mientras Ophelia y yo la ayudábamos a recoger, lanzándonos nuestra ropa y embutiéndola en bolsas, reuniendo todo lo que podíamos, porque sabíamos sin que nadie nos lo hubiera dicho que el tiempo era primordial. En lugar de ir a quedarnos con nuestros parientes, nos mudamos a un lugar que mamá había alquilado en la calle Sexta, a tan solo dos bloques más arriba de la casa trasera en la Octava con Wright. Una vez que todo estuvo apilado en un carrito de supermercado que fuimos empujando los cuatro por turnos hasta la nueva morada, observé cómo se le desencajaba el rostro mientras rebuscaba frenéticamente en sus bolsillos y su monedero. Alzando la mirada hacia el apartamento de la segunda planta, sacudió con tristeza la cabeza, diciendo: «La llave... No tengo la llave». Parecía aturdida, completamente derrotada.

Estudiando el edificio, le señalé un poste y le expliqué a mamá: «Puedo escalar hasta allí, saltar al pórtico, entrar por la ventana y abrir la puerta desde el interior». Siendo como era un niño ligero y delgado —acostumbrado a trepar a los árboles altos para divertirme— no solo pensé que podía hacerlo, sino que resultaba imperativo lograr abrir aquella puerta a nuestra nueva vida, libres de Freddie. Esto representaba una tarea que hacer, algo concreto, y también una batalla entre él y yo. Tenía que ganarla. Tal como sugerí, ejecuté mi plan: escalé el poste hasta el tejado, salté desde allí al pórtico, y por suerte pude levantar el panel de la ventana que estaba al nivel del pórtico y me deslicé al interior. Luego abrí la puerta del apartamento y volé escaleras abajo, donde la mirada aliviada en el rostro de mi madre fue todo lo que necesité ver. Una vez todos acomodados aquella noche, no podría haberme sentido más orgulloso de mí mismo.

A lo largo de los siguientes días, mamá me sorprendió vigilando con inquietud, y supo que me asustaba que Freddie se apareciera e intentara conquistar nuestra nueva tierra.

«No va a volver», me tranquilizó de palabra. «Nunca más. No va a volver».

Una tarde, el sonido de una voz de hombre que sonaba amenazante me obligó a entrar a la sala de estar de la nueva casa. La conversación era sobre dinero o alquiler. No era la voz de Freddie, sino la de un hombre blanco que no había visto antes. Un tipo difícil de describir, vestido con varias capas de ropa de invierno adecuada para la estación, hablaba sin ningún respeto y de una forma que hizo temblar a mi madre.

Casi por reflejo corrí a la cocina y regresé con un cuchillo de carnicero, blandiéndolo hacia el hombre blanco. «No tienes derecho de hablarle así a mi mamá», lo interrumpí.

Mi madre me lanzó una mirada que decía muchas cosas, advirtiéndome que enmendara mi tono y mis palabras, que fuera educado.

De inmediato le devolví la mirada y le hice saber que la obedecería. Volviéndome hacia el hombre, con el cuchillo todavía en la mano, hablé de nuevo y esta vez le dije: «*Señor*, usted no puede hablarle a mi madre de ese modo».

Retrocedió y pronto nos dejó solos. Lamentablemente, esa no fue la última vez que escuchamos aquel tono despectivo y superior dirigido a mi madre, mis hermanos y a mí mismo. A lo largo de mi vida tendría que luchar contra aquel mismo reflejo de querer devolver el golpe cuando ciertos individuos de raza o clase distinta me hablaron de aquella manera.

La consecuencia más inmediata fue que Freddie volvió. La montaña rusa alcanzó de nuevo su punto más alto y volvió a caer al vacío. Cada vez lo odiaba mucho más. Luego de estar afuera solo algo más de una semana, empacamos y regresamos a la casa trasera, disfrutando de un respiro de unos cuantos días sin violencia. La decepción y el no entender el porqué de las cosas me comían por dentro. Como desconocía que mamá ya había estado antes en la cárcel, no podía entender que lo que más la aterraba era que Freddie la enviara de nuevo allí. No sería hasta más adelante que comprendería por completo que ella disponía de poca independencia económica, ciertamente no contaba con lo suficiente para criar a cuatro niños, y no tenía forma de escapar; sin embargo, ya podía sentir que ella se veía atrapada, como se suele decir, entre la espada y la pared.

Esto hizo que mi necesidad de encontrar el remedio para solventar nuestra situación fuese mucho más urgente. La respuesta llegó un domingo por la tarde, mientras observaba cómo Freddie se comía un plato cocinado por mamá, en esta ocasión era sus cuellos de cerdo, que no tenían igual. Como norma, ver comer a Freddie fue lo más cerca que un chico de ciudad como yo estuvo jamás de un cerdo. Sin embargo, en esta ocasión solo necesité verlo chupar, romper y golpear aquellos huesos del cuello sobre la mesa de la cocina para experimentar una repugnancia permanente. Sin ningún sentido de vergüenza, Freddie no solo aceptaba su propia esencia porcina mientras comía, sino que la combinaba con la aparente capacidad de ventosear, eructar y estornudar, todo al mismo tiempo. ¿Quién era este gigante que se parecía a Sonny Liston, actuaba como él, fumaba Pall Mall, bebía whisky y estaba loco por las escopetas? ¿Dónde quedaba la humanidad de un hombre al que no le importaba en absoluto lo que alguien pensara de él y que no perdía jamás la oportunidad de golpear, insultar, avergonzar o humillar a cualquiera de nosotros, en especial a mí? ¿Sería porque yo era el único otro varón en la casa, porque sabía leer, porque era el único hijo de mi madre, o tal vez la combinación de todas estas cosas y otras que solo él conocía?

Las respuestas a estas preguntas tardaron mucho en llegar, si es que alguna vez lo hicieron. No obstante, finalmente tuve una percepción de cuál debía ser mi plan de acción a corto plazo. No había cumplido aún los ochos años cuando la idea me alcanzó como golpea el rayo, aquel domingo por la tarde, mientras lo observaba chupar aquellos huesos, pensé para mis adentros: *voy a matar a este hijo de puta.*

———

En contraste con el peligro que acechaba en el hogar, afuera, en las calles de la parte norte de Milwaukee —con toda la diversión y el drama de nuestro escenario en negro de *Días felices*— llegué a experimentar elementos de una infancia relativamente segura y normal. La seguridad llegó en parte de conocer el terreno y también de tener un sentido de sus fronteras. En el límite norte, corriendo de este a oeste, se encontraba W. Capitol Drive, por encima del cual vivían los negros burgueses de la clase social ascendente, donde los papás de los niños trabajaban como profesionales, algunos de ellos eran doctores y abogados, otros maestros, vendedores de seguros o trabajadores del gobierno. Allí, en el centro de la parte norte, se encontraba nuestra comunidad, muy trabajadora, aunque de bajos ingresos; mayoritariamente formada por la clase obrera, trabajadores del acero y la industria automotriz atrapados entre el territorio de la prosperidad (donde, en secreto, todos aspirábamos a vivir un día, aunque fingíamos que no queríamos estar con todos aquellos prepotentes) y el puente al mundo blanco del lado sur, que no se debía traspasar jamás. De ese modo funcionaba la ley no escrita de la división racial. Una de las principales arterias, que recorría la ciudad de norte a sur, era la calle Tercera, bordeada por algunos de los mejores almacenes como Gimbels, Boston Store y Brill's, así como Discount Center, justo en la Tercera con North, mi lugar favorito para comprar ropa ajustada a mi presupuesto.

A un par de cuadras de donde vivíamos, en la Octava con Wright, se encontraba la animada intersección de la Nueve con Meineke, cerca de donde asistía a la escuela primaria de Lee Street —casualmente una escuela a la que también iba Pat, la hermana de Oprah Winfrey, cuando vivían en Wisconsin— frente a la cual se encontraba la tienda de Sy. Este era un tipo grande, judío, que se estaba quedando calvo y ponía uno de esos pocos toques de blanco en nuestra comunidad —aunque yo no supe hasta bastante después que ser judío era diferente a ser un anglosajón blanco y protestante— bastante apreciado por fiar la mercancía en pequeñas cantidades a clientes habituales como nosotros. También nos sentíamos cómodos con los dos hombres negros que ayudaban a Sy a llevar el negocio y que posteriormente le compraron la tienda. Henry y su hijo —bien apodado Bulldog por su parecido con esta raza de perro— eran grandes personajes y contribuían al ambiente acogedor.

Sy elaboraba y vendía toda una gama de comida de increíble sabor, incluida la mejor salchicha que he comido en mi vida, y también ofrecía una selección ecléctica de artículos del hogar y personales. Cada vez que mamá llamaba: «¡Chrissy Paul...!», esa era su señal vocal para pedirme que corriera a hacerle un mandado, que recogiera algo en la tienda de Sy, cualquier cosa, desde una lata de Sweet Garrett, el rapé que le gustaba, o de Day's Work, una marca popular de tabaco para mascar, hasta algún oscuro artículo personal del que no había oído hablar antes. Yo no tenía ni la remota idea de lo que era Kotex. Por mucho que quisiera complacer a mi madre y volver a casa con aquello que ella necesitaba, casi siempre regresaba con el producto equivocado, sobre todo cuando me pedía: «Chrissy Paul, ve corriendo a la tienda de Sy y tráeme unas medias de color topo». Yo regresaba con cualquier color, menos el gris topo. Al final empezó a escribir notas para Sy en lugar de dejar que yo decidiera.

A dos cuadras hacia el norte, en la Novena con Clarke, había otro lugar emblemático del barrio al que familiarmente nos referíamos como la «tienda de los negros», no de forma peyorativa, sino porque a diferencia de la mayoría de los negocios cuyos dueños eran blancos, los propietarios de esta eran negros. En cuanto tenía algún dinero en el bolsillo, salía hasta la Novena con Clarke para comprar un dólar de caramelos y una bolsa o dos de palomitas de maíz con queso marca Okey Doke.

Para mí, el reto que empezó a mis siete años o incluso antes consistía en resolver cómo conseguir tener ese dinero en el bolsillo. La mayoría de los niños mayores y todos los adultos que veía parecían tener preocupaciones similares. Todos, en cierto nivel, buscaban su propia forma de trapichear, su forma de mejorar. Mi primo Terry, el hijo de Bessie, de trece años, era el cabecilla de un grupo de chicos a los que seguía de vez en cuando. Ellos me proporcionaron los fundamentos para ser alguien emprendedor, al estilo de un gueto en 1960.

La oportunidad llamó a mi puerta cuando la ciudad de Milwaukee empezó a construir un tramo de la Interestatal 43, que atravesaba nuestro barrio entre las calles Séptima y Octava. Dado que todas las propiedades residenciales y los negocios de la Séptima se estaban evacuando y preparando para su demolición, Terry y sus secuaces dieron por sentado que deberían probar suerte con la chatarra.

Ansioso por unirme a ellos, aunque no tenía ni idea de lo que eran esos desechos, me pegué como una lapa a los chicos mayores y los ayudé a hacer literalmente pedazos los lugares que habían sido condenados en busca de materiales: accesorios y muebles fijos, plomo, cables de cobre, pesas de ventana, ropa vieja, trapos y hasta papel. Aquello no era robar —al menos eso argumentó Terry— porque en realidad estábamos ayudando a la ciudad a echar abajo las casas sentenciadas. Y en lugar de que los tipos de la demolición tuvieran que acarrear todo aquello, los estábamos ayudando amontonando carros del supermercado y empujándolos por todo el camino hasta el lado oriental de Milwaukee, a unos pasos del lugar por donde se cruzaba el río antes de alcanzar el lago. Allí era donde dirigía su negocio de chatarra el señor Katz, un emprendedor judío que compraba este tipo de cosas por su peso.

En un intento de aumentar nuestro margen de beneficio, intentamos ser hábiles unas cuantas veces, pero no éramos rival para el señor Katz: había sido él quien inventara este juego. Nuestra estúpida estratagema consistía en aumentar el peso de nuestra carga —antes de que él pusiera nuestra chatarra sobre su báscula— mojando los trapos y escondiéndolos bajo cartones de leche enterrados en la parte inferior de nuestros bultos.

El señor Katz se las sabía todas. Casi por instinto discernía de inmediato cuando el peso era demasiado grande para lo que estaba viendo, y enseguida empezaba a gritar en yiddish y a escarbar buscando los trapos mojados. Nunca nos funcionó. No obstante, no nos fue tan mal en el negocio de la chatarra con el señor Katz como comprador habitual. Es decir, a Terry y a sus amigos les fue bastante bien. Mi recaudo de cinco o diez dólares era mucho menos que la parte que les tocaba a cada uno de ellos. A pesar de todo, yo estaba más que feliz de gastar mi dinero en unas cuantas cosillas que quería, sin tener que pedirle dinero a mamá para el cine o caramelos. Asimismo, esto me introdujo en el principio operativo primordial de cualquier mercado: la oferta y la demanda. La demanda era, obviamente, alguien por ahí que pagara por la chatarra que le suministrábamos al señor Katz. No era un trato tan mezquino.

Algunos de los otros trapicheos del primo Terry no necesariamente eran honestos y respetables, como la ocasión en que se apareció en nuestro patio trasero con cajas de cartones de cigarrillos. De repente, todos los niños del barrio, incluido yo mismo, nos encontramos en la parte de atrás fumando y escuchando una historia que sonaba un tanto sospechosa, sobre unas cajas que habían caído de un camión o algo por el estilo. En realidad, Terry se las había robado de alguna manera de una taberna local. A mí poco me importaba. Estábamos muy tranquilos, según pensé. Mejor aún, no nos habían pillado.

Sin embargo, por lo general sí lo hacían. En realidad, parte de la razón por la que nos daban mucha libertad para ir y venir a nuestro antojo era que los amigos de nuestros padres siempre tenían un ojo sobre nosotros. Esto me quedó más que claro una vez que fui a ver a los hermanos Ball, Arthur y Willie. Con este grupo de amigos, el fútbol americano se convirtió más tarde en lo nuestro, y una vez que empecé a hacerme más grande y más alto, asumí el papel de mariscal de campo. Nuestros juegos consistían todos en pasar, correr y marcar, lo que resultaba en tantas anotaciones que el marcador final acababa en algo así como 114 a 98, más parecido al resultado de los partidos de baloncesto. Los hermanos Ball eran los mejores bloqueadores que cualquier equipo extraescolar pudiera desear, e iban camino de convertirse en los chicos más fornidos que hubieras visto en tu vida. Siendo dos de los tipos más simpáticos y amables que conocí, tenían el tamaño de defensas del fútbol profesional cuando alcanzaron la adolescencia. Con anterioridad, una de las primeras veces que fui a su hogar en un día particularmente caluroso de verano, vi al llegar que la puerta de la casa de los Ball había perdido su cristal y solo quedaba la estructura de madera. De modo que, en lugar de mencionar lo que era obvio, solo crucé el marco de madera y entré a la casa.

De repente apareció la señora Ball, la madre de mis amigos, y moviendo su dedo frente a mí me dijo: «¡Muchacho, más te vale volver a salir y abrir esa puerta! ¿Dónde están tus modales?».

Me quedé allí de pie durante un segundo, sin entender nada. El cristal ya había desaparecido, por lo que la puerta estaba abierta, ¿o no?

La señora Ball no lo veía así. Cuando me di la vuelta para obedecerla, añadió: «¡Seguro que no te han educado así! Conozco a tu madre. Ahora abre esa puerta, como si tuvieras algún juicio. Vuelve a salir y abre la puerta, ¿me oyes?».

La señora Ball, una mujer fornida y un poco mayor que mamá, me dejó claro que aquella era su casa y ella estaba a cargo.

Sin decir nada todavía, no sabía cómo se suponía que debía salir por una puerta que ya estaba abierta. ¿Salía dando un paso hacia afuera, como lo había hecho para entrar, o abría el marco de la puerta? Mientras ella permanecía allí, manteniendo los brazos en jarra y mirándome con un ojo avizor, abrí el marco de madera de la puerta, salí y cerré.

Entonces dijo: «Entra».

En el momento en que lo hice, la señora Ball sonrió y me saludó: «¿Qué tal estás, Chrissy?».

No todas las familias hacían tanto hincapié en la importancia de los modales, pero eran normas no escritas de la comunidad para mantener a los niños alejados de los problemas. En muchas familias de la época se hacía una distinción entre el maltrato y ser castigado de manera contundente por algo que se había hecho mal. No se escatimaban las varas. Como los papás y las mamás de todos se conocían entre sí, era perfectamente aceptable que los progenitores de cualquier otro te dieran un sopapo si cruzabas la línea. Entonces llamaban a tu madre y volvías a recibir otro bofetón cuando llegabas a casa. Luego tenías que esperar a que llegara tu viejo y él limpiaba el piso contigo, y te volvía a azotar peor que cualquiera de las dos veces anteriores.

Nuestra familia era ligeramente diferente. Freddie ya era bastante excesivo pegándonos con regularidad, estuviéramos castigados o no, de modo que mamá prefería no azotarnos. Como una verdadera maestra, era capaz de darnos las lecciones reales que necesitábamos aprender sin ejercer la fuerza; en vez de ello, sus palabras bien escogidas, el tono nítido de su voz y su mirada decían todo lo que necesitábamos escuchar.

Hubo excepciones muy ocasionales como aquella vez que me zurraron por robar una de aquellas bolsas de cinco centavos de palomitas de maíz con queso Okey Doke de la «tienda de los negros». La mujer afroamericana propietaria de la tienda no solo conocía a mamá, según me anunció —cuando me sorprendió intentando escurrirme y salir con la inocencia de mis siete años y me agarró por el cuello— sino que también sabía dónde trabajaba. Por haber intentado hurtar una bolsita de palomitas, tanto la policía como mamá recibieron una llamada telefónica. Y después de que mi madre viniera a recogerme a la tienda, antes de escoltarme hasta la casa, me propinó una azotaina en las posaderas con toda la ferocidad de una mujer decidida a asegurarse de que jamás volviera a robar.

Creativa como ella sola, mamá me azotó con el grueso cable enrollado del teléfono antiguo, que hacía sonar su campana cada vez que ella me golpeaba. *¡Bing! ¡Bing! ¡Bing!* Aparte de la agonía física —lo suficiente dura como para hacer que me preguntara si me iba a matar— el lado psicológico de aquello fue que durante semanas, cada vez que sonaba el teléfono, yo volvía a revivir la experiencia. Fue la última vez que ella me pegó, y desde luego evitó que pensara de nuevo en robar nada durante muchísimo tiempo, al menos hasta que alcancé la adolescencia.

Tal vez parte de la furia de mi madre tenía el objeto de asegurarse de que aunque disfrutara siguiendo a mi primo Terry a todas partes, ella no quería que anduviera en sus pisadas. La realidad es que todos teníamos la sensación de que Terry iba camino de tener muchos problemas, de que era uno de esos niños nacidos para ser un rufián.

«Oye, Chrissy», me llamaba siempre Terry desde el otro lado de nuestro patio trasero, invitándome a subir a la Casa Grande, como lo hizo una mañana cuando un puñado de nosotros —sus hermanas y las mías— seguimos sus directrices y convertimos las amplias escaleras en una atracción de Disneylandia. Esto suponía un cambio de la competición por ver quién podía afirmar ser el personaje más interesante de diferentes películas. En el film *Los siete magníficos*, escogí a Chris, interpretado por Yul Brynner, un tipo de mirada verdaderamente fría. Aunque mi nombre encajaba bien con el del personaje, los chicos mayores prevalecieron, ya que habían elegido antes. Las películas, como los libros, ejercían una poderosa influencia sobre mí, permitiéndome mirar a otros mundos a través de una ventana. Nada moldeó tanto mi perspectiva de la vida como *El mago de Oz*, mi film favorito desde la infancia. Un día planeé vivir en Kansas, donde nunca ocurría nada malo excepto un tornado muy ocasional.

Mientras tanto, tuve que pasar buenos ratos jugando a juegos antiguos a instigación de Terry. Mientras los adultos estaban fuera, dedicamos la mayor parte de aquel día a deslizarnos por las escaleras en cajas de cartón que bajaban zumbando los escalones y colisionaban con los parachoques que habíamos hecho con los cojines del sofá. Cuando nos cansamos de aquella diversión, Terry me propuso: «¡Oye, Chrissy, hagamos una pelea de almohadas! ¡Chicos contra chicas!».

«¡Sí, vamos!», dije aplaudiendo su idea. Éramos él y yo contra dos de mis hermanas y tres de mis primas.

La lucha de almohadas no tardó en salirse de control, sobre todo porque Terry decidió poner un trozo de plomo de buen tamaño dentro de la suya. Lo siguiente que supimos fue que había golpeado a su hermana Elaine en la cabeza con su almohada de plomo, y a esto le siguieron chillidos, gritos y sangre por todas partes.

Todos nos dispersamos mientras una de las niñas mayores fue a buscar a Paul Crawford. Este era el padre de Terry, un hombre al que todos aludían siempre por ambos nombres. Aunque no estaba casado con la señorita Bessie, Paul Crawford —carpintero, empleado de mantenimiento y hombre diligente— estaba casi siempre presente en la Casa Grande, no solo como nuestro sheriff residente, sino como proveedor de unos suministros ilimitados de sacos de patatas de cuarenta y cinco kilos. Podíamos ser pobres en dinero, pero no pasaríamos hambre jamás.

Paul Crawford era el papá de otro y yo me habría sentido orgulloso de haberle podido llamar padre, de haber sido ese el caso. Tenía estilo, era un tipo duro, un buscavida, un obrero con chispa al que nunca se le veía sin su cinturón de herramientas bien cargado colgándole por debajo de la cintura, la gorra ladeada con un toque autoritario y siempre con un puro sin encender pegado a su labio inferior. La única vez que lo vi prenderle fuego fue el día que se enfrentó a su hijo por la grave herida infligida a Elaine.

Una vez vendada y llevada a la sala de urgencias, Paul Crawford nos convocó a todos a la sala de estar de la Casa Grande, donde habíamos empujado los muebles a un lado. En una representación siniestramente cercana a *Infierno de cobardes*, una película que vi muchos años después, se despojó lentamente de su cinturón de herramientas, caminó de un lado a otro, y mirándonos a los ojos esperó que uno de nosotros acusara a Terry. Todos afirmamos no saber quién era el responsable, incluido Terry.

«Muy bien», replicó Paul Crawford inspirándonos gran terror. «Alguien va a tener que decirme algo». Y en ese momento se desabrochó la correa de los pantalones, haciendo una pausa dramática para encender su puro.

La única diferencia entre ese instante de prender su cigarro y la versión de Clint Eastwood fue que en la película este último llevaba un sombrero de cowboy; en cambio, en la versión de Paul Crawford, él llevaba su gorra de obrero. En vez de ser un pistolero, él manejaba la correa como si esta cobrara vida en sus manos, como una serpiente enojada fuera de control. Aunque su principal centro de atención era Terry, todos pillamos golpes de rebote, mientras Paul Crawford nos enseñaba a cada uno de nosotros el significado de «poner el temor de Dios en sus negras posaderas».

Ese fue el fin de Disneylandia en el interior de nuestro gueto, y de los cigarrillos y las peleas de almohadas.

Buscando ocupaciones menos polémicas, algún tiempo después, cuando el clima ya era hermoso y soleado, Terry y yo pensamos que a nadie le importaría que nos construyéramos una pequeña caseta en el patio trasero con algunas de las maderas sueltas que estaban por allí.

Nosotros no lo sabíamos, pero a Freddie sí le importaba, y al parecer nos había estado gritando: «¡Dejen de hacer ese condenado ruido!», ya que estaba intentando dormir. Con Terry martilleando desde afuera y yo haciéndolo por dentro, no escuchábamos nada. De repente, la caseta empezó a desintegrarse a mi alrededor con un gigantesco y retumbante sonido. *¡Chop! ¡Chop! ¡Chop!* Y el sol se reflejó en la brillante hoja de metal del hacha de mango largo de Freddie.

Lo único que supe es que estaba haciendo pedazos la caseta conmigo adentro y que Terry se había quitado de en medio. A Freddie no solo le importaba un comino que yo estuviera dentro, sino que parecía no interesarle en absoluto que la madera astillada me hubiera hecho un tajo en una de las piernas que sangraba formando un pequeño río sobre nuestra estructura, ya convertida en un montón de madera, mientras me encogía de dolor. Freddie era insensible, como una sierra circular humana, poseído por el demonio y obsesionado por convertir en abono nuestro molesto y ruidoso proyecto, y también a mí.

En medio de los *¡chops!*, mis gritos, la sangre y las astillas de madera volando por todas partes, la voz de mamá entró en la cacofonía gritándole a Freddie: «¡Basta! ¡Déjalo ya!».

Con un gruñido, le puso abruptamente fin a su destrucción, defendiéndose con un: «Le dije que dejara de hacer todo ese condenado ruido».

Si quieres destruir la diversión de alguien, déjaselo a Freddie. Mamá me consoló, asegurándose de limpiar bien el profundo corte de mi pierna y poniéndome un apósito. Cuando empezó a formar costra, la irritación era tan grande que me pellizqué y pronto se infectó. Mamá me colocó otro vendaje, el cual se me cayó un día cuando ella estaba en su trabajo.

Tras lavar de nuevo la herida, busqué un vendaje más grande para taparla y encontré lo que parecía un apósito blanco suave, acolchado y limpio en aquel paquete de la tienda de Sy. Lo coloqué cuidadosamente sobre la zona de la costra y lo até alrededor de mi pierna. Luego, bastante orgulloso de mis precoces habilidades médicas, pensé en darme un paseo por el barrio y presumir de mi genial vendaje.

¿Con quién había de tropezarme por la calle que no fuera mi primo Terry? Levanté la mirada pavoneándome para observar la expresión horrorizada con la que me miraba de arriba abajo.

«¿Pero qué llevas en la pierna, Chrissy?», exclamó. Antes de que pudiera contestar, prosiguió: «¿Qué estás haciendo con un Kotex? ¿Estás loco?».

Por más que lo intentara no sabía por qué estaba tan enojado y tan incómodo.

Terry me apuntó con un dedo amenazador. «¡Que no vuelva a pillarte jamás con un Kotex de mujer! ¡Quítatelo! ¡Ahora mismo! ¡Y que no te vea más con una de esas cosas!».

Aunque la cicatriz causada por el incidente del hacha no desapareció jamás, dejé atrás la humillación posterior que se apoderó de mí cuando descubrí por qué no se debían usar los Kotex como apósitos.

Esto fue un recordatorio más de lo mucho que odiaba a Freddie, de las ganas que tenía de que saliera de nuestras vidas. Sin embargo, dar con una forma de deshacerme de él era como una de esas misiones imposibles encomendadas a jóvenes caballeros inexpertos de acabar con dragones invencibles, que lanzan fuego por el hocico.

¿Cómo podía hacerlo? ¿Con una escopeta? La perspectiva era aterradora. Para Freddie, con su crianza rural de caza y pesca, los disparos eran algo natural y predominante, una cosa que había estado haciendo toda su vida. También representaban un tipo de adicción, como beber, la única forma que conocía de expresarse cuando las cosas no iban como él quería, aplacar su rabia interior y zanjar las diferencias siempre que darle una patada a alguien en las posaderas no resolvía el problema.

Con ocho años, mi experiencia con un arma cargada era deprimente. Un par de años antes, uno de mis amigos y yo habíamos estado jugando en una callejuela cerca de Thunderbird Inn y nos encontramos un arma calibre 22 en un fogón abandonado. Sin saber si era real, decidimos probarla apuntándole a alguien, un escenario de verdadera pesadilla. Fallamos milagrosamente, pero la niña a la que encañonamos podría haber muerto. Cuando Freddie contestó aquella llamada de teléfono, que no me extrañaría que fuera de mamá, salió disparado en mi busca. Yo sabía que lo que había hecho era terrible, estúpido y estaba mal, pero no quería recibir una paliza, de modo que corrí a mi cuarto, me deslicé debajo de la cama y aguanté la respiración. Antes de que tuviera un momento para soltar el aire, Freddie ya había levantado en vilo la cama, dejándome allí expuesto y temblando como una presa. El correazo dolía, pero más daño me hacía sentir su omnipotencia.

Además, aunque tuviera un arma y pudiera usarla, eso tampoco resolvía el tema. En realidad, hubo una noche en la que nos avisaron que Freddie se había visto implicado en una pelea de borrachos en el bar y su mejor amigo, Simon Grant, le había disparado en el estómago. *¡Gloria, aleluya, bendito sea el Señor!* Sin embargo, la inmensa panza de Freddie actuó como un chaleco antibalas. Sangró profusamente, pero después de que le extirparan la bala y pasara una noche en el hospital en observación, fue directamente al trabajo al día siguiente.

Sin saber qué táctica sería la mejor en la cruzada que estaba absolutamente decidido a emprender, cualquier episodio violento era una prueba adicional de que no tenía elección y debía acabar con él. No dejaba de pensar en esto una noche en la que obviamente se estaba preparando para darle una nueva paliza a mamá y yo corrí a avisarle a la policía.

Justo cerca de la tienda de Sy en la intersección de la Novena con Meineke había un bar llamado Casbah. Seguro de que alguien me prestaría diez centavos para hacer una llamada desde el teléfono público en el exterior del bar, me acerqué al primer tipo que vi, un muchacho que parecía la versión en postal de un jugador de la parte norte del Milwaukee de 1962, con un sombrero de ala ancha, un traje de zapa y corbata con alfiler.

«Oiga, Señor», le digo precipitándome hacia él, sin aliento, «¿me puede dar diez centavos? Tengo que llamar a la policía, porque mi padrastro está a punto de darle una paliza a mi madre».

Aquel tipo ni parpadea y se limita a decir: «No puedes timarme, negro».

En ese momento, me gustaría matar a ese hijo de puta además de a Freddie.

Después de encontrar a alguien dispuesto a creerme cuando digo que la vida de mi madre corre verdadero peligro, consigo hablar con la policía y envían a dos agentes a mi casa, ambos blancos.

Cuando llegan, Freddie está sentado en el sofá y ellos parecen obviamente sorprendidos de ver a un hombre de su envergadura. Después de intercambiar miradas nerviosas, uno de los agentes se aclara la garganta y pregunta: «Señor Triplett, ¿podemos usar su teléfono? Tenemos que llamar a la camioneta».

En una de las pocas veces que Freddie hace gala de algo parecido al sentido del humor, se inclina hacia ellos y responde. «Demonios, no; no pueden usar mi condenado teléfono para decirle a la policía que traiga la camioneta y llevarme a la cárcel. ¡Jódanse!».

Era algo absurdo. Por fin lo obligaron a acompañarlos hasta la comisaría. Cuando ya se habían marchado, le pregunté a mamá por qué habían intentado usar nuestro teléfono para llamar a la policía si ellos *eran* la policía y ya *estaban* en nuestra casa. Ella contestó: «Bueno, tal vez pensaban que necesitarían a un par de agentes *robustos* para sacarlo de aquí».

Aquello fue tan irritante como el día en que mamá corrió a esconderse en la tienda de Odom, en la esquina de la Décima con Wright. El dueño, el señor Odom, era el papá de un amigo mío de la escuela y no intentó detener a mi madre, que se echó al suelo detrás del mostrador.

Agitando su escopeta, Freddie la siguió hasta la tienda, exigiéndole al señor Odom que contestara a su pregunta: «¿Dónde está esa perra?».

El tendero se encogió de hombros. «Pues no está aquí, Freddie, y tienes que salir de mi tienda con esa escopeta. ¿Me estás escuchando?».

El señor Odom no soportaba a los necios. Freddie lo sabía, y como todos los matones, en realidad no era más que un cobarde cuando se le enfrentaba alguien que no se dejaba amedrentar. Sin argumentar, Freddie se dio la vuelta y se marchó, siguiendo calle arriba por aquella cuadra, escopeta en mano a plena luz del día, buscando a mamá.

Ella pudo estar allí agachada hasta muy tarde aquella noche, cuando él había aparentado enfriarse. Durante los dos días siguientes, la presión barométrica interna de Freddie pareció indicar que las tormentas no eran inminentes, como si la válvula hubiera soltado temporalmente algún vapor. No obstante, las señales a veces eran engañosas, de manera que todos nosotros —yo, mamá, Ophelia de doce años, Sharon de cuatro y Kim de dos— caminábamos con pies de plomo todo el tiempo.

Aunque sabía que todos le temíamos a Freddie y lo detestábamos, cómo se sentía mi madre realmente por nuestra situación cada vez más intolerable era una pregunta que quedaba sin respuesta, igual que la interrogante sobre quién era mi verdadero padre. Es decir, hasta que tropecé con una de las únicas pruebas de su mundo interno que tendría por siempre.

Para ser exactos, más o menos en ese tiempo, mamá hizo una de las escasas referencias al hombre que me engendró. En esa ocasión, Freddie me había recordado una vez más que no era mi condenado papá. En un intento de consolarme, ella mencionó como de pasada que yo tenía un padre y estaba en Luisiana, y que hacía tiempo me había enviado una carta con unos cinco dólares. Yo no había visto jamás aquella carta, el dinero ni su nombre. Mamá indicó que ella siempre me estaba dando dinero, todo el que podía, y eso era cierto. Sin embargo, no explicaba por qué pensó que ver la carta de mi verdadero padre me produciría más dolor que no saber nada de él.

Esto debió estarme rondando por la cabeza cuando un día, bien entrada la tarde, descubrí que estaba solo en la casa de atrás y decidí revisar los cajones, tal vez buscando aquella carta y otras más. No obstante, lo que encontré fue una misiva escrita con la letra cuidadosa y sencilla de mamá en la que no había saludo, aunque era evidente que se la enviaba a una amiga de confianza. Pareció deslizarse justo hasta mis manos cuando me acerqué al cajón de su mesilla de noche para tomar la pequeña Biblia raída que ella guardaba allí.

Para mí era evidente que, aunque Freddie no podría leerla, mamá sabía que solo con ver la carta él lo consideraría un acto de traición. Probablemente por esta razón tuvo que escribirla a hurtadillas y guardarla en secreto dentro de su Biblia, donde él no la encontrara.

En la carta hablaba mucho de cómo iban las cosas entre ella y el viejo, del que yo nada sabía; no entendía eso ni tampoco la proposición de negocio que él había recibido en Detroit, la cual nunca llegó a prosperar. El contenido era apabullante, impactante, sobre todo el auténtico pánico de las palabras al principio de la carta: *ayúdame, temo por mi vida.*

Yo sabía, por supuesto, que no estaba bien andar husmeando. Sin embargo, aun así me serví de la lectura de aquella misiva para conocer la verdad de lo que ella estaba sintiendo y ser consciente de que intentaba conseguir ayuda. Durante los días siguientes la observé, asegurándome de que no sospechara que había hallado la carta. Sin darme cuenta, yo mismo había desarrollado la habilidad familiar de poder guardar unos cuantos secretos.

Como resultado, cuando por fin se me ocurrió un método viable de cargarme a Freddie y empecé a idear la poción letal que él confundiría con el alcohol, nadie tuvo la menor idea de lo que estaba haciendo. Lo primero que hice fue escabullirme con *su* taza, una taza de acero inoxidable, la única que él usaba y que trataba como si fuera un cáliz de plata incrustado de joyas. A continuación, sin ser observado, vertí un poco de lejía líquida, algo de alcohol con dosis abundantes de todos los productos de limpieza y medicamentos que llevaban una advertencia de ser venenosos, y finalmente lo mezclé todo, añadiendo agua a punto de hervir. El líquido burbujeaba y hacía espuma; era mejor que cualquier pócima que el doctor Frankestein pudiera elaborar en una película, pero el problema era el horrible hedor. ¿Cómo me las apañaría ahora para hacer que Freddie se lo bebiera?

Una opción era dejarlo en el cuarto de baño y esperar que le diera un sorbo, guiado por la curiosidad. Gran idea, salvo que cuando entré allí y oí voces que se aproximaban, me puse nervioso al pensar que él, intrigado por el líquido, me hiciera beberlo. Lo siguiente que pensé fue que debía intentar engañarlo diciéndole que era una de esas bebidas originales que se sirven flameadas. Por ridículo que fuera, encendí una cerilla y la acerqué. *¡Puf!* ¡Una gran llama azul y naranja salió disparada de la gran taza de acero de Freddie! Aparte de que mi mortífera poción fuera un fracaso, ahora me iba a abrasar. La única solución que se me ocurrió fue vaciar la mezcla ardiente y llena de espuma por el inodoro. Bajé la tapa y pensé que todo había acabado, pero por debajo de la misma empezaron a salir humo y llamas.

La voz de Freddie llegó hasta mí: «¿Qué rayos es ese maldito olor?».

Descargué el inodoro —lo cual milagrosamente hizo que el olor desapareciera sin causar una explosión que me achicharrara a mí o incendiara la casa— salí del cuarto de baño, devolví la taza de Freddie al lugar donde la había encontrado y respondí: «¿Qué olor?».

Deprimido al ver que mi esfuerzo no había servido de nada, intenté consolarme diciéndome que había sido solo un ensayo y mi próximo intento tendría éxito. El último de mis planes fue procurar hacerlo mientras dormía. Poco sabía yo que, con su don para el secretismo, mi madre se estaba viendo empujada a un extremo similar. Una noche, tras otra brutal paliza, dijo en voz alta y a nadie en particular: «No volverá nunca más».Y añadió que si lo hacía, ella misma lo mataría antes de que pudiera hacerle daño una vez más a ella o a nosotros, y declaró sin rodeos: «Lo haré cuando esté dormido».

Si bien guardaba en secreto los detalles de sus propias fantasías de venganza, había algo que Bettye Jean Gardner Triplett no podía esconderme. Hacia el final de aquellos tres años y medio que habían transcurrido desde que vino a buscarnos a casa de tío Archie y justo antes de que volviera a desaparecer —sin aviso ni explicación de los demás— descubrí que tenía la sorprendente habilidad de permanecer quieta de un modo casi sobrenatural. Poco después de encontrar su carta, me hallaba en la sala de estar viendo la televisión por la noche, y mamá estaba sentada a la mesa del comedor leyendo el periódico, cuando Freddie protagonizó su estampida de un solo hombre y se plantó al lado de ella, vociferando, desvariando, intentando perturbarla y comprometerla, superando cualquier diatriba anterior con el lenguaje más repugnante e insultante que yo hubiera escuchado jamás.

Por una parte, era el ambiente más surrealista de rechazo: Freddie interpretaba el papel del asesino del hacha de la película de terror, mientras que mamá y yo fingimos actuar como el niño que ve la televisión y la madre que lee el periódico, una familia normal en su hogar. Mientras más ruido y furia producía la rabiosa tormenta de Freddie, más tranquila se quedaba mi madre.

No había presenciado nada igual en toda mi vida antes, ni lo he hecho desde entonces. Su quietud estaba alimentada por una energía que multiplicaba por un millón de veces la que bramaba en Freddie. Jamás vi algo o a alguien tan sumamente quieto. Una mesa se hubiera movido más que ella. Mamá permaneció sentada allí, inmóvil, con los ojos fijos en su periódico, petrificada, sin volver una sola hoja, como si hubiera desaparecido en lo más profundo de sí misma para evitar responder, porque sabía que si decía algo, si pasaba una hoja, si parpadeaba o respiraba, él la golpearía. Su inmovilidad derrotó la tormenta interior de Freddy. Para mi mayor desconcierto, él desistió, apagó su rabia contenida, se volvió hacia mi madre como si acabara de cambiar de canal en el televisor y le dijo: «¡Venga, vamos a hacerlo!».

La capacidad de quedarme quieto nació en mí aquella noche al observar a mamá. Esto es algo que existe en el ámbito del instinto, cuando la elección es huir o luchar. La quietud era la única defensa de mi madre contra un depredador, la forma en que la presa puede evitar el ataque de una cobra asesina o un tiburón, quedándose muy inmóvil como para ser invisible. Y puede haber sido en aquel momento de inmovilidad que ella decidiera que había llegado la hora de que la presa encontrara otra forma de deshacerse del depredador, de poner en marcha su propio plan para asegurarse de que Freddie no volviera nunca más. Tal vez fue entonces cuando resolvió tomar las precauciones necesarias para tener la certeza de que todos sus hijos estuvieran fuera de nuestro hogar, incluido yo, una noche después que Freddie regresara a casa borracho y perdiera el conocimiento.

Con su prole a salvo de todo riesgo, siguió de principio a fin su plan de incendiar la casa mientras Freddie dormía. Al menos esa fue la historia que finalmente me contarían. Cómo despertó este y apagó el fuego, nunca lo supe. No obstante, sí me enteré de que él usó el intento de asesinato de ella para respaldar su afirmación de que había violado la libertad provisional bajo palabra que le concedieran en su anterior encarcelamiento, también instigado por él. Una vez más, sus acciones hicieron que mamá fuera enviada de nuevo a prisión.

Mis hermanas y yo no conocimos nunca los detalles completos. Lo único que aprendí de aquella experiencia fue el mecanismo de quedarme totalmente quieto cuando las fuerzas aterradoras hacían presa de mí. El temor a perder la vida, sufrir la pérdida de un ser querido o de todo lo que tenía fueron miedos que me persiguieron durante años. La quietud había sido mi refugio y mi defensa. Incluso después, siendo ya adulto, saldría adelante quedándome quieto. Muy quieto. No fue algo con lo que me sintiera siempre bien, pero es a lo que acudo cuando hay demasiado caos a mi alrededor, cuando parece que el mundo se está desmoronando, cuando de repente temo que algo o alguien que me importa me sea arrebatado en un abrir y cerrar de ojos.

Me quedo quieto.

CAPÍTULO 3

¿Dónde está mamá?

En un abrir y cerrar de ojos, uno de mis mayores temores se hizo realidad. Tras un regreso de unos pocos años, mi madre volvió a desaparecer casi tan de repente como había retornado. Súbitamente, en mi mundo todo pasó a ser nebuloso, una infinita y gris incertidumbre. Cuando volví a parpadear, me encontré a doce cuadras hacia el oeste, en casa de mi tío Willie en la Decimonovena con Meineke, donde viviría durante la mayor parte de los tres años siguientes. Era como si el guión por el cual vivía cambiara y tuviera que saltar al día siguiente con otro nuevo, con todo un elenco distinto de personajes y sin hacer ninguna pregunta.

A diferencia de las reacciones evasivas obtenidas cuando preguntaba en casa del tío Archie mientras era mucho más pequeño, o la forma en que mi madre solía responder a mis preguntas de forma general o parcial, siempre que intentaba saber algo en casa del tío Willie, ni él ni su esposa Ella Mae me daban la más mínima respuesta, como si yo hablara en un idioma extranjero.

Transcurrieron casi diez meses —toda una vida para un niño de ocho años— antes de que tuviera idea de lo que le había sucedido a mamá y dónde se encontraba. Entonces, en una de las ocasiones más tristes de mi infancia —en este caso un funeral— la distinguí de pie a cierta distancia, con una guarda de la prisión junto a ella. Hasta que no apareció aquella dura prueba —la pieza más importante de un rompecabezas que solo se explicó con mayor detalle décadas más tarde— ni siquiera supe durante todos esos meses si mamá estaba viva o no.

Para colmo de mi confusión, fue más o menos en ese tiempo cuando enviaron a Ophelia a otro lugar. Ahora me faltaba la segunda persona más importante de mi vida. Como de costumbre, las explicaciones fueron vagas; pero muchos, muchos años después supe que tío Willie y tía Ella Mae habían decidido que mi hermana de doce años estaría mejor viviendo en una especie de reformatorio y escuela para niñas que tenían problemas adaptándose a las normas.

Con la casa llena, contándome a mí y sus tres hijos, era comprensible que mi tío, y en particular mi tía, vieran aconsejable establecer un código de conducta bastante estricto. No obstante, comparado con el ambiente fácil que tío Archie y TT habían mantenido, y en contraste con el caótico drama bajo el reinado de embriaguez de Freddie —donde los niños podíamos hacer lo que quisiéramos siempre que nos mantuviéramos fuera de su camino— las nuevas reglas supusieron un gran choque cultural. Aunque al principio Ophelia hizo todo lo posible por adaptarse a las reglas, yo me rebelé, odiando tener de repente un horario para irme a la cama y hacer las tareas, así como que también hubiera una forma concreta de hacerlas.

¿Fregar los platos? Tenía que hacerlo si me lo ordenaba tía Ella Mae —de piel oscura, alta y huesuda, con un cuerpo como el de una de las últimas amazonas— quien nos vigilaba con mirada dura tras sus lentes en forma de ojos de gato. ¿Pero fregar los platos? Esto iba en contra de mis normas. En realidad, había sido el tema de una de las pocas discusiones que tuve con Ophelia cuando mamá la dejaba a cargo y mi hermana intentaba obligarme a limpiar la cocina, incluido fregar los platos. Fue la única vez en toda mi vida que apelé a la filosofía de Freddie Triplett, negándome e insistiendo en que «Freddie dice que fregar los platos es cosa de niñas». Ophelia estaba a punto de darme una paliza, pero me escapé riendo.

Con tía Ella Mae no había escapatoria. En un momento dado me obligó a fregar los platos durante un mes, porque afirmaba haber detectado algo de grasa en un vaso después que le hubiera jurado que lo había lavado. Ella sonrió burlona y me dijo: «Yo veo grasa y ni siquiera tengo puestos mis lentes». Eso no fue más que el principio.

En mi opinión, tía Ella Mae, que medía al menos quince centímetros más que tío Willie —a quien le preocupaban problemas más apremiantes que la ejecución de las tareas domésticas— se las había ingeniado sencillamente para darnos más trabajo a nosotros y así poder ella hacer menos. Además, se tomaba al pie de la letra el dicho: «Sin despilfarro no hay miseria». Para no desperdiciar la leche, hacía que todos los niños comiéramos el cereal por turno, en el mismo bol y con un tenedor, uno por uno. Cuando me di cuenta de su sistema, me ofrecí voluntario para ser el último, sabiendo que cuando me hubiera comido el cereal podría empinarme el bol y beberme la mayor parte de la leche.

Tal vez Ophelia se encontraba ya al límite del enojo resultante de nuestra situación, o de una acumulación del temor y el dolor que todos habíamos experimentado. O tal vez por ser la que tenía más claros sus propios derechos expresó su desafío rebelándose. Ophelia siempre había sido buena, inteligente y una persona amorosa, y no hizo nada específico —hasta donde yo sé— para que la enviaran afuera, pero por lo menos debió haber contestado o desobedecido una norma, o regresado tarde a casa muchas veces. De cualquier modo, abrir y cerrar los ojos una vez más y descubrir que no solo se había ido mamá, sino también Ophelia, me hizo sentir demasiado dolor para soportarlo. Para colmo de males, Sharon y Kim se estaban quedando con miembros de la familia de Freddie, por lo que yo era un forastero en tierra extraña, aunque tío Willie y tía Ella Mae fueran mis parientes.

No fue hasta que Ophelia dejó de estar en la familia que aprecié realmente cuánto me había apoyado siempre, cómo habíamos estado presentes en todo momento el uno para el otro. Apenas habíamos peleado, excepto una vez cuando operé a su muñeca Barbie y más o menos la decapité. Tal vez fuera por celos, porque ella tenía más regalos de Navidad que yo, que durante años solo recibí calcetines. También pudo deberse a mi enojo mal canalizado por culpa de Freddie, que se había burlado de mí, diciendo: «Eres el único que no va a tener papá». O quizá fue tan solo una exploración precoz de mis latentes habilidades quirúrgicas. Ni que decir hay que Ophelia estaba enfadadísima por haberle destruido su juguete. Sin embargo, pronto me perdonó. Luego vino un tiempo en el que yo la espiaba a ella y sus amigas mientras se reunían en el club de chicas. ¡Cuando me pillaron observándolas por la mirilla, una de sus amigas agarró una esponja empapada en agua jabonosa y me salpicó justo en el ojo! Aquello escocía una barbaridad, pero lo que de verdad me lesionó el ojo fue que corrí a casa e intenté secarme el jabón con un trapo ya manchado de maquillaje. Estaba furioso contra Ophelia por no preocuparse más, y aquello me causó un problema permanente en el ojo.

Por lo demás, habíamos sido casi inseparables, los mejores amigos. El 4 de julio anterior permanecía en mi memoria. Los hijos de Bessie y algunos de nuestros parientes mayores y amistades tenían dinero para ir a Muskogee Beach, el mejor sitio. Como nosotros no disponíamos del importe, nuestra opción para ver los fuegos artificiales fue el lago Michigan. A fin de llegar hasta allí tuvimos que depender de que Freddie nos llevara, nos dejara allí y volviera a recogernos.

Llegamos a tiempo y disfrutamos observando el espectáculo de pirotecnia con la gran multitud local. Eso fue hasta que el último cohete, como si de una coreografía se tratara, explotó en el cielo liberando miles de fragmentos resplandecientes en el firmamento, y de repente un trueno resonó y la lluvia empezó a caer con fuerza. No había donde refugiarse, y tardamos bastante en darnos cuenta de que Freddie no estaba allí para recogernos.

Cuando se hizo realmente tarde, lo único que pudimos hacer fue volver a casa a pie, como Hansel y Gretel, intentando recorrer a la inversa el camino por donde él nos había traído en auto. Combatiendo el agua, el frío y el hambre junto con nuestro temor a perdernos, hablábamos y hablábamos mientras andábamos. Ophelia, que seguía siendo mi principal fuente de información sobre todo aquello de lo que yo no tenía ni idea, decidió explicarme por qué el correo nunca llegaba a tiempo a nuestro barrio.

«¿Por qué?», pregunté. La lluvia caía con tanta fuerza que tuvimos que alzar la voz para poder oírnos por encima del ruido del aguacero.

«Porque nuestro cartero está en Luke's con Freddie». Luke's House of Joy [La casa del gozo de Luke], uno de los garitos favoritos de mi padrastro, se encontraba justo al otro lado de la calle donde se hallaba la Casa Grande, en la Octava con Wright. Estábamos más que seguros de que se encontraba allí esta noche, demasiado borracho para recordar o preocuparse de venir a recogernos. Ophelia me informó que los adultos del barrio decían que si querías tener tu correo a tiempo, tenías que ir a Luke's, encontrar al cartero en su habitual taburete del bar, y tomar lo que te perteneciera. Si querías conseguir tu cheque de prestaciones sociales, prosiguió Ophelia, tenías que ir a Luke's y decirle al cartero: «¡Negro, dame mi cheque!».

La lluvia no cesó durante la hora y media que tardamos en caminar hasta nuestra casa desde el lago, pero sus historias y comentarios hicieron mucho más soportable la dura prueba. Cuando llegamos a casa, no había nadie, así que me las apañé para entrar apretujándome a través de la abertura por donde nos dejaban la leche.

En resumen, así es cómo sobrevivimos en equipo, alegrándonos el uno al otro, quejándonos el uno al otro, distrayéndonos para no pensar en todas las cosas perturbadoras y demasiado dolorosas como para hablar de ellas. Con mamá ausente y sin Ophelia cerca de mí para ser mi aliada, no podía imaginar a nadie que pudiera llenar el vacío.

Sin embargo, al parecer y como dice el adagio, la naturaleza aborrece los vacíos, y de nuevo en un abrir y cerrar de ojos los tres hermanos de mi madre habían dado el paso adelante para ocupar aquel lugar vacío y asegurarse de que no quedara totalmente desatendido. Ellos asumieron la figura de padres, maestros, animadores y predicadores, cada uno a su manera. Fueron el antídoto perfecto para el *blues* «Sin papá, sin mamá, sin hermana», y me ayudaron de forma colectiva justo cuando empezaba a sentir lástima de mí mismo. ¡Qué suerte tenía de ser un Gardner!

Cuando iba a visitar a tío Archie, o a quedarme en su casa, siempre recibía lecciones perdurables sobre el valor del trabajo duro, establecer metas, concentrarse y el aprendizaje autodidacta. Tío Archie llevaba el sindicato en las venas, y finalmente fue ascendiendo hasta convertirse en el presidente del suyo, leyendo, estudiando y familiarizándose sin cesar con las cuestiones que preocupaban a la comunidad.

Luego estaba tío Willie, un personaje de primer orden que podía convertir una tarde aburrida en una aventura llena de intriga internacional y espionaje. Según había escuchado, desde que regresó de la Guerra de Corea no estaba muy bien de la cabeza. Este era uno de los eufemismos que se usaban para las enfermedades mentales que recorrían con fuerza las distintas ramas de nuestra familia extendida, según se demostró, así como el resto del vecindario... donde la mayoría de la gente, aparte de no poderse permitir recibir este tipo de ayuda, acudía a un encantador de serpientes antes de buscar a un psicoterapeuta.

Llamar a alguien loco —un eufemismo igualmente oportuno que podríamos haberle aplicado a alguien como Freddie, quien con toda probabilidad era bipolar o rayaba con la esquizofrenia, y encima lo empeoraba todo con el alcohol— era en realidad otra forma de negar lo perturbada que la persona estaba, lo cual hacía que, aunque el problema no se resolviera, al menos fuera algo típico. Independientemente de lo grave del caso, escuchabas decir: «Sí, el negro está loco, ya sabes. Está chiflado». Y nadie contemplaba la posibilidad de la terapia. Esa solución le parecía una locura a muchos. «Oh, no», decían sobre Freddie. «Se pondrá bien. Solo está borracho. Probablemente debería comer algo que recubriera su estómago y así no absorbiera el licor».

En efecto, al tío Willie le habían diagnosticado una especie de fatiga o trauma causado por la guerra, que había empeorado progresivamente, aunque era inofensivo. A pesar de que nadie me habló sobre su condición durante el tiempo que viví en su casa, al parecer estaba convencido de trabajar para el FBI, algo de lo que sigue persuadido hasta el día de hoy, aunque nadie de la institución de salud mental en la que está ingresado ha intentado corregirlo en este punto. Tampoco yo lo hice la primera vez que tuve una experiencia directa trabajando con él en una «misión», un poco después durante esa época. En aquella ocasión fuimos a hacer una diligencia en su modesto Rambler verde —uno de los modelos clásicos de mediados de la década de 1960 fabricado justo allí, en Milwaukee— y no pude evitar observar su elegante atuendo: chaqueta y camisa blanca, corbata con alfiler, un pequeño sombrero de paja estilo Bogart y gafas de sol. Este se convirtió en su disfraz secreto; lo ayudaba a mezclarse con la gente, al menos eso decía. Sin ninguna referencia a su «trabajo», de repente se hizo a un lado, miró en línea recta y habló con los dientes apretados, como un ventrílocuo, para que no se notara que me estaba dirigiendo la palabra.

«Sí, ahí están, controlándome ahora mismo», dijo tío Willie. «Me están vigilando».

«¿De verdad?», le pregunté entusiasmado acordándome de Bill Cosby en la serie *Yo soy espía*, así como en todas las últimas historias de James Bond que había visto o leído. ¡Vaya! ¡Aquello era genial!

Justo cuando giré la cabeza para mirar y ver quién nos estaba siguiendo de cerca, tío Willie agarró el volante, susurrando con voz ronca. «¡No mires! ¡No mires! ¡Saben que los tenemos fichados!».

Lamentablemente, ya me había dado la vuelta y mirado, para descubrir que allí no había nadie. De repente comprendí que eso significaba que sus grandiosas afirmaciones sobre lo que había hecho a lo largo de los años, o lo que otros habían oído decir de él, no eran verdad. Una de aquellas declaraciones que les escuché comentar a otros, por ejemplo, era que tenía algunos cuadros originales de Picasso guardados en un lugar secreto y se los había legado a Ophelia. Estas eran visiones glamorosas y atrevidas, una forma de tener sueños despierto en los que me gustaba pensar, y odiaba enterarme de que solo eran ciertos en su mundo de fantasía.

A pesar de todo, podía ser muy convincente. Poco después fui a hacer otra diligencia relacionada con él: uno de los parientes Gardner recibió una llamada del Hotel Palmer House, uno de los más lujosos e ilustres de Chicago, al estilo del Waldorf Astoria de Nueva York. Parecía que tío Willie —que frecuentaba el hipódromo— se había registrado en el mostrador principal mostrándoles sus boletos ganadores de las carreras. Con la explicación de que les pagaría al día siguiente una vez que tuviera tiempo de cobrarlos, se fue directamente a la suite presidencial del último piso haciendo gala de su encanto. Una vez que la dirección del hotel comprendió que los recibos no valían nada —eran boletos desechados, ni siquiera eran los tickets ganadores de otra persona— llamaron a la familia para que vinieran a recoger a tío Willie en vez de hacer una publicidad negativa involucrando a la policía.

Como miembro de la familia que se apuntó por gusto para engatusar a tío Willie y sacarlo del hotel, tuve la fortuna de poder vislumbrar las cosas de las que están hechos los sueños. El lujoso vestíbulo del Palmer House hacía que las páginas del catálogo Spiegel parecieran casi ordinarias. Y aquella suite del ático —con múltiples dormitorios, un baño que podía dar cabida a dos familias, un salón aquí, una sala de estar allá, y muebles hechos de oro, seda, satín y terciopelo— no se parecía a nada que hubiera soñado jamás, y mucho menos visto. Pensar que alguna vez me alojaría en un lugar así era sobrepasarse soñando, algo demasiado absurdo para desearlo. Sin embargo, mientras embaucaba a tío Willie para que regresara a casa con nosotros, atesoré esa fantasía dentro de mí de todos modos.

Muchos años después, tras haberme hospedado en la suite de unos cuantos hoteles extraordinarios, el Palmer House me invitó a asistir a una recepción ofrecida por el presidente de la Asociación Nacional de Educación, uno de mis mayores clientes de inversiones institucionales. Hasta que llegué a la recepción, que casualmente se celebraba en aquella misma suite presidencial del último piso, no se me ocurrió por qué estaba teniendo un *déjà vu* tan poderoso. Al principio pensé que era mejor no confesar por qué era capaz de indicarle el camino a cualquiera que preguntara dónde estaba el baño, el bar o la salida al patio, pero luego se lo mencioné a un par de señoras mayores que se rieron conmigo.

Una de ellas comentó: «Todos tenemos a un tío Willie en nuestra familia». La otra señora añadió: «Y algunas tenemos hasta a una tía Willamena».

A mis ocho años, era evidente que tenía poco conocimiento de las causas de las enfermedades mentales. Por lo tanto, cuando empecé a percatarme de que mis parientes no estaban muy centrados, sentí que tenía algo nuevo que temer. Si aquella locura circulaba en la familia, ¿qué pasaría conmigo? ¿Y si yo también la padecía o la contraía? El miedo pudo haber sido además la razón de que pusiera especial cuidado en no convertirme en un gran bebedor. No quería perder el poco control que tenía sobre mi mundo, aquel modesto sentimiento de ser capaz de responder con rapidez a los entornos, las situaciones y las circunstancias cambiantes, que de otra forma no podría dominar.

Al mismo tiempo, las historias de tío Willie, delusivas o no, me proporcionaron una cosmovisión que nunca antes había tenido, sustituyendo el viejo miedo a lo desconocido por el deseo de ver algunos de los lugares de los que él hablaba. Además de los puertos extranjeros en los que había hecho escala que me describía de su época militar —en Corea, Filipinas, Italia y otras paradas por el camino— también me comentó lo hermosas y agradables que eran las mujeres por allá, un tema que se convertiría en una fuente creciente de fascinación para mí.

Sin embargo, la persona que más me abrió la puerta al mundo que había más allá de nuestro barrio y me hizo saber que tenía que ir a conocerlo un día fue tío Henry, quien entró resplandeciendo en mi vida en aquella época, como si lo hubieran enviado justo para mí. Solo habíamos visto al hermano de mamá periódicamente en los primeros años, ya que por aquel entonces vivía en el extranjero. Ahora que se había retirado del ejército y trabajaba como obrero del acero junto a mis otros tíos, apareció de pronto en escena, tan repentinamente como mamá había desaparecido.

Cuando tío Henry venía a cuidarnos a casa de tío Willie —o mejor aún, a llevarme a algún sitio de excursión, solo nosotros dos— era para mí como si celebrara Navidad, mi cumpleaños y cualquier otra fiesta juntas. Me hacía sentir tan especial como mamá lo había hecho cuando nos visitaba en el hogar de crianza y nos hacía caramelo. Tío Henry no solo me hacía sentir especial, sino que por primera vez en mi vida me permitió sentir amor por un hombre... amor verdadero, así como el que los niños sienten por sus padres, anhelando parecerse a ellos un día. Sabía que ese sentimiento de amor lo sentía hacia las mujeres importantes de mi vida, como mamá, con su gran sonrisa, que siempre me hacía pensar en la puerta de un refrigerador que se habría y del que surgía la luz de la esperanza y el consuelo. Conocía el amor de mi hermana, incondicional e ilimitado. Sin embargo, hasta cumplir ocho años, cuando tío Henry me acurrucó bajo su ala de protección, amor y diversión, los mensajes dominantes de un varón adulto solo habían sido principalmente: «Lárgate de mi condenada casa» y «No soy tu maldito padre», los cuales me habían sido gritados mientras me encañonaban con una escopeta.

Tío Henry y yo teníamos un acuerdo tácito cuando venía a quedarse con nosotros: si tío Willie y tía Ella Mae se iban a pasar el fin de semana o la noche fuera, yo me iría a la cama con los niños pequeños, pero más tarde me escabulliría y volvería a bajar. Cuando llegaba descendiendo de puntillas las escaleras, ya había una fiesta en marcha, y Henry Gardner era el centro de ella. Medía casi un metro ochenta —aunque como mamá parecía mucho más alto— era un chico guapo, soltero y amado por las señoras, con un físico esbelto y una forma de moverse atlética como la de un tigre. Con su perilla a la última moda, le daba un vistazo a una habitación sin perderse un detalle, sabiendo que no pasaba desapercibido para las mujeres. Ni una sola vez lo vi de otro modo que no fuera con un atuendo perfecto, sin una sola arruga y con un planchado impecable de los puños.

En una de esas fiestas, poco después de que hubiera bajado las escaleras y les pasara revista a los distintos amigos de Henry, observando a los diversos invitados —unos jugaban a las cartas, otros conversaban, unos cuantos bailaban— ocurrió algo extraordinario. Cuando llegué, hallé el ambiente característico, con la música *soul*, los *blues* y las melodías tradicionales brotando del tocadiscos conforme cantantes como Sam Cooke, Jackie Wilson y Sarah Vaughn avivaban el ambiente festivo. Entre la música, las risas, las conversaciones y el humo, hacía calor y había mucho alboroto y ruido. Entonces, de repente, el ánimo cambió cuando pusieron un disco que yo no había escuchado nunca. Todo se detuvo: la risa, la conversación y hasta el humo. Era la canción «Round Midnight» [Alrededor de la medianoche], de Miles Davis. Más tarde yo apreciaría la maestría de su trompeta, el inquietante tono que se deslizó bajo mi piel, y las increíbles complejidades del compás y la melodía. No obstante, lo que sí me impactó aquella noche fue el poder de Miles Davis para alterar así el ánimo de una habitación. Seguía siendo una fiesta, pero mucho más íntima, más agradable, más fluida. Hasta parecía que me movía de un modo distinto con el disco de Miles sonando. Mi decisión de estudiar trompeta no surgió aquella noche, pero sí consideré por primera vez en mi vida lo poderoso que uno se sentiría pudiéndola poder cambiar el ánimo, haciendo que extraños sintieran algo así tan transformador. La música se fue atenuando poco a poco.

Desde entonces, tío Henry y yo tuvimos a Miles Davis en común. La música y el tiempo que pasamos juntos escuchándola constituyeron un refugio en medio de la tormenta que hizo que todos mis miedos quedaran en el olvido... aunque solo fuera por un tiempo. En aquellas muchas ocasiones en que él me permitía quedarme levantado hasta tarde y escuchábamos cada disco de Miles Davis al que podía echarle mano, me contaba sus aventuras en el extranjero, en Filipinas, Corea y Japón. «Ven aquí», me indicó una noche haciéndome un gesto en mitad de la conversación entonces me condujo hasta la estantería y sacó la enciclopedia que tío Willie y tía Ella Mae tenían en casa.

Me señaló los hechos y las descripciones culturales de aquellos lugares diferentes, recomendándome que siempre aprovechara recursos como la enciclopedia. Con énfasis me explicó que el mundo estaba lleno de muchos tipos distintos de personas, con actitudes, costumbres y colores diferentes a los nuestros. Y allí estaba la sonrisa que encendía su rostro cuando describía a las mujeres de aquellos sitios. Podía haber hecho girar el globo e incitarme a salir afuera, diciendo: «Aquí tienes, Chris, el mundo es tu ostra. Depende de ti que encuentres las perlas».

Nada de lo que tío Henry dijera o hiciera indicaba que nuestro tiempo juntos podría verse limitado por alguna razón, pero dando un vistazo atrás, más tarde me preguntaría si él sabía hasta cierto punto que no iba a estar siempre ahí, de modo que intentaba transmitirme a la mayor brevedad todo lo que él había visto y aprendido. En cualquier caso, su mensaje no era explícito, pero el tema siempre estaba claro: vive a plenitud.

Ese mensaje no pretendía ser negativo en modo alguno ni egoísta. Para mí significaba atreverme a soñar, a comprometerme a vivir según mis propios términos, a perseguir mi visión, una que los demás no tenían por qué ver, solo yo.

Una de nuestras primeras salidas juntos había sido al río Mississippi, donde tío Henry me enseñó a nadar y me llevaba a navegar cuando hacía buen tiempo. Hubo un día en el río que recuerdo como la esencia de la felycidad, uno de esos días perfectos de verano que se recuerda por siempre. No había una sola nube en el cielo, únicamente se percibía el sonido y el olor del motor de gasolina, y estábamos solo nosotros dos: tío Henry se hallaba en la parte de atrás, acelerando el motor Evinrude, conduciéndonos a través del río y yo delante, con las piernas colgando a un lado, pataleando en el agua y salpicándome la cara. Las sensaciones de bienestar recorrían mis sentidos: las subidas y bajadas de la pequeña embarcación volando a ras de las suaves olas ondulantes; la sensación y el sonido de las olas que chocaban contra la parte inferior del barco; el rocío de la neblina a mi alrededor, tocando amorosamente mi rostro y mi piel.

Esa era probablemente la postura más peligrosa de todas para navegar en un pequeño barco, pero formaba parte de lo que convertía la experiencia en la diversión más atrevida y espectacular que jamás hubiera sentido. Décadas después recordaría aquel glorioso día mientras veía *Titanic* y escuchaba gritar a Leonardo Di Caprio: «¡Soy el rey del mundo!». Fue exactamente lo mismo que yo sentí en el Mississippi con tío Henry, una sensación de estar completamente vivo. Mi tío me miraba con satisfacción al verme feliz, como si hubiera hecho bien en dirigirme por un camino en el que quizá el no siempre estuviera cerca para guiarme. O al menos así interpreté yo los momentos más memorables que pasamos juntos.

Una noche, al final de aquel primer verano que pasé con tío Willie y tía Ella Mae, ya me había acostado, pero seguía despierto, cuando oí exclamar a mi tía: «¡Oh no!». Esta frase fue seguida por su llanto ahogado y el de mi tío. Me senté en la cama presa del pánico, no solo porque jamás había oído llorar a los adultos, sino también porque sabía el motivo. Era tío Henry. No había necesidad de preguntas. El dolor era tan pronunciado que reverberó por toda la casa, llegando hasta arriba, al ático, donde yo dormía en ese tiempo. Oré más genuinamente de lo que lo había hecho en toda mi vida: *amado Dios, por favor, no permitas que se trate de tío Henry*. No dormí, oré y oré, sintiéndome más impotente que nunca para alterar lo que fuera.

A la mañana siguiente durante el desayuno, tía Ella Mae, mostrando unos párpados hinchados bajo sus lentes en forma de ojos de gato, nos informó con una voz sombría y tensa: «Henry tuvo un accidente. Ayer. Se ahogó».

Me tambaleé por la impresión y la tristeza debido a su partida, demostrando incredulidad ante el hecho de que pudiera haber tenido un accidente, porque él lo sabía todo y tenía mucho cuidado. No podía haberse ido... no podía; apenas era capaz de escuchar los detalles. Tía Ella Mae me hablaba a mí en realidad, ya que los niños más pequeños no entenderían, pero yo estaba paralizado, devastado. En aquel lugar de quietud a donde fui a refugiarme frente a aquel dolor, aparté la confusión e intenté comprender la cronología de lo sucedido. Al parecer, tío Henry había salido a pescar a una pequeña isla, pero el barco se había soltado del amarre y se había ido a la deriva. Cuando intentó nadar hasta la embarcación para traerla de vuelta y fondearla de nuevo, la resaca era demasiado fuerte y lo arrastró al fondo.

Fueron incontables las veces en que tío Henry me había advertido sobre las corrientes submarinas, explicándome que no se podían detectar mirando simplemente la superficie. No tenía sentido. Nada tenía sentido. Mi corazón quería explotar en un millón de pedazos, pero algo dentro de mí me lo impedía. Era aquel sentimiento de no permitirme llorar, porque si empezaba, estaba completamente seguro de no poder parar. Así que tomé toda aquella emoción, aquel peso del mundo colgando sobre mí en la forma de un signo de interrogación enorme, y la arrastré hasta lo más profundo de mi ser, a una peligrosa corriente interna.

Después de asistir a tantos funerales con TT, pensé que sabría qué esperar del oficio fúnebre de tío Henry. Sin embargo, yo era muy pequeño entonces, claro está, y no conocía a ninguna de las personas de la iglesia que habían muerto. No estaba preparado para el carácter definitivo de su pérdida, como si hubiera estado esperando escuchar que habían cometido un error, o incluso que todo había sido un engaño para que pudiera marcharse en busca de una aventura extranjera sin tener que despedirse. Aun más, yo no estaba preparado en absoluto para ver a mamá allí, la primera vez que la vi en casi un año.

Cada vez que intentaba acercarme a ella, varios parientes me cerraban el paso. No podíamos abrazarnos. Ella no podía decirme dónde estaba viviendo, qué había sucedido, cuándo volvería y si lo haría. El ambiente era lo bastante surrealista con todo el llanto y los gemidos, pero ver a mamá en carne y hueso frente a mí, pero fuera de mi alcance, bastaba para ponerme en una tumba junto a tío Henry. Tal vez porque ella sabía que me dolería tanto ni siquiera permitió el contacto visual entre nosotros ni intentó hablarme. Mi único pensamiento de consuelo fue que ella me miraba cuando yo no lo hacía. Quería que mamá viera que me estaba haciendo más alto, que era tranquilo, fuerte, mayormente un buen niño. Cada vez que miraba hacia ella, esperando alguna señal de que me hubiera visto, lo único que veía era el dolor de perder a su hermano pequeño y no poder hablarles a sus hijos. Mantuvo la mirada baja, clavada en la tierra donde pusieron el ataúd de tío Henry.

Cuando caí en la cuenta de que la mujer que estaba junto a mi madre era una agente de la guardia de la prisión —la única persona blanca presente en el funeral, vestida con uniforme azul marino— entendí de repente adónde había ido. No obstante, al contestarse una pregunta monumental, nació todo un puñado de interrogantes confusas. ¿Por qué estaba en la cárcel? ¿Cuándo regresaría? ¿Volvería?

No fue hasta años más tarde que pude hacer encajar todas las piezas y entender que era su segundo encarcelamiento. Sin embargo, incluso aquel día, mi intuición me dijo que Freddie era el responsable. Aunque era él quien tenía que haber cumplido una pena por su maltrato, les dijo a las autoridades que ella había intentado incendiar la casa con él dentro, quebrantando así su libertad condicional. No es de sorprender que lo hiciera sin la más mínima preocupación de cómo nos afectaría a nosotros sus hijos.

También me reuní con Ophelia. Verlas a ella, Sharon y Kim en el funeral resultaba incómodo, con nuestra tradición familiar de «no preguntes, no digas». La configuración de emociones contrarias dentro de mí era tan abrumadora que regresé a la necesidad de hacer algo, de tener algún plan de acción en el que centrar mi atención. Por una parte, a pesar de que no había visto a Freddie desde que mamá se había ido, decidí retomar el trabajo de sacarlo de nuestra miseria, una determinación que solo dejé a un lado temporalmente cuando mi poción venenosa me explotó en las manos. Y por otra, tomé la decisión de que durara lo que durara la ausencia de mi madre, iba a disfrutar de mi infancia tanto como pudiera. Pasaría el rato con mi grupo de amigos, «mis chicos», me metería un poco en problemas, también instigaría otro poco, saldríamos a pasear con nuestros patines caseros hechos de madera y ruedas viejas, y tal vez se me ocurriría alguna forma de ganar un poco de dinero haciendo algún trabajito para comprarme una bicicleta. Entonces mis chicos y yo pasearíamos alrededor de la ciudad, iríamos hasta el lago si nos apetecía, o pedalearíamos cuesta arriba hasta el punto más alto de nuestro lado de Milwaukee, cerca del depósito de agua, y miraríamos a lo lejos sintiéndonos los reyes del mundo. Luego, viviendo a plenitud, nos dejaríamos caer hasta Snake Hill, en la mayor carrera de nuestra vida, con los pies fuera de los pedales para poder ir más rápido, traspasando los límites del peligro y la emoción, solo dejándonos llevar.

Otra cosa que también decidí en el funeral de tío Henry fue que no lloraría. Esa sería mi señal para que mamá supiera que me mantenía firme y no tenía que preocuparse por mí.

Durante los dos años siguientes, hice lo que pude para no venirme abajo. Mi determinación se vio duramente desafiada una tarde, cuando me detuve cerca de la casa de Baby, donde vivían mis hermanas pequeñas. Uno de los únicos aspectos positivos de tener a la lacra de Freddie en nuestras vidas fue lo buenas que resultaron ser sus hermanas Baby y Bessie con nosotros. Baby veía cómo me trataba su hermano e intentaba compensarme diciéndome cosas amables cuando podía, y hasta conseguía escatimar aquí y allá unos pocos dólares para mí.

«¿Tienes hambre, Chris?», me saludó aquel día, sabiendo la respuesta antes de que yo le sonriera asintiendo con la cabeza, y entonces empezó a sacar cosas para preparar un sándwich. Al hacerlo, recordó la ropa que estaba lavando abajo, y me preguntó si podía echar la ropa en la secadora.

Sin vacilar, me dirijo al sótano y empiezo a sacar la ropa mojada de la lavadora, cuando me envuelve de pronto un aroma. Se trata de ese maravilloso primer olor que llegó a mis sentidos cuando estaba en el hogar de crianza. No es un perfume específico, nada rico ni pesado, solo un *buen* olor a limpio, cálido, que me envuelve como la capa de Superman, haciéndome sentir especial, fuerte, seguro, amado... y pensar en *ella*.

Allí de pie, llenando la secadora, sin estar seguro de por qué la presencia de mi madre es tan vívida en mis sentidos, todavía no sé que Baby guarda parte de la ropa y las cosas de mamá aquí en el sótano. Desconozco aún que dentro de unas pocas semanas habrá otro destello y se cambiará de canal: mamá volverá a casa y estaremos todos juntos, viviendo exactamente como antes.

De la misma manera que los guiones vuelven a cambiar, lo retomaremos allí donde lo dejamos, prácticamente en la mitad de una frase. Sin explicación, y con Freddie.

Lo único que sé allí en la soledad del sótano de Baby es que estoy a punto de llorar hasta que no me queden lágrimas, porque el dique está listo para romperse tras diez años de interrogantes acumuladas y todo un río Mississippi de lágrimas sin derramar.

No obstante, al inundarme todavía más su hermoso aroma, solo por asegurarme me doy primero la vuelta y pregunto en voz alta: «¿Mamá?».

CAPÍTULO 4

Bitches Brew
[Brebaje de brujas]
(cara A)

«¡Chrissy Paul!». Este llegó a ser el estribillo constante que resonaba en la Casa Grande en la Octava con Wright, donde vivimos a continuación durante un tiempo con Bessie. No solo salía de la boca de mi madre, que ahora estaba libre, para hacerme saber que deseaba que le hiciera un mandado, sino también de la de mis hermanas y primas.

Entre los diez y los catorce, sin pedirlo, recibí una formación intensiva sobre la marcha para la carrera de recadero profesional. Sin embargo, eso no era lo que yo tenía en mente para preparar mi ilustre futuro como Miles Davis, una meta que me había obsesionado desde que escuché su música por primera vez aquella noche con tío Henry.

A pesar de todo, me sentía tan agradecido con mamá por escuchar una y otra vez mis quejas acerca de lo desesperado que estaba por aprender a tocar, encontrar y comprarme una trompeta de segunda mano, así como también por preocuparse de que recibiera clases, que no podía negarme a hacerle cualquier mandado que ella me pidiera. Algunos de ellos no me importaban en absoluto, incluidas las distintas paradas que tenía que hacer en aquellos días cuando teníamos que pagar unos cuantos dólares de nuestra factura en el supermercado. La típica carrera podía empezar cuando mamá me decía: «Chrissy Paul, ve a casa de Baby y recoge un paquete».

Yo sabía que eso significaba que estábamos consiguiendo un pequeño crédito para pagar otro anterior, aunque los detalles no se discutían jamás. Todo era muy discreto, como si hablar de lo justos que estábamos de dinero en casa fuera de mal gusto. Cuando llegaba a casa de Baby, ella tampoco se refería al contenido del pequeño paquete doblado que me entregaba, pero por supuesto, sabía que eran dos o tres billetes de un dólar enrollados. Como mensajero de esas transacciones, es posible que no imaginara los números exactos implicados, pero el proceso fue profundizando mi aprecio por la habilidad de mi madre para llegar a fin de mes, y a veces para lograr que comiéramos aquella noche.

Todo este asunto del dinero se convertiría en un tema de interés necesario, ya que yo no tenía padre que financiara mis carencias y necesidades, como un cierto estilo de ropa que deseaba tener y aprendí a pagarme ahorrando y estirando cualquier dinero que pudiera ganar haciendo trabajitos adicionales. Y más tarde, cuando ya tenía auto propio, llegó a ser un tema de preocupación. Mientras tanto, aquellas carreras por dinero me proporcionaron la introducción a un sinfín de principios financieros, como activos frente a déficits, préstamos e intereses, y cómo conseguir más valor por menos dinero.

Aparte de los mandados a la tienda de Sy y otros supermercados locales, de vez en cuando me detenía a efectuar pagos en Uncle Ben's Store, en la Novena con Meineke. El dueño de aquellos almacenes era negro y tenía una sección de fiambres a donde mamá me mandaba de vez en cuando a hacer compras por valor de un dólar: cincuenta centavos de salami y cincuenta centavos de queso, la cena para una familia de siete contándola a ella, Freddie, yo, Sharon, Kim, Ophelia y nuestra última incorporación a la familia, DeShanna, la niñita de Ophelia, nacida mientras mi hermana estaba en el reformatorio.

A menos que me estuviera muriendo de hambre, me negaba a comer cualquier cosa que saliera de la sección de fiambres de Uncle

Ben's Store. No tenía nada en contra del dueño, pero él poseía un gato al que le permitía merendar a base de sus fiambres. Ver a aquel gato olisqueando y sobando con su pata los embutidos me horrorizaba desde el punto de vista científico y médico. Yo podía tener solo doce años y en modo alguno era un experto, pero la lógica me decía que un gato que acababa de escarbar en la arena de la caja donde hacía sus necesidades no debería estar andando por encima del salami que nos íbamos a comer. Sin embargo, me guardaba estos recelos para mí.

Uno de los encargos que menos disfruté tuvo lugar durante el tiempo en que nos estábamos acomodando todos juntos de nuevo y DeShanna seguía en un hogar de crianza hasta que Ophelia pudiera encontrar un trabajo y traerla a casa a vivir con nosotros. Mi tarea era recoger a DeShanna en la casa de crianza, a diez cuadras de allí, y llevarla a nuestro hogar para que visitara a Ophelia, llevándola luego de vuelta.

La pobre DeShanna no me conocía y apenas sabía quién era mi hermana, de modo que cuando me vio venir, hizo una escena que nos provocó un profundo dolor a todos nosotros. La señora que cuidaba a DeShanna tampoco facilitó las cosas. Tan pronto como la bebé empezó a llorar y a tener una rabieta, gritando, tirándose al suelo, dando puñetazos y pataleando, la madre de crianza rompió igualmente a llorar, mirándome de mala manera, como si yo hubiera causado toda aquella agitación. No tardé en estar a punto de llorar yo también, porque no tenía ni voz ni voto en el asunto. No era mi bebé y yo solo estaba haciendo mi trabajo. A partir de aquella experiencia, resonaría en mí la expresión: «No mate al mensajero».

Cuando por fin llegamos a la puerta, DeShanna lloró por todo el barrio, mientras yo intentaba llevarla a nuestra casa, obligándome a levantarla del suelo y llevarla en mis brazos. Cada vez gritaba más alto y también pesaba más. En ese punto tuve que ponerla en el suelo y obligarla a caminar. DeShanna manifestaba su descontento gritando más y negándose a agarrarse de mis dedos, como suelen hacer los bebés. Eso significaba que tenía que tomarla de la mano y esto le daba otra razón para chillar e intentar soltarse. La gente se detenía y nos miraba fijamente, sin decir nada, pero pensando con toda seguridad: *¿qué le está haciendo a esa criatura? ¿Qué le ocurre a ese bebé?*

El viaje de vuelta después de que DeShanna visitara a Ophelia no era malo, en especial porque ambas empezaron a establecer un vínculo y la visita parecía calmar a mi sobrina. No obstante, llegar allí la siguiente vez era igual de horrible. Todos nos alegramos cuando los servicios sociales permitieron por fin que DeShanna viniera a vivir con Ophelia y el resto de nosotros. No es de sorprender que no se hablara de las circunstancias en que mi hermana había quedado embarazada. No pregunté y nadie me dijo nada. Sin embargo, cuando pensaba en la situación de DeShanna, sin tener un padre en su vida, experimentaba otro recordatorio de que no traería hijos e hijas a este mundo sin estar presente en sus vidas.

————

«¡Chrissy Paul...!», resonó el llamado un día por toda la casa, pronunciado por tres voces distintas, casi como el ensayo de un coro. Mamá continuó hablando primero: «Baja a la tienda del "negro" y tráeme algunos Kotex».

Ophelia y mi prima Linda intervinieron en la conversación indicando que ellas también querían Kotex. Ese era el trabajo de recadero que más odiaba. ¿Por qué no podían compartir el mismo paquete? Porque mamá quería el envase rojo claro, Ophelia el azul celeste y Linda el de color lavanda. ¿Cómo podía la misma marca de almohadillas sanitarias ofrecer tanta variedad? Mi primo Terry había pasado por esto muchas veces con sus tres hermanas y pasó por mi lado mostrando una sonrisa de superioridad. Cada vez que le pedían a él que fuera, decía con júbilo: «¡Manda a Chris!».

Más adelante, Ophelia, que al menos se sentía mal por mí, empezó a darme una notita y una bolsa de papel cuando iba a hacer este mandado, pero ya era demasiado tarde. Aquel día en particular, en el camino de vuelta a casa, llevaba entre mis manos tres cajas distintas de Kotex —que no habrían cabido en una bolsa de papel— cuando

oí una voz burlona detrás de mí que me llamaba: «¡Oye, perrito faldero! ¡Perrito faldero!».

¿Qué podía hacer? ¿Soltar las almohadillas sanitarias y patearle
las posaderas a alguien? ¿O debería ignorarlos y sufrir viendo cómo
la noticia corría por toda la escuela y el vecindario? En mi mente
ya podía ver al cartero y a Freddie —a quien todos llamaban Big
Wheel [pez gordo], temiéndole y casi admirándolo—pasando
ambos un buen rato en el bar Luke's House of Joy, hablándoles a
todos del «perrito faldero que no tenía un condenado papá».
¿Cómo podría yo superar aquella vergüenza?

A pesar de todo, escogí no morder el anzuelo y seguí mi camino
de regreso como pude hasta donde me esperan los miembros feme-
ninos de la familia, que tenían su período menstrual al mismo
tiempo, sin darme cuenta de que mi sensibilidad hacia las mujeres
sería una ventaja algún día. Aunque me disgustaba profundamente
que me llamaran de ese modo, mi *modus operandi* con mis colegas
consistía, por ahora, en optar por la vía de la menor resistencia
cuando fuera posible. Ya era bastante difícil tener que estar en la
modalidad de pelea todo el tiempo en casa, así que en la escuela y
por todo el barrio prefería usar la diplomacia.

Desafortunadamente, al hallarme camino de ser un niño grande,
sacándole siempre una cabeza o más a cualquiera de mi grupo de
amigos, cuando iba a alguna parte y entraba en una disputa, resultaba inevitable terminar en pelea. Esa era la lógica de la calle. Otros
niños saltaban primero sobre mí para desmoralizar a mis amigos,
siendo su táctica que si le daban una paliza al mayor, mis compañeros acatarían sus reglas. Harto ya de esa rutina, más de una vez
pensé: *vaya, tengo que conseguir algunos amigos más grandes.* Sin embargo, no tardé en aprender cómo sacarle partido a mi tamaño y mi
intensidad, con una mirada o una observación, para evitar la confrontación. La provocación tenía que ser verdaderamente grave
para que golpeara a alguien.

Norman, uno de mis amigos, descubrió lo que significaba para
mí una provocación grave cuando un grupo de nosotros regresábamos una tarde a la Décima con Wright, jugando «a las docenas»
[juego que se convirtió en un ritual, al que se juega de dos en dos,

y cada uno intenta vencer al otro con insultos dirigidos contra miembros de su familia].

Norman había oído hablar de lo sucedido una semana antes, cuando mamá entró corriendo en una tienda para esconderse de Freddie, que la perseguía a punta de pistola. Yo no había presenciado el incidente, pero seguía enrabiado por los relatos que escuchaba sobre cómo Freddie había aterrorizado a todos los que estaban en aquel comercio, apuntándoles y exigiendo saber: «¿Dónde está?», y cómo cuando ella se escabulló y se las apañó para conseguir un taxi, el chofer no se movió aunque mi madre le suplicara: «¡Dese prisa, dese prisa!».

Se me revolvió el estómago cuando me enteré de que Freddie había corrido, la había arrastrado fuera del taxi y la había golpeado hasta sacarle sangre, allí mismo en medio de la calle, con toda la gente saliendo de las tiendas, de pie en los portales y mirando, sin hacer nada ni decir nada. Que me hablen a mí de insultar hasta herir. Nadie me pudo explicar cómo la policía y la gente de nuestro vecindario no pudieron o no quisieron intervenir. Ni siquiera mis tíos fueron capaces de enfrentarse a Freddie. No era temor, porque cualquiera de ellos podía estar a su altura en una pelea callejera; tenía más que ver con no meterse en los asuntos de mamá. Yo no concebía aquello. En esa época desconocía que, en muchas comunidades, estaban empezando a romper el silencio sobre la violencia doméstica, pero sencillamente nos sabíamos cuáles eran los recursos disponibles. Lo único que veía era a demasiada gente volviendo la cara hacia otro lado y esto me parecía —y me sigue pareciendo— inadmisible.

Desde luego, yo no necesitaba que me incitaran más para matar a Freddie Triplett, pero cuando Norman decidió hacer su imitación de mi madre huyendo de mi padrastro, aquello multiplicó por diez mi sentido de la urgencia.

«¡Oye Chris!», me dijo Norman, caminando por delante de mí, encogiéndose e imitando a mamá. «¿Te acuerdas?». Y, a continuación, fingió ser Freddie apuntando su escopeta y diciendo: «"¿Dónde está? ¿Dónde está?". ¿Te acuerdas?».

Como un volcán, impresionándome incluso a mí mismo, estallé de furia contra Norman, aporreándolo con mis puños y dándole patadas por toda la cuadra, propinándole a él la paliza que desearía haberle podido dar a Freddie.

Desde ese momento, nadie tuvo la osadía de sacar a relucir el tema de mi madre, ya fuera jugando a las docenas o no. Nadie, excepto un pariente de Freddie que por aquel entonces ya tenía sus veintitantos y más adelante empezó a venir con demasiada frecuencia para mi gusto, actuando como si tuviera derecho a mangonear a mamá y faltarle el respeto como le viniera en gana. En una ocasión, cuando yo estaba ya en plena adolescencia, después que ella le pidiera que dejara de molestar, él le pegó un grito: «No te atrevas a contestarme, porque te doy un puñetazo que te salto la maldita tapa de los sesos».

Por mucho que me pidiera el cuerpo hacerle a aquel sujeto tan despreciable exactamente lo que tenía en mente para Freddie, tuve que quedarme allí sentado y refrenarme. Sin embargo, nunca lo olvidé. Aunque ese tipo no era gran cosa, no volví a perdonarle nada más en los años siguientes, y casi cuatro décadas después, cuando un pariente mío lo invitó a una cena de Acción de Gracias en Chicago —en mi casa, que era de mi propiedad, a comer la comida que yo había comprado— no fui capaz de ingerir un bocado. No pude sentarme en su presencia, porque no me fiaba de mí mismo y podía saltar sobre él y darle una paliza hasta casi acabar con su miserable vida. Ya le faltaba un riñón, lo que significaba que con un solo puñetazo en esa zona podría haber acabado con él. No olvidaba lo que le había dicho a mamá y no se lo perdonaba. Eso era lo que suponía para mí sentirme profundamente provocado.

No obstante, en otras ocasiones, cuando estaba con mis amigos y alguien se reía a mis expensas, desarrollé la habilidad de que no me afectara. En conclusión, quería caer bien, no tanto ser popular con todos —incluidos mis maestros y directores— sino ser especial, tener mi propia identidad, resultar agradable.

Con ese fin, el año anterior se me metió en la cabeza llevar el ojo de cristal de una de las hermanas de Freddie a la escuela para un trabajo de «muestra y comparte» de mi clase de quinto grado. Cada vez era más evidente que, una vez que se me ocurría algo, tenía un don para *enfocarme* en ello exclusivamente. Esta fue la mayor espada de dos filos que siempre tuve que aprender a empuñar. Qué fue lo que me llevó a importunar a Sis —como llamábamos a la hermana de Freddie— para que me permitiera llevar su ojo de cristal a la escuela, no sabría decirlo. Pero fui incansable.

En sus cincuenta y tantos años y con su cabello que se iba volviendo canoso, Sis vivía enfundada en su bata con su petaca de whisky en uno de los bolsillos de esta y un paquete de Lucky Strikes en la otra. Incluso fuera de casa rara vez vestía otro tipo de atuendo, y jamás la vi con ropa elegante. En 1965, al norte de Milwaukee, las mujeres tenían predilección por las batas: siempre se ponían una sobre cualquier cosa y se paseaban así por la ciudad como si fuera un abrigo de visón. Otra pariente nuestra, la señorita Alberta, una mujer grande y fornida, tenía la costumbre de vestir cinco capas de ropa debajo de su bata, otra imagen curiosa de nuestro barrio negro de *Días Felices.* Y Sis precisamente no se quedaba atrás.

Cada vez que iba a rogarle: «Sis, ¿puedo llevar tu ojo de cristal a la escuela para un trabajo de "muestra y comparte"?», obtenía la misma respuesta.

Dándose un trago de whisky, su respuesta era una y otra vez: «No, mal nacido. ¿Llevar mi maldito ojo de cristal? ¡No! ¡Qué disparate!».

Finalmente, ideé un plan de acción alternativo. Como sabía dónde lo guardaba —en una jarra con algo de líquido para mantenerlo húmedo por la noche cuando dormía— mi plan consistía en detenerme y pasar por su casa en la mañana, tomarlo prestado mientras ella estaba acostada, y devolverlo a la hora de comer, justo antes de la hora habitual en que se levantaba.

Todo fue muy bien aquella mañana, y cuando llegué a la escuela casi no podía esperar que fuera mi turno en la tarea de «muestra y comparte». Nadie había presentado jamás un ojo de cristal. Sentado en mi sitio, justo antes de que me tocara a mí, no podía disimular la sonrisa que me cruzaba el rostro, porque ese iba a ser el día en que me iba a lucir.

De repente, se escuchó un chillido blasfemo procedente del final del pasillo, primero ininteligible, pero pronto lo suficiente coherente para que todos lo escucháramos: «¡Chris! ¡Chris! Devuélveme mi ojo. Dame mi ojo. Te voy a calentar las posaderas. ¡Devuélveme mi maldito ojo!».

Al unísono, cada uno de mis compañeros de clase se giró y todos me miraron boquiabiertos.

A continuación, se oyó otro torrente de gritos claramente amenazantes: «¡Niño, dame mi condenado ojo! ¡Quiero mi ojo! ¡Te voy a dar una tunda, pequeño ladrón mal nacido!».

En ese instante, Sis abrió violentamente la puerta de mi clase y se quedó allí de pie, jadeando por la falta de aire, con el pelo todo desaliñado y apelmazado, en zapatillas y con su bata andrajosa, temblando de furia, fulminando a todo el mundo con su ojo bueno y la cuenca del otro vacía, mientras vociferaba: «¡Devuélveme mi maldito ojo!». Atónita, la maestra y mis compañeros mantenían la mirada clavada en mí, perplejos, sin la menor idea de quién era aquella mujer y sin saber nada sobre un ojo. Un verdadero fracaso.

La vergüenza pesaba sobre mí como si mis zapatos fueran de cemento mientras me dirigía hacia donde estaba Sis delante de todos, introducía la mano en el bolsillo y sacaba su ojo. Ella entrecerró su ojo bueno para mirar lo que parecía una canica en la palma abierta de mi mano y me lo arrancó, se lo metió en la cuenca vacía a la vista de toda la clase, se dio la vuelta, y salió maldiciéndome mientras se alejaba por el pasillo.

Creía que mi profesora iba a desmayarse. Una niña pequeña vomitó. Al parecer, ninguno de ellos había visto a nadie como Sis ni tampoco cómo se insertaba un ojo de cristal.

Las repercusiones en casa no fueron tan terribles. Como era de esperarse, Freddie ladró: «Chris, no vuelvas a tocar el ojo de Sis, ¿me oyes? ¡Porque si lo haces, te voy a dar una en las posaderas que no vas a poder sentarte en una semana!». Aquello no me molestó demasiado, porque él usaba cualquier excusa para darme una azotaina.

Fue en la escuela donde sentí el dolor. Durante largo tiempo fui el hazmerreír de la Escuela Primaria Lee, y los niños hablaron de

Sis y su ojo de cristal semanas y semanas. Sin embargo, al final viví para contarlo. Aparte de ese desastre, por lo general me iba bien en la escuela, siempre que el tema me interesara y sintiera que era un reto para mí. Al margen de mi creciente apetito voraz por los libros —que ahora me hacía recorrer los pasillos de la biblioteca para encontrar clásicos como los de Charles Dickens y Mark Twain— y un incipiente interés por la historia, las matemáticas me parecían divertidas y de cierto modo satisfactorias, con sus problemas que resolver como juegos que implicaban respuestas a preguntas que eran correctas o incorrectas, de sí o no.

No eran como las preguntas que predominaban en casa.

———

Durante los pocos años después que mamá saliera de prisión, intenté saber lo que le habían hecho, si se había producido en ella algún cambio o no, y qué había en su corazón. Freddie, el viejo, era una cárcel para todos nosotros, una bola con una cadena. Él representaba una adicción, según suponía yo, y esa era la razón de que independientemente de las veces que mamá escapara o lo echara de casa, prometiendo: «No va a volver nunca más», él siempre regresaba. Transcurrido un tiempo me pregunté si de verdad ella seguía teniéndole *miedo* a Freddie. Me cuestioné si se quedaba para más bien recordarle que cualesquiera que fueran los sueños que él le robara, nunca la destruiría; que aunque la hubiera enviado dos veces a prisión, no derrotaría a Bettye Jean. En realidad, si alguna vez se sentía deprimida, si alguna vez se venía abajo, mamá se negaba a manifestarlo.

Rara vez expresaba impaciencia o frustración conmigo, aunque yo lo mereciera. Sin embargo, en el par de ocasiones en que lo hizo, con su inimitable estilo de sutileza brutal, me expresó mejor su idea que dándome una buena azotaina.

Hubo una vez en que al llegar a casa me regaló un par de pantalones nuevos que había comprado en algún lugar como Gimbels. Cuando los vi y me percaté de la etiqueta de ocho dólares, sin pensarlo y en vez de sentirme honrado y agradecido de que hubiera gastado dinero en mí, dije casi como si hablara conmigo mismo: «Vaya, con ocho dólares me podría haber comprado unos zapatos, un pantalón y una camisa en el Discount Center, y hasta me hubiera sobrado dinero para ir al cine».

Mamá me dirigió una mirada dura, que me traspasó hasta la médula, luego me arrancó los pantalones de las manos y me dijo: «¡Niño, no eres nadie para llevar unos pantalones de ocho dólares!».

Demasiado tarde para disculparme, me sentí fatal y con razón, sabiendo que había visto aquellos pantalones por última vez. Aquel día hizo que me esforzara más en tener cuidado de lo que decía. No lo digo para disculparme, pero mi tendencia a usar las palabras de mala manera, de un modo hiriente y sin pensar, era una fea característica que se me había pegado de Freddie. En realidad, mis tres hermanas y yo habíamos desarrollado la capacidad de maltratar verbalmente en situaciones extremas. Aun ahora tengo que hacer un esfuerzo consciente, no siempre con éxito, para mantener el control sobre mi boca.

A su manera, mamá me mostró el poder que pueden llegar a tener las palabras y los silencios. Tras la paliza que me dio hacía mucho tiempo ya con el cable del teléfono por robar una bolsa de palomitas, la vez siguiente que intenté dármelas de listo y robar algo, ella solo tuvo que lanzarme una mirada de decepción para que recordara el dolor que me produjo aquella tunda.

A mis trece años, con las hormonas en ebullición y el cuerpo de niño grande que estoy desarrollando, así como deseando caer bien y tener buen aspecto, salgo y me dedico a hurtar un par de pantalones en el Discount Center, pensando que soy realmente hábil. Lo estúpido de semejante acto es que uno nunca tiene en cuenta el riesgo de que te pillen, porque mi cerebro solo se concentra en la oportunidad de deslizar aquella prenda debajo del pantalón que llevo puesto y hacerme el tonto, pensando que nadie va a sospechar de un colegial como yo, con mi montón de libros debajo del brazo.

Cuando me dirijo hacia la puerta, la realidad se materializa con el golpecito que me da en el hombro un encargado. Ahora soy un criminal con libros escolares y todo. Preparándome para un severo sermón y una advertencia, algo mucho peor me sacude: la llegada de dos policías blancos que me empujan y me sacan de la tienda para meterme en su auto patrulla y llevarme a la comisaría. Una vez más, me preparo para la dolorosa llamada a casa y la posterior llegada de mi disgustada madre y mi loco y borracho padrastro. En cambio, entretanto permanezco allí de pie mientras el agente del mostrador realiza la llamada, escucho que al otro lado de la línea le responde el viejo, y por supuesto el plan cambia. Una vez que le informan a Freddie que me retendrán en la comisaría hasta que venga alguien a recogerme, el policía empieza reírse, cuelga el teléfono y me lleva a rastras hasta el calabozo.

Entonces me explica que Freddie no vendrá por mí. Sus palabras exactas habían sido: «¿Ir a recogerlo? Ni hablar, que se quede ahí. ¡Que se joda!».

Murmurando entre dientes, agarro un libro de mi montón y empiezo a leer, esperando que Melville y *Moby Dick*, así como la evasión mediante la lectura, consigan calmarme.

Esto hace que los polis blancos se desternillen de la risa. Uno de ellos me pregunta: «¿No estarás leyendo esa mierda, no? Si eres tan listo, ¿qué demonios estás haciendo en esa celda?».

El otro poli repite las palabras de Freddie. «Su viejo ha dicho: "Que se quede ahí. ¡Que se joda!"».

Cuando llegan mamá y Freddie a recogerme, ninguno de los dos tiene que hablar, porque mi vergüenza les da a entender que he tenido un curso intensivo sobre cómo se siente uno al meterse en problemas con la policía, verse confinado y encerrado, cosas que no había experimentado nunca antes. Durante una milésima de segundo, la expresión de regodeo en el rostro de Freddie me enoja lo bastante como para olvidar que en esa situación el ofensor soy yo. La cara de decepción de mamá corrige ese malentendido en un santiamén.

Por supuesto, no había nada en el universo que quisiera más que lograr que mi madre estuviera orgullosa de mí. Así que, naturalmente, aquellas pocas ocasiones en las que le fallé me dolerán para siempre.

Esperaba que tocar la trompeta pudiera ser algo que la enorgulleciera. Practicaba con tenacidad, tanto para los conciertos de jóvenes que empezaba a dar como para el grupo musical de la Escuela Secundaria Roosevelt Junior. Una tarde antes de cenar, en lugar de mandarme a que fuera corriendo por algunas cosas imprescindibles —después de todo, ese era mi trabajo— mamá me oyó ensayar y decidió que iría ella, siempre que vigilara las judías que tenía en el fuego.

«¡Genial!», respondí, contento de no tener que salir corriendo y poder quedarme en mi habitación a fin de seguir memorizando «Canción para mi Padre» de Horace Silver, mi solo en un próximo concierto. Con mi maravilloso don extremo de la concentración, me quedé tan absorto en el ensayo que me olvidé por completo de las judías hasta que el olor a chamuscado llegó flotando hasta mi cuarto. Cuando corrí a la cocina y les di un vistazo, las judías estaban bastante quemadas.

Aunque consciente de que tendría un problema cuando mi madre llegara, de alguna forma se me ocurrió que se enfadaría menos si yo seguía practicando, como si las hubiera estado vigilando todo el tiempo. «Mamá», grité desde mi habitación cuando ella entró por la puerta principal, «más vale que le eches un vistazo a las judías, pues creo que se han quemado».

El sonido que hizo la tapa de la olla al levantarla y volverla a colocar retumbó por el pasillo. Se me encogió el estómago. Mamá hacía magia cada día para estirar nuestros recursos y alimentarnos a todos, y yo había dejado que se quemaran las judías. A pesar de que probablemente querría matarme, ella hizo acopio del mayor de los controles, caminó lentamente pasillo abajo, y se quedó de pie delante a la entrada de mi habitación, diciéndome con mucha tranquilidad: «Chris, sabes que la mayoría de las discusiones y peleas que tenemos Freddie y yo son por ti, y ni siquiera eres capaz de vigilar una olla de judías».

Su única frase lo decía todo, y cada inferencia me traspasó hasta los huesos. La verdad más cruel era que había sido egoísta, me había enfocado en mí mismo y mi ensayo de trompeta. La otra verdad era que ella no volvería a hacer nada por mí, ni siquiera incitaría la ira de mi padrastro si esto suponía tomar partido por mí. ¿Sería verdad que yo era la principal razón de sus peleas? De ser así, aquello era una locura, algo tan loco como el mismo Freddie. Este pensamiento no hizo más que avivar la llama de mi odio hacia él, que me quemaba y abrasaba igual que les sucediera a aquellas judías.

Una vez pronunciada su frase, mamá no dijo nada más. Se dio la vuelta y volvió a la cocina, abrió una lata de salsa de tomates y le añadió algunas especias, rescatando así las judías quemadas y convirtiéndolas en una sustanciosa olla de buenas judías que nos comimos aquella noche en la cena.

Sin embargo, por todo lo que sabía sobre ella, mi madre era un misterio. Tan solo en un par de ocasiones pude captar un vislumbre de lo que había experimentado en su mundo interior. Una de esas veces en realidad fue de pasada. Una noche que Freddie estaba fuera y yo había acabado mis deberes escolares, nos encontrábamos ambos sentados viendo una película de Bette Davis que estaban transmitiendo en la televisión. A mamá le encantaba esa actriz, y yo siempre supuse que era porque su nombre era casi idéntico al de ella. No, respondió mi madre, triste como un *blues* y toda filosófica, el motivo por el que le encantaban los filmes de Bette Davis era por lo fuerte y convincente que resultaba la actriz. «¡Interpreta tan bien su papel, que es imposible no enfadarse con ella!», reconoció mamá.

¿Qué otra cosa hacía feliz a mamá? Probablemente sentir en ciertos momentos que era quien debía ser: una maestra. A su manera, para mí y mis hermanas era nuestra profesora, nuestra Sócrates. Ver que llegaba a nosotros, percibir que yo respondía a su repetida insistencia de que sin saber leer y escribir no sería más que un esclavo, tenía que llenarla de dicha. La vez que salí hacia la biblioteca pública de la Séptima y North Avenue con un solo libro o pregunta que quería responder, y me quedé atrapado explorando el fichero y descubriendo libro tras libro, leyendo todo el día, mamá se sintió sumamente contenta. Los libros la hacían feliz. Le encantaba leer y disfrutaba mucho del *Reader's Digest*. Y consiguió que yo lo hiciera también. Ambos lo leíamos de principio a fin y luego debatíamos cualquier cuestión. Tal vez la ocasión en que más feliz la vi fue el día en que descubrí un poema en un viejo número del *Reader's Digest* en la biblioteca y lo copié para leérselo. Hasta el momento, la poesía no me había dicho gran cosa, pero hubo algo en la música y los sentimientos de una poesía de Elizabeth Barrett Browning que me cautivó. Mamá me escuchó primero en silencio, quedándose muy quieta —como solo ella podía hacerlo— mientras leía los primeros versos: *¿de qué modo te quiero? Déjame contarte las maneras. Pues te quiero hasta el abismo y la región más alta a que puedo llegar...*[1]

Cuando acabé de leer «How Do I Love Thee» [¿De qué modo te quiero?], las lágrimas corrían por las mejillas de mi madre. Me dijo que era su poema favorito, y el hecho de que yo lo hubiera descubierto la hacía inmensamente feliz.

———

En el año de 1978 tuvo lugar el Gran Despertar para mí. Se activó un *Big Bang* en el universo de mi ser, explotando con la energía atómica de haber alcanzado mi propia mayoría de edad y los monumentales cambios que se estaban produciendo a mi alrededor. Ese período marcó el inicio de mi percepción como una persona de color, tras mi descubrimiento de que, para mi sorpresa, el mundo no era todo negro. Cinco años antes, la reacción adulta al asesinato del presidente Kennedy había sido un indicio de lo que significaba ser una minoría y perder a un defensor. Sin embargo, no fue hasta un año más tarde, un día que nos llevaron en autobús a mí y algunos de mis compañeros de clase a una escuela blanca en la parte oriental de Milwaukee, que vi con mis propios ojos lo que mamá experimentaba cada día cuando abandonaba el barrio para ir a trabajar. No solo se trató de que, con las pocas excepciones de los conserjes y unos pocos niños negros aquí y allá, todos fueran blancos, o sea el polo opuesto del gueto donde todos eran negros menos un tendero aquí y unos policías allá. La experiencia también incluyó sentir lo que suponía tener mi color por identidad, que me miraran por encima del hombro, ser considerado menos, sentir vergüenza o parecer invisible, un cero a la izquierda y no un niño negro de piel muy oscura. No obstante, la verdadera conmoción se

———

1. Poema de Elizabeth Barret Browning (1806-1861). La traducción es la versión oficial de la cubana Isabel Serrano. http://www.cucumis.org.

produjo cuando cuatro niñitas murieron por la explosión de una bomba en Birmingham, Alabama, porque eran negras.

Ver llorar a mamá mientras veía el informativo televisivo hizo que mi conciencia se despertara. Podían haber sido mis hermanas. Y en realidad, debido a mi conexión con la comunidad negra en general, ahora veía que ciertamente lo eran. Con nueva furia y fervor para manifestarme en contra de todas las ofensas pasadas, presentes y futuras perpetradas contra mi gente, experimenté un nuevo sentido de conexión al empezar a seguir lo que sucedía en el mundo fuera de Milwaukee. En 1965 tuvieron lugar los disturbios del barrio de Watts, en Los Ángeles, el mismo año en que el doctor Martin Luther King dirigió las marchas a favor de los derechos civiles en Selma, Alabama, y Malcolm X fue asesinado en Harlem. Al año siguiente, cuando una coalición de grupos minoritarios y activistas de Milwaukee se juntó —organizada por el padre James Groppi, un sacerdote católico— salí a las calles con dos de mis buenos amigos, Garvin, que tocaba la trompeta conmigo en el grupo musical de la escuela, y Ken o «Zulu», como lo llamábamos. Este último era un verdadero personaje y un chico nada apuesto, pero tenía un brillante talento para la actuación y podía haber llegado lejos de haber hecho uso de él. Más tarde se le metió en la cabeza que iba a hacer cine y me convenció de que yo también podría ser actor.

Tanteando posibilidades, se lo comenté a mamá en el desayuno, diciéndole como quien no quiere la cosa entre bocado y bocado: «Sí, voy a ser actor cuando acabe la escuela».

Mi madre asintió pacientemente y señaló de manera retórica: «De acuerdo, Chris, vete a buscar el periódico y dime cuántos trabajos tienen para actores».

Sin embargo, eso no bastó para hacerme rechazar la idea, y seguí lanzando comentarios como que tenía la estatura, la voz y la compostura necesarias para ser un buen actor.

Aquello duró hasta que le pedí cinco dólares a mamá para algo... una vez más.

Con la vista en su periódico, sin siquiera alzar la mirada, en lugar de lanzarme una pulla respondiendo que podía salir y pasar más horas haciendo trabajos esporádicos después de la escuela, contestó con su característico y sutil sarcasmo: «Bueno, ¿por qué no *actúas* como si tuvieras cinco dólares?».

¿Cómo se actúa como si uno tuviera cinco dólares? Había captado la idea.

Aquello me hizo acabar con la fugaz ambición y volver a dedicarme a la trompeta. Zulu era quien de verdad debería haber puesto todo su empeño en ello. Tenía un don para marchar y cantar «We Shall Overcome» [Venceremos] con la intensidad y el poder del líder de un movimiento, a la vez que usaba cada oportunidad para pellizcarle el trasero a las mujeres blancas. Cuando se volvían a ver quién lo había hecho, Zulu ponía en su cara la más noble de las expresiones y seguía cantando.

Garvin y yo estábamos asombrados. «Si le hiciera eso a una mujer negra», comentó Garvin cuando vio a Zulu pellizcando varios traseros durante una gran marcha que organizamos, «se volvería y le cruzaría la cara de una bofetada».

«Desde luego», le contesté susurrando, «y también se lo diría a su mamá».

La iglesia católica de St. Boniface, base de operaciones del padre Groppi, ofrecía un refugio de los campos minados de la familia Triplett, y aparte de manifestarnos a favor de importantes preocupaciones como la vivienda justa y la integración social en los clubs que seguían prohibiendo la entrada a los negros, judíos y católicos, los organizadores nos alimentaban proporcionándonos desde rosquillas y sándwiches hasta toda una variedad de comida casera étnica. Nuestro activismo juvenil suplía muchas necesidades, y con frecuencia resultaba tan divertido como significativo. Contar con un estímulo tan poderoso para mi autoimagen —sobre todo en un tiempo en el que mi preocupación por el sexo opuesto consumía todo mi tiempo disponible— era una verdadera bendición.

Mi autoestima no solo había sufrido por los ataques casi diarios de Freddie, sino por el estatus más alto que mi comunidad parecía otorgarle a los negros de piel más clara. Durante años había odiado a Smokey Robinson por ser el epítome de la clase de tipo que todas las chicas que conocía deseaban. Delgado, de piel más clara, con los ojos verdes, su buen pelo «ondulado» y su voz cantarina, no tenía la más mínima idea de cómo le arruinaba la vida a los chicos altos, musculosos, de piel oscura, cabello rizado y voz de barítono como yo. Juro que hasta el día de hoy, si entrara en la habitación, tendría que desafiarlo a un maldito duelo por el dolor y el sufrimiento, incluida la vez que una chica que me gustaba se hizo la muy distinguida y me dijo: «No eres más que un gran monstruo negro y feo».

Afortunadamente, pronto resultó que Smokey no era el único que cantaba. Sí, cantaba bien y era un compositor e intérprete increíble, pero también lo eran un montón de tipos negros de piel más oscura. Cuando apareció James Brown, el padrino del soul, y proclamó: «Dilo bien alto, soy negro y me siento orgulloso», eso fue el Santo Grial para un niño de piel tan oscura como yo.

Algunos procedimientos que nunca funcionaron para mí y unos apestosos ungüentos que no hacían más que quemarme el cuero cabelludo no tardaron en descartarse, mientras que lo afro y lo natural estaba de moda, junto con los *dashikis* y los abalorios. Me acogí por completo a esa novedad, debí ser el primer negro hippy y el más joven de los Estados Unidos. Aquello del *dashiki* no funcionaba en el barrio de Milwaukee, pero acabé mezclando el aspecto de Black & Proud [negro y orgulloso] con el atuendo hippy de la ropa de segunda mano comprada en las tiendas GoodWill [Buena Voluntad] y el Ejército de Salvación para tener los mejores abalorios, los mejores pantalones acampanados de talle bajo, las mejores camisetas *tie-dyes*, todo esto coronado por un gran afro. Smokey Robinson podía besarme las posaderas.

James Brown era mi hombre. Cuando mi amigo Garvin y yo empezamos a pasar el rato en St. Boniface y participábamos en las marchas, convertimos en una política el asegurarnos de que todos nuestros conocidos compraran solamente donde aceptaran los sellos Black & Brown que James Brown estaba promocionando para ayudar a los barrios marginales empobrecidos de todo el país. Era algo parecido a los S&H Green Stamps. Nuestros esfuerzos parecían ir bien hasta que llenamos dos carros de compra en A&P, localizada en un barrio de blancos, y esperamos en la línea hasta llegar a la caja registradora, donde le preguntamos a la dependienta: «¿Tienen sellos Black & Brown? Porque si no los tienen, no podremos hacer negocio aquí. No podemos comprar aquí». El poder negro al estilo de los trece años.

Antes de que pudiéramos volver la cabeza, la policía apareció en escena y se colocó como coristas detrás del administrador, que nos miraba fríamente a la cara mientras nos indicaba: «Ustedes dos, devuélvanlo todo a su sitio y nos olvidaremos de esto. Pero si no lo vuelven a poner donde lo han encontrado, van a ir a la cárcel». Mientras él se daba la vuelta para marcharse y nosotros íbamos como borregos a poner cada artículo en las estanterías, la mayor parte del personal se moría de la risa.

No obstante, nos sentimos orgullosos de nuestros esfuerzos cuando nos dirigimos de regreso a St. Boniface para una reunión y una marcha con el Consejo de Jóvenes de la NAACP, y nos enteramos de que una bomba había hecho saltar las oficinas de la sección de Milwaukee de la NAACP. Aquello intensificó de inmediato la seriedad de lo que estábamos haciendo.

El 30 de julio de 1967, inmediatamente después de las principales revueltas de Detroit, Newark, Harlem y D.C., estallaron disturbios en Milwaukee luego de que corriera la voz de que se había usado la violencia policial para detener una pelea en un garito nocturno de negros. Aunque yo estaba por ahí, tomando parte en espíritu, me consternó ver saqueados locales como la tienda de Sy. Sin embargo, aquello no me impidió correr hasta la calle Tercera con la esperanza de entrar en el Discount Center antes de que vaciaran su contenido. Por desgracia, cuando llegué allí no quedaba nada de mi talla y lo único que conseguí agarrar fueron algunas prendas que nunca podría ponerme. Tuve suerte de que no me arrastraran de nuevo a la cárcel con las casi dos mil personas que resultaron arrestadas, incluido mi primo Terry, después que lo pillaran probándose zapatos y mirando cómo le quedaban en un espejo para calzado. La revuelta fue lo bastante relevante como para que se diera aviso a la Guardia Nacional y se impusiera un toque de queda de tres días. Tres personas perdieron la vida aquella noche y casi un centenar resultaron heridas.

En medio de ese revuelo, Vietnam rugía y los estadounidenses jóvenes y pobres, negros y blancos, fueron enviados a combatir, regresando a casa en ataúdes, adictos o con la cabeza perdida, en números que iban en constante aumento. Muhammad Ali había sido mi héroe como boxeador incluso antes de cambiarse el nombre por el de Cassius Clay, cuando era un recién llegado y puso patas arriba al mundo del boxeo derrotando a Sonny Liston. Sin embargo, cuando se negó a ir a la guerra, porque según dijo: «Yo no tengo pleito con el Vietcong» —quien nunca, continuó diciendo él, «me ha llamado "negro" o ha pedido que me linchen»— Ali se convirtió para mí en una clase distinta de héroe durante toda la vida, casi la figura simbólica de un padre.

El momento decisivo en la evolución de mi percepción en esta época —y para millones de estadounidenses de todos los trasfondos— tuvo lugar la noche del 4 de abril de 1968. Tras regresar a St. Boniface después de una marcha a favor de la vivienda justa, yo y mis compinches Garvin y Zulu nos sentamos muertos de hambre en la sala de reunión frente a bandejas llenas de rosquillas, fiambres y patatas fritas, cuando un hermano de la NAACP, vestido con traje y corbata, entró corriendo hasta donde estábamos, llorando y ahogándose: «¡Le han disparado al doctor King!».

Enseguida se produce un caos. Todos gritan, queriendo saber qué ha sucedido. Alguien enciende la radio, otro corre a comprobar las noticias televisivas, escuchamos retazos de reportajes informativos sobre Memphis, Tennessee, la huelga de los obreros de la recogida de basura que el doctor King había ido a respaldar, cómo le dispararon en el balcón de su motel. Entonces, de repente, una voz grita: «¡Ha muerto! ¡Han asesinado al doctor King!».

Ahora se hace el silencio. Conmoción. Incredulidad. En esos segundos transcurre toda una vida. Luego, una oleada de tristeza y rabia estalla en la habitación, me golpea vertiginosamente y nos lleva a todos afuera, a la calle, mientras tiramos todo lo que nos cae en las manos. Locura. Terror. Enojo. El poder que subyace bajo esas emociones es como el de la noche de los disturbios multiplicado a la enésima potencia, aunque la enardecida arenga de atacar los barrios donde solo viven blancos para sembrar el caos cesa pronto.

Con el asesinato de Robert Kennedy, tan solo unos cuantos meses después, 1968 llevó a un fragoroso apogeo todo lo que había venido sucediendo con relación a los derechos civiles, las protestas sobre Vietnam, la liberación de las mujeres, la revolución sexual, así como lo que estaba ocurriendo en la música y la cultura en general. Parte de nuestro idealismo había sido derribado al mismo tiempo que el ímpetu del poder para el pueblo era imparable. La promesa del «nosotros venceremos» y «subiremos a la cima de la montaña» no se había quebrantado, pero la lucha iba a durar mucho más y sería más dura de lo que al principio creímos.

Como siempre, los libros saciaban mi necesidad de encontrar poder a través del conocimiento. A lo largo de unos cuantos años navegué por la historia negra leyendo todo lo que caía en mis manos. Mamá nunca me desalentó en la lectura de ningún libro, aunque se alarmó ligeramente cuando llegué a casa con *Die, Nigger, Die* [Muere, negro, muere] de Rap Brown y *Soul on Ice* [Alma en el hielo] de Eldridge Cleaver.

Ella estaba a favor del movimiento antiguerra y no le molestaban las sudaderas que vestíamos y vendíamos con eslóganes del orgullo negro como «Soul Brother» [Hermano del alma], «Black Power» [Poder negro] y «Keep the Faith» [Mantén la fe], así como el genérico «Sock It to Me» [Muéstrame quién eres]. Hasta vestía una sudadera que decía «Hermana de alma» mientras lavaba mi ropa. No obstante, solo para asegurarse de que no me radicalizara demasiado ni fuera en extremo combativo, me advertía periódicamente. «Niño, si vas a ser otro Rap Brown, tienes que irte de aquí».

Cuando seguía leyendo, no por ser exageradamente radical, sino porque quería saber en qué consistía algo antes de rechazarlo, ella me preguntaba un tanto nerviosa: «No creerás en todo eso, ¿verdad?».

Yo la tranquilizaba, por supuesto que no creía en todo aquello ni me convertiría en activista.

Mamá también sabía que yo experimentaba muchas otras influencias, aunque ninguna de ellas tan poderosa como la música. No fue hasta mucho después que aprecié de verdad lo increíble que era llegar a la mayoría de edad en pleno auge de cada fenómeno relevante que se produjo al final de los sesenta, cuando todo el mundo decía algo que importaba: desde James Brown y Bob Dylan hasta Los Beatles, Los Rolling Stones, Maryin Gaya, Stevie Wonder, The Temptations, Jimi Hendrix, Sly Stone y, por supuesto, Miles Davis, que culminó la década de 1960 con su innovador *Bitches Brew* [Brebaje de brujas]. Considerada por algunos como la mayor obra maestra musical del siglo veinte, fue casi tan transformacional como la invención del jazz mismo. Para mí, era como si Miles hubiera vertido todo lo que estaba sucediendo histórica, política, social, racial y musicalmente en un caldero — mezclándolo todo con cada emocional altibajo, cada esperanza y temor, cada placer, tristeza, enojo y éxtasis— y hubiera creado esa exitosa fusión.

Aquella fusión también se sentía como una expresión musical de lo que estaba ocurriendo en mi vida personal durante mis años adolescentes, un brebaje de nuevas y viejas preocupaciones que hervía a fuego lento. En la nueva frontera, justo con la pubertad, había llegado el interés más increíblemente constante por las chicas y el sexo. Me encantaba todo lo que tenía que ver con ambas cosas. Desde hacía ya varios años todo lo referente a la especie femenina me enardecía. Al parecer todo me excitaba. De repente, el viento soplaba y mi pene se ponía duro. Hacía algún tiempo que esto había empezado a suceder y sin ningún aviso. Si iba en el autobús, los empujones me lo ponían duro. Nadie me había explicado que era normal, o que en ocasiones el pene se ponía tan duro que parecía que podría partirse o algo por el estilo, que era normal sentirse así y no resultaba probable que ocurriera nada malo.

Por una parte, tener la capacidad de sentirse tan potencialmente poderoso era un milagro. Como si al despertarte un día fueras el propietario de un caro auto deportivo de alta potencia sin haberlo pedido siquiera. Por la otra, ser un chico con las hormonas en ebullición y limitadas oportunidades de hacer algo al respecto era como poseer ese deportivo tan potente... ¡y no tener aún el condenado permiso de conducir! Tuve un par de oportunidades de ir a pasar el examen de conducir, pero hasta que no tuve una novia formal me vi precisado a hacer ciertas cosas, como cuando era un niño pequeño y me quedaba en casa de tío Willie, intentando captar la atención de una niña vecina subiéndome a un cajón de leche debajo de la ventana de su dormitorio y rompiéndome la rótula en el proceso. El precio de mis intentos de serenatas.

Lo más confuso para mí fue que esto me sucediera en momentos inadecuados, como cuando la ancianita que me pagaba por limpiar la nieve de la entrada de su casa y hacer trabajos esporádicos alrededor de su vivienda me pidió que la ayudara a levantarse del sofá. «Solo ayúdame, Chris», me pidió. «Sostenme hasta que esté de pié y tenga estabilidad, ¿de acuerdo?».

«Sí, señora», respondí, y con todo cuidado la ayudé a ponerse en pié, pero al inclinarme para levantar a una frágil solterona de setenta años, corta de vista, se me puso el pene duro. Fue más horrible que cualquiera de las películas de terror en las que mi amigo Garvin y yo gastábamos todo nuestro dinero, yendo al Cine Oasis en la Veintisiete con Center. A pesar de saber que no era más que una pequeña ola de calor corporal humano y no que me sintiera atraído por una anciana, seguía tan histérico que reduje mi empleo con ella a media jornada.

La única persona a la que le podía haber confiado estas últimas confusiones era a Ophelia, pero ella y DeShanna ya se habían mudado a otra casa. Aquello fue duro para mí y mis hermanas pequeñas. Aunque éramos hermanastros, ninguno de nosotros había sido criado de ese modo. Ellas eran mis tres hermanas y yo era su único hermano, pura y llanamente. Esto se debía en parte a la forma en que mamá insistía en que iban a ser las cosas, y también porque todos formábamos un equipo: nosotros contra Freddie. Más tarde, Kim, mi hermana pequeña, incluso usó Gardner como apellido, poniéndolo en todos sus documentos de identificación, aunque había nacido Triplett. Probablemente Kim y Sharon se sentían como yo y deseaban que Sam Salter también hubiera podido ser su papá. En igualdad de circunstancias, Freddie también las maltrataba y no se limitaba porque fueran sus hijas.

Lo que sí le contaba a Ophelia en confianza cuando la veía era mi constante preocupación de ponerle fin a su crueldad y a él mismo, aunque tuviera que ir a la cárcel. Como él había sido la razón por la que ella se fue de la casa —en realidad había hecho campaña para obligarla a irse— Ophelia entendió mis motivos. Primero que todo, cuando ella salía con chicos, Freddie se aparecía justo a tiempo para asegurarse de provocarle un disgusto al muchacho, haciendo referencia a su ropa desgastada u ostentosa, y tirándose pedos, eructando, sorbiendo, rascándose y todo lo que pudiera hacer para que Ophelia quisiera que se abriera el suelo y se la tragara. Desde entonces, cualquiera que viniera a recogerla solo hacía sonar el claxon, y ella salía volando de la casa y seguían su camino.

Luego empezó a importunarla por no hacer bien las tareas de la casa. Cuando tuvieron un encontronazo más subido de tono y él le advirtió que no le respondiera o le patearía el trasero, Ophelia intentó alejarse, pero él le bloqueó el camino y vociferó: «O te pateo el trasero o sacas tu trasero de aquí. ¡Una de las dos cosas va a ocurrir! ¡Elige!».

La última gota que colmó el vaso tuvo lugar a la semana siguiente, cuando él empezó a acechar el dormitorio que compartían Ophelia y DeShanna con Sharon y Kim: mis hermanas dormían las tres en la cama y el bebé en una cuna.

Una noche, Ophelia se sintió tan amenazada por el volumen de su voz y tuvo tanto miedo de que pudiera hacerle daño a DeShanna, que agarró un compás de gran tamaño que yo solía usar para mis deberes de geometría y usó el lado puntiagudo para hacerle saber a Freddie: «Como entres aquí y me golpees, te mato».

Dos días después, mi hermana mayor y mi sobrina se fueron para siempre a vivir a casa de nuestra prima Elaine, más arriba, en la calle Octava, a dos casas del domicilio de Sam Salter. Ophelia veía a su papá cada día, conoció a su esposa y sus hijos, y siempre que necesitaba algo y le pedía ayuda, Salter se la brindaba, aunque siempre decía que eran sus dos últimos dólares.

Cuando me era posible, iba a visitarla y compartía algunas de mis preocupaciones y secretos con ella. Pero no todos.

CAPÍTULO 5

Bitches Brew
[Brebaje de brujas]
(cara B)

«¿Qué estás haciendo?», le pregunto a Garvin un viernes por la noche, mientras él y yo, junto con nuestro amigo Sam el Gordo, que toca la guitarra, nos dirigimos al centro para ir al cine, pasamos por el Auditorio y Garvin se lanza hacia la puerta principal.

Es primavera y hace un tiempo decente, no mucho después de mi cumpleaños decimotercero, durante uno de los últimos días de Home and Garden Show [Feria de muestras de casa y jardín], una convención que se celebra cada año, de modo que él sugiere que intentemos colarnos para darle una vistazo a la exposición. Tan pronto como tiramos de las puertas para abrirlas, una marea de personas sale en tromba, permitiendo que nos deslicemos al interior sin pagar.

Sam el Gordo comenta: «Escondámonos por un momento», y entonces sugiere que subamos las escaleras hasta los tenderetes y nos tumbemos entre las gradas descubiertas.

El lugar no tarda en vaciarse y nos encontramos en medio de la penumbra, entre el sutil resplandor de las señales luminosas de salida, conteniendo la respiración mientras un guardia hace sus últimas rondas con una linterna. Por fin, el campo queda libre y hacemos nuestra primera parada: una exposición de panadería completa, con tartas de boda, piononos, pasteles y panes frescos, todo con un sabor tan fantásticamente delicioso como el aspecto del muestrario que destruimos. A punto de reventar, con los bolsillos llenos de reservas para más tarde, empezamos a lanzarnos rosquillas espolvoreadas de azúcar y a reírnos a carcajadas con nuestros rostros cubiertos del dulce polvo azucarado.

En la siguiente exhibición, Garvin nos llama entusiasmado para que vayamos a ver lo que acaba de descubrir. Sam el Gordo y yo nos unimos a él y nos quedamos con la boca abierta. Ante nosotros tenemos una exposición fabulosa de todo lo que tres incipientes músicos podrían desear para hacer su propia música, y además amplificadores, estéreos, radios transistores, micrófonos, magnetófonos de bobina abierta. Sabemos perfectamente que llevarnos algo es un crimen. Sin embargo, estamos básicamente borrachos de azúcar y nuestras aspiraciones de grabar música suplantan de repente nuestro mejor sentido común. ¡Qué te voy a contar, imagina a unos niños en una tienda de chucherías! Después de vaciarnos los bolsillos de pasteles para poder meter radios y carretes de cinta, cargamos con artículos más grandes, apilándolos o haciéndolos rodar como podemos. Sam se decide por un conjunto de amplificadores Vox sobre ruedas, mientras yo doy cuenta de un equipo de última generación de grabación carrete a carrete, entre otras cosas. Es como jugar a una variación de «esta-página-aquella-página», solo que con cosas de verdad.

Llevar todo aquello a casa es un gran vía crucis, menos para Sam el Gordo que vive más cerca, en las viviendas de protección oficial, pero a mí y a Garvin no nos resulta fácil. Vamos haciendo zig zags por las callejuelas hacia el lado norte, evitando que la policía nos sorprenda. Cada vez que empiezo a tener dudas, Garvin me anima diciendo: «Vamos amigo, que ya hemos avanzado un buen trecho y nos queda poco».

Al llegar al apartamento de la segunda planta, donde mi familia se encuentra viviendo ahora, todo el mundo está en casa, pero no tengo llave. A fin de colarme al interior tengo que echar mano de una escalera, una adaptación que yo mismo había hecho a partir de una reja de hierro, para poder subir la mercancía robada y guardarla en mi pequeña habitación trasera, donde nadie entra. Exhausto, pero triunfante, me relajo, mientras me van envolviendo sueños en los que me veo grabando mi primer álbum de jazz y ganando algún dinero con los dispositivos electrónicos que no necesito. Ahora, el don que tengo para concentrarme empieza a ponerse en marcha. ¿Quién va a comprar el botín sustraído?

A la tarde siguiente, con toda mi familia fuera de casa, estoy ocupado barriendo las escaleras en el pasillo principal del edificio —uno de los últimos trabajitos a tiempo parcial que hacía por cinco dólares que me pagaba el dueño— y un grupo de vecinos nuevos en el edificio regresan a sus casas. Por un segundo, mis instintos me recuerdan que no sé nada sobre esa gente. Son unas personas muy ruidosas, siempre discutiendo, y no parecen ser una familia propiamente dicha, sino tal vez un grupo de adultos que comparten la vivienda. Haciéndome el disimulado, mientras observo cómo suben las escaleras, me percato de que tres de esos tipos que los acompañan no viven en el bloque. Parecen pertenecer al lado oscuro, y no son la clase de sujetos que denunciarían a un chico por vender electrónica robada. Haciéndole caso a mi instinto, aparto la mirada de la escoba, levanto la cabeza, y le digo al que parece ser el líder del grupo: «Oye, ¿te interesa una grabadora? ¿Quieres comprar alguna radio?».

Dirigiéndoles una mirada a los otros dos, se encoje de hombros. «Sí, veamos qué tienes».

Genial. Ahora soy el señor Estafador, de manera natural. Los tres me siguen a nuestra casa y por el pasillo hasta mi habitación, donde les muestro mi alijo. Cuando toman las cosas en sus manos, mirándolas por todos los lados, hablando como si no fuera un trato interesante, mi instinto empieza a hacer sonar todas las alarmas, diciéndome que esos tipos son un problema y he cometido un grave error de juicio. Acercándome más al pasillo, hacia el armario donde Freddie guarda su escopeta, me estremezco por el miedo que me recorre, mientras intento guardar la compostura. Justo cuando entro en el clóset y le echo mano al arma, el tipo que lleva la voz cantante se hace con la escopeta, me saca de un tirón y los tres saltan sobre mí, empujándome contra el suelo sin hacerme daño, pero sujetándome el tiempo necesario para reunir todos los artículos y salir. ¡Eso sí que duele!

Furioso con ellos y también conmigo mismo, estoy preocupado y echo humo, bien consciente de que no puedo llamar a la policía y, desde luego, tampoco se lo puedo contar al viejo. Como si buscara algún remedio, me siento en la cama hirviendo de rabia, intentando hacer en mi cabeza un esquema del crimen para cada uno de ellos. Al menos le diré a Garvin y Sam el Gordo que no pierdan de vista a esos desgraciados, todos ellos entre los veintitantos y los treinta y pocos años. El cabecilla es de estatura media, sin ningún rasgo distintivo, mientras que el segundo es más bien larguirucho y desgarbado, y tampoco impresiona mucho. Sin embargo, el tercero —que parecía echarse atrás cuando los otros dos saltaron sobre mí— era diferente en su forma de caminar, con una pronunciada cojera, tal vez por ser tullido o rengo, siendo más bien el resultado de una deformidad que de un accidente.

Sin recurso alguno y sin la sensación de haber aprendido una lección, me siento fatal, aunque no tengo más alternativa que volver a barrer las escaleras. Como es mi costumbre, cambio de enfoque e intento olvidar mi fallido período como el señor Estafador.

«¡Oye!», me llaman en voz baja pasados unos veinte minutos más o menos. Miro hacia arriba y veo al tipo de la cojera de pie, con una bolsa de supermercado. Me explica: «Escucha, chico, aquí tienes parte de tus cosas. Y también te traigo algún dinero».

¡Vaya! Esto suaviza la cosa. Regresamos al apartamento y hago un rápido inventario de lo que me ha devuelto. Más o menos un tercio de la mercancía, obviamente es su parte, pero el equipo de grabación carrete a carrete sigue brillando por su ausencia. Me entrega diez dólares, y cuando voy a meterme el dinero en el bolsillo, en vez de dirigirse hacia la puerta para marcharse da un paso hacia mí y me dice:

—Te he hecho un favor, ahora quiero que tú me hagas otro a mí.

—Claro, amigo —le digo— ¿de qué se trata?

—Quiero jugar con tu pene.

—De eso nada —protesto, pensando que sigo teniendo derecho a negarme y una oportunidad de empujarlo hacia la puerta. Otro error de juicio.

El siguiente período de tiempo, de unos diez o quince minutos, o menos, no se desarrolla a la velocidad normal: unos momentos se eternizan de forma tortuosa a cámara lenta y otros son considerablemente rápidos. Sin embargo, aunque no pueda tener una noción real del tiempo, recuerdo cada detalle de lo que sucede, desde el segundo en el que empuja un cuchillo contra mi garganta, me obliga a ponerme boca abajo, me baja los pantalones e introduce su pene entre mis piernas, hasta el instante en que noto, confuso y horrorizado, que se me está poniendo duro el pene por la estimulación, y comienzo a sentir verdadero terror al ver que me está levantando hasta una postura en la que me pueda penetrar por detrás, allí mismo sobre el suelo de la sala de estar. Percibo cada gruñido, cada respiración. Me abruma su olor. Repugnante. Incluso rancio, inhumano. El dolor me hace ver las estrellas. El linóleo del suelo se siente frío y duro.

Acaba. Entonces dice: «Ha estado bien». Me levanta tirando de mi camiseta. Luego me empuja hacia el pasillo, me hace entrar en el cuarto de baño, me obliga a ponerme boca abajo sobre las losas del suelo. Vuelve a penetrarme por el trasero. Otra vez. Mi cerebro entiende que me ha violado dos veces, pero mis emociones se niegan a llevar la cuenta, aterrorizado por el temor a que me mate después de terminar. No obstante, lo que enciende mi rabia es lo que dice a continuación.

«¡Maldita sea!», exclama. «Ni siquiera he llegado».

En el terrible momento de temor en el que creo que me va a hacer algo más, se pone de pie, retira el cuchillo como si de pronto cayera en la cuenta de que otra gente puede aparecer pronto, se abrocha los pantalones, recorre el pasillo cojeando y se va. El olor se queda flotando en el aire. Con ganas de vomitar, sintiéndome sucio, para siempre sucio, empiezo a poner en marcha mi mecanismo analítico, intentando elaborar una estrategia. ¿Qué hago? Nadie puede saberlo. Ni Freddie, el pez gordo, que difundiría la historia desde el bar de Luke a toda la ciudad. Ni la policía. Nadie. En cambio, haré un registro mental, lo grabaré en una cinta y lo archivaré, contenido, no olvidado, pero sin vivir con ello en mi conciencia cada día.

Una calma desoladora desciende sobre el apartamento cuando los sentimientos de una impotencia total y el dolor me arrollan como una ola. El *blues* «Sin padre» suena en mi imaginación, burlándose de mí y haciéndome sentir que si tuviera un papá, no me habría dejado desprotegido ni de mis propios errores juveniles ni de los depredadores de la calle. Para ahogar esos sonidos, entro en mi habitación, saco mi trompeta de su estuche y empiezo a practicar, tocando con pasión, de memoria, sabiendo en ese momento que ahora hay dos hijos de puta en este mundo a los que tengo que matar.

———

¿Se podía decir algo positivo sobre Freddie Triplett? Después de todo, era el marido de mi madre, para lo bueno y para lo malo. ¿Qué parte de nuestra vida cotidiana contaría como lo bueno? Con frecuencia me sentía sumamente presionado para pensar en otra cosa que no fuera el hecho de que sus familiares cercanos y parientes eran maravillosos. Estaba su hermana la señorita Bessie, siempre laboriosa, propietaria de la Casa Grande y su negocio, el Salón de Peluquería Bessie, generosa con todos sus familiares, ya sea que estuvieran por encima o debajo de ella en nuestro variado árbol familiar. Estaba su hermana Baby, siempre poniéndose de parte de mamá y en contra de su propio hermano, incluso advirtiéndome que tuviera cuidado cuando empezara a hablar —probablemente demasiado— sobre lo que planeaba hacer para matar a Freddie.

Baby no intentó convencerme de que abandonara mis planes, solo deseaba que lo hiciera bien. Me decía: «Chris, si descubre que estás intentando pensar en una forma de matarlo, agarrará esa escopeta y acabará contigo primero. ¿Me oyes? ¡Créeme, así que recuerda eso!».

Y tenía razón. Ahora el plan consistía en no hacer planes, sino en aprovechar el momento, como si ocurriera por accidente, para

no traicionarme delante de él ni de nadie. Mis amigos y yo habíamos ido al centro a ver las peleas de lucha amateur, y aunque gran
parte de aquello era solo espectáculo —como me enteré para mi
gran decepción— había practicado mentalmente aplicarle a Freddie varios movimientos de esos que rompen los huesos. Tenía que
suceder rápidamente y no podía limitarme a lisiarlo. La total ani-
quilación era la única salida.

Poco después de la advertencia de Baby, tuve una oportunidad
de oro para hacer que sufriera una extraña muerte accidental
cuando Freddie y yo fuimos a llevar un refrigerador a su casa.
Ladrándome órdenes, me dijo que me pusiera delante y tirara de
la plataforma rodante mientras él se situaba debajo, empujando el
frigorífico escaleras arriba. Escogiendo el momento oportuno,
me salté un escalón a propósito y dejé caer el electrodoméstico.
Una mirada impagable de confusión y horror se dibujó en su
rostro, y como si se tratara de una obra de arte, lo único que supe
fue que Freddie tenía el frigorífico sobre su pecho y ambos bajaban juntos escaleras abajo a trompicones. «¡Maldición!», dijo solamente cuando le cayó encima. «Por accidente». Él se deslizó hacia
abajo, virando hacia atrás, con sus últimos alientos, y justo antes
de morir aplastado, respiró hondo, hinchó el pecho, se volvió a
poner de pie, y levantando todos aquellos kilos de metal, los subió
por los escalones.

Era Godzilla. Fulminándome con la mirada, seguramente no
tenía ni idea de que el accidente había sido intencionado. De no ser
así, me habría aplastado con el refrigerador. Solo Baby notó mi
expresión de decepción cuando empujamos la plataforma rodante
hacia adentro, imaginándose lo que había ocurrido de verdad en las
escaleras.

Aparte de Baby y las otras hermanas de Freddie, también sentía
afecto por un amigo suyo que se convirtió en mi tío adoptivo, un
hombre al que todos llamaban Doodabug, un mote que podía ser
una forma de «fastidiar» o no. La gente decía que era tan feo que
parecía que Dios le había dado un palazo en la cara. Era bajito, delgado, sin un solo diente, y andaba borracho todo el día; sin embargo, todos lo querían, aunque no tuviera relación de sangre con

ninguno de nosotros. En otro tiempo había sido jugador, con ropa elegante, mujeres, autos y dinero, pero cayó en el pozo del desempleo y el alcohol y nunca más salió. Aunque me proporcionó otra lección sobre los peligros de ser un borracho, también se convirtió en un ejemplo vivo de un viejo dicho: «Querer es poder». No me preguntes cómo lo hizo, pero cuando tío Doodabug decidió que me iba a hacer un regalo muy especial que nadie más me había dado jamás, fue fiel a su palabra y me obsequió mi primer par de calzoncillos de seda y una camiseta negra de seda a juego. Me los puse hasta que no quedó de ellos más que la pretina.

Tío Doodabug sacaba lo mejor de Freddie. En realidad, en Luke's House of Joy, donde Freddie mandaba como si fuera el dueño debido a que era tan infame, cualquiera que le hiciera pasar un mal rato al tío Doodabug tenía que escuchar a Freddie decir: «Como jodas a Doodabug te las tendrás que ver conmigo».

Sin embargo, su naturaleza protectora desapareció durante una excursión, cuando tío Doodabug se quedó dormido con un cigarrillo colgando de su boca en el asiento de atrás del objeto del orgullo y el gozo de Freddie: su Cadillac Coupe deVill de 1964, de color celeste perlado. Con su capota de vinilo azul más oscuro, el interior del mismo color y sus alerones, supuestamente igual al que tenía Elvis, aquel Caddy, el Elvis-móvil, era el espacio sagrado del viejo y nadie se atrevía ni a soltar una gota de sudor en los asientos. Nadie menos tío Doodabug, que se quedó dormido y no notó el olor a quemado hasta que Freddie —que estaba al volante— y yo, en el asiento del copiloto, nos dimos cuenta de que el olor a quemado venía de la alfombrilla trasera. De repente, tío Doodabug y el asiento trasero estaban envueltos en llamas. Freddie apagó el fuego con mi refresco de naranja, maldiciendo a pleno pulmón: «¡Fuera de mi maldito auto, Doodabug, borracho hijo de puta! ¡Fuera de mi maldito auto!».

Por suerte nadie salió herido, aunque no pude evitar fantasear con un escenario en el que tío Doodabug y yo sobrevivíamos al ardiente infierno que se llevaba la vida de Freddie.

Por lo demás, Doodabug sacaba el lado más tierno del viejo. A pesar de lo viciada que pudiera estar la vida de Freddie, el otro único tiempo en el que parecía dócil era cuando estaba fuera, en medio del río, en cualquier tipo de barco con su mejor aparejo de pesca y su vaso de Old Taylor. En realidad, si se le hubiera podido mantener pescando o cazando, tal vez habría sido otra persona. Siendo un chico campesino de Mississippi, quizá no debió haber venido nunca a la ciudad. Al aire libre, mientras más lejos de la ciudad mejor, se encontraba en su elemento. A veces lo acompañaba a pescar junto con otros miembros de la familia por parte de los Gardner y los Triplett, y en otras ocasiones iba solo con él. Cuando estábamos en grupo, me sentía en la gloria, escuchando a los hombres contar sus historias de pesca en la tienda de cebos, viendo lugares lejanos en lo último de Wisconsin y Minnesota, disfrutando de los días y las noches de verano, aprendiendo el arte, la ciencia y la suerte del éxito como pescador, secándome el sudor de la frente en los días muy calurosos e intentando hallar el punto más agradable, donde una ligera brisa me refrescara de inmediato.

A solas con Freddie tenía que estar más alerta. Pudiera ser que al hacerme más grande y suponer una mayor amenaza para él, intentara la táctica que convertirme en su subalterno, llevándome a esos viajes de pesca a fin de tener la posibilidad de prepararme para ser un negro Huckleberry Finn o algo por el estilo. No es que confiara en él ni que me cayera bien, pero desde luego disfrutaba pescando y sintiéndome un poco más a salvo cuando no tenía una escopeta cerca.

En el agua, Freddie bebía, pero no se volvía loco. Siempre había momentos de camaradería fugaces cuando cocinaba lo que habíamos pescado en una sartén sobre el fuego en la orilla y comíamos allí. Y también durante algunos instantes, en el barco sobre el río, esperando que picaran los peces, solos él y yo, cuando el cielo estaba limpio y el sol todavía no estaba muy alto, en que podía sentir una sensación de paz en él.

Sin embargo, en cuanto volvíamos a casa, regresaba a su antigua forma de ser, pegándole a mamá, a mis hermanas y a mí, yendo a buscar su escopeta y esperándonos en mitad de la noche para echarnos de su «maldita casa». Huelga decir que me aseguraba de evitar las salidas de cacería con él, aunque también tengo que reconocer que ponía un montón de comida sobre la mesa. Le gustaba llamarse a sí mismo «el gran cazador blanco del gueto», porque podía cazar, atrapar y matar cualquier cosa que se cruzara con él en los bosques. Y no exageraba, excepto en lo de blanco. Traía a casa todo tipo de animales: mapaches, ardillas, conejos, comadrejas, tórtolas, gansos, patos y toda una variedad de criaturas aladas. Muy a su pesar, jamás abatió a un ciervo, aunque sí trajo uno a casa amarrado al capó de su Elvis-móvil, como si matar a Bambi fuera algo de lo que presumir. Ni siquiera los borrachos locales preguntaron: «¿Dónde lo has cazado?», ya que era evidente que no había recibido un disparo, sino fue atropellado.

Ya fuera que pescáramos juntos o que trajera a casa un saco de conejos y ardillas, o cualquier otra cosa, mi principal tarea en nuestra familia ya no era la de recadero jefe, sino la de aprendiz de Freddie en eviscerar, escamar, despellejar, quitar las garras, limpiar y deshuesar sus piezas. Como es de suponer, esto implicaba usar cuchillos. Cuchillos muy afilados.

Cuando le llegaba el turno al pescado, me asombraba la coherencia de su anatomía: su vesícula, el estómago, el corazón, los pulmones y las branquias. No me importaba despellejar, eviscerar y limpiar el pescado, porque mientras mejor hiciera mi trabajo, más delicioso sabría cuando mamá lo rebozara y lo friera, y luego nos lo comiéramos con pan blanco y salsa picante. Sin embargo, aprendí a odiar este mismo trabajo en otros animales. Al principio fue interesante recibir lecciones de anatomía en un aprendizaje práctico. Para ser alguien que no sabía leer ni escribir, Freddie era un genio a la hora de demostrar cómo identificar el estómago, la vesícula biliar, el hígado y los órganos vitales de varias especies. Aunque mamá podía cocinar cualquier cosa que él trajera a casa —frita con arroz y salsa era para mí como el *filet mignon*, perfecta con pan de maíz, verduras y tal vez alguna batata como guarnición— con el tiempo limpiar y despellejar cualquier animal que tuviera pelo o plumas se convirtió en una tarea horrible para mí. Las diversas capturas de caza y pesca de Freddie estaban esparcidas por toda la casita del 3951 de la calle Catorce Norte, donde vivíamos en la época en que empecé la escuela secundaria. Nuestra buena fortuna de haber conseguido llegar a Capitol Drive, el mejor barrio, y dejar de estar en el gueto se debía principalmente a tío Archie, que era el dueño de la casa que alquilábamos. El pescado aparecía en la bañera, las comadrejas en el congelador, y nunca se sabía qué más te podrías encontrar.

Así era la cosa con el viejo. Jamás se sabía si sería el hombre amante de los exteriores o el psicópata quien vendría a cenar. Cada vez que había pensado que estaba madurando, llegaba a casa y me encontraba el escenario de un crimen, con la policía tirando de él para llevárselo. Todos en la familia estábamos alarmados por la colección de escopetas de Freddie, que se iba ampliando. Dicey Bell, la hermanastra de mamá —que ahora vivía en Chicago— estaba especialmente preocupada. (Parecía como si todas aquellas tías sureñas y primas tuvieran dos nombres como Betty Jean, Dicey Bell, Lillie Mae y Eddie Lee.) Los parientes mayores se aseguraban de que sus hijos más pequeños, y en especial las niñas, no se quedaran a solas con Freddie.

En una ocasión, mamá y yo estábamos solos en casa y sabíamos que corríamos gran peligro, porque Freddie podía regresar en cualquier momento. En el instante en que entró a la casa, sin que mamá pronunciara una sola palabra, supe leer en su mirada que me decía: *ve y llama a la policía*. Aquel pánico, aquel temor mientras corría, me convenció sin lugar a dudas de que cuando llegara al teléfono público, a una cuadra de allí, ella ya estaría muerta. Corriendo de vuelta a casa, me imaginé una visión sangrienta esperándome, y mi temor aumentó hasta convertirse en una gigantesca torre. Esta fue la sensación que Spike Lee capturó más tarde en sus películas; al hacer que se moviera la cámara en vez del actor, transmitía exactamente cómo funcionaba la interconexión de nuestro cerebro durante una crisis. Cuando la casa entró en mi campo visual, vi que la policía le había confiscado a Freddie una pistola calibre .38 cargada y se lo estaba llevando en su coche patrulla. Al menos por una noche.

Alrededor de 1970, a mis dieciséis años, siendo ya estudiante de secundaria, pensaba sinceramente que ya no podría sobrevivir más en la montaña rusa. Mamá lo vio venir y solo me instó a resistir, indicándome que ya había terminado un grado y que solo me quedaba uno más antes de graduarme. A esas alturas, interpretar música, tener novias y salir por ahí con mis colegas suponía una válvula de escape, pero la escuela ya no era el refugio que había sido una vez. Aparte de que la teoría ya no captaba mi interés, mi actitud antisistema me ponía en una postura muy contradictoria frente al ambiente represivo y racista.

En mi segundo año surgió una importante confrontación cuando el entrenador del equipo de fútbol se negó a que jugara como mariscal de campo. Eso fue una ofensa, un atropello. Yo había jugado siempre en esa posición en todos los equipos en los que había estado, desde que practicaba en las calles y durante mis temporadas altas del primer año de la escuela secundaria. Todo el mundo sabía que Chris podía lanzar la bola. Era mi reputación y mi futuro, o eso imaginaba, ya que mamá me había convencido de que no iba a ser Miles Davis, porque él ya tenía esa ocupación. Después de todo, a sus dieciséis años, Miles había abandonado su hogar y daba funciones con Charlie Parker y Dizzy Gillespie en la ciudad de Nueva York. Yo formaba parte de un grupo musical genial, pero de repente ya no me veía estrenando en breve mi propio *Bitches Brew*. El fútbol podría no haber sido una carrera, pero yo era condenadamente bueno y el mejor candidato para mariscal de campo.

El entrenador de la escuela secundaria recientemente integrada no compartía mi visión. Me dio un vistazo, vio a un muchacho grande y negro que ya medía su buen metro ochenta y tres, no muy lejos de mi altura máxima de uno ochenta y ocho, y decidió que sería un jugador de la línea ofensiva. ¿Hacer un placaje? ¿Jugar en la línea? No tenía nada en contra de estos jugadores, que son importantes para cualquier mariscal de campo, pero ese papel estelar era el trabajo que yo quería. Aparte de la precisión de mi brazo, poseía las cualidades de la inteligencia, la estrategia y el liderazgo para ganar partidos de fútbol y las había desarrollado a fondo a base de práctica. Ateniéndome a los principios, aunque accedí a jugar en la línea, seguí suscitando la cuestión con el entrenador hasta que nuestras discusiones llegaron a ser tan violentas, que fue más que evidente que me quería echar del equipo.

Sin embargo, a menos que esgrimiera una buena razón para ello, se le vería como un racista.

Según me anunció en su despacho, el motivo que encontró para hacerlo fue el descubrimiento de contrabando en mi taquilla. Encogiéndose de hombros me dijo que me echaba, porque «eres un elemento perjudicial para lo que estamos intentando hacer aquí en esta escuela».

¿Contrabando? Libros. Para ser más precisos: *Die, Nigger, Die; Soul on Ice* y *The Autobiography of Malcolm X.*

Así acabó cualquier gusto por los deportes. Eso, combinado con mi activismo incesante, mis nuevas observaciones sobre las brechas entre los que tienen y los que no, los blancos y los negros, así como las historias que empecé a oír de los hermanos que regresaban de Vietnam, alimentaron en mí un deseo de rebelarme aun más contra el statu quo. En lugar de volverme militante, me declaré en contra estableciendo mi declaración personal —mi afro, *tie-dyes* y abalorios— e invirtiendo todas mis energías en el grupo musical en el que estaba.

El conjunto musical The Realistic Band resultó ser un grupo al estilo de James Brown, con acordes de Sly Stone y Buddy Miles que yo estaba intentando introducir. Por supuesto, me moría por el señor Brown, y durante años, cada vez que estaba en la ciudad iba a verlo, absorbiendo todo lo que él y su grupo hacían para crear aquella increíble energía.

En cada concierto, al empezar me encontraba bien al fondo, en las graderías del Milwaukee County Stadium, con una capacidad para dieciséis mil fanáticos, sin embargo, cuando James subía al escenario, ya estaba en primera línea. La audiencia era mayoritariamente negra, todos se volvían locos, era un puro caos antes de que abriera siquiera la boca, y a continuación cada canción que interpretaba era algo espectacular, una experiencia religiosa. Algo en su forma de cantar *Please, Please, Please,* con la voz rasgada, gutural, suplicante, llena de sentimiento y ralentizada, resultaba impresionante. Aquella mierda llegaba al público, cada vez.

En un concierto memorable, una hermana saltó al escenario durante aquella canción y le arrancó la capa rosa brillante con lentejuelas que él llevaba puesta y se la lanzó a la audiencia. Nada más hacerlo, tuvo lugar una conmoción, mientras todos rasgaban y hacían pedazos la capa de James Brown. Mi trozo, no mucho mayor que una toallita, se convirtió en mi más preciada posesión de aquel tiempo. Mamá, a la que también le gustaba bastante James Brown, se entusiasmó por mí cuando llegué a casa con mi fragmento rosa de inmortalidad.

Duplicar el sonido de James Brown —con su propio ritmo y su latido fuera de serie— era una meta imposible. Sin embargo, no éramos malos. Nuestro vocalista, Ed el Grande, un tipo de veintitantos años y mayor que la mayoría de nosotros, había empezado el grupo y después se marchó a Nam, mientras nosotros seguimos al pie del cañón. Cuando volvió, agarró el micrófono donde lo había dejado. Para la gente de Milwaukee, daba un buen espectáculo gritando, tirándose al suelo, vistiendo ropa de colores chillones, aunque un tanto extraña, con unos pantalones demasiado cortos para su estatura de uno noventa y cinco y un chaleco que no le pegaba nada. En lo profundo de mi corazón, sabía que la música no representaría mi boleto a la fama y la fortuna, una de las varias percepciones que pronto me motivaron a encontrar un trabajo después de la escuela y durante los fines de semana.

La otra preocupación era que, después de que regresara de Nam, Ed el Grande se volvió cada vez más inestable. Garvin y yo pasamos un día por su casa a fin de verlo y examinar nuestra lista de canciones para aquella noche, mientras que detrás de nosotros, en la televisión, estaban dando las noticias. Entonces, tras una pequeña conversación, Ed el Grande sacó de la nada un arma calibre .45, apuntó a la pantalla del televisor, justo por encima de mi cabeza, y apretó el gatillo. ¡*Bum*! ¡El aparato explotó! ¡Se desintegró! Sin inmutarse, dejó el arma a un lado, como un juego de prestidigitación, y siguió hablando como si nada. «Chris, ¿qué tocamos esta noche?».

Garvin y yo salimos de allí tan rápido como pudimos. «¡Maldita sea!», dije. «¡Lo único que tenía que hacer era cambiar de canal!».

Resultó que ya le había disparado a unos cuantos televisores, y su propia madre tenía que esconder el suyo cuando él iba a visitarla. La marihuana lo calmaba. Unas pocas noches después, Garvin y yo estábamos sentados en un auto aparcado con Ed el Grande mientras él se fumaba un canuto. Cuando una patrulla de policía se detuvo detrás de nosotros, él se las apañó para tirar lo que le quedaba del porro antes de que se acercaran los agentes.

Nos ordenaron que saliéramos del auto y los dos registraron el interior lleno de humo. Como no encontraron nada, uno de ellos dijo: «Ustedes deben haber estado fumando marihuana, porque puedo olerla. Voy a tener que llevármelos y arrestarlos».

Ed el Grande respondió: «Bueno, pues llévate el olor a los tribunales. Aquí no tenemos nada».

Durante un tenso momento, el policía pareció desconcertado, como si no pudiera creer lo que acababa de escuchar. Sin embargo, la cosa funcionó. Nos dejaron ir con una advertencia.

Mi respeto por Ed el Grande aumentó radicalmente. Para ser un tipo que perdía la chaveta por las noticias y le disparaba a los televisores, sabía muy bien cómo mantenerse tranquilo en esa situación.

La marihuana de finales de las décadas de 1960 y 1970 no era nada parecida a la psicoplanta de años posteriores. Para mí, aunque me divertía bebiendo vino barato en ese tiempo, era preferible fumar hierba. Una vez más, nunca quería drogarme demasiado, porque tenía que ser capaz de manejar cualquier locura que Freddie pudiera hacer en casa.

En otra salida con los chicos, tras una actuación en el mismo período de tiempo que nuestro encuentro con los polis, fumé un tipo de marihuana muy buena llamada palo tailandés, y llegué a casa completamente paranoico, con un hambre atroz. Buscando algo para comer, bajé de puntillas las escaleras hasta el frigorífico del sótano, y en el momento en que abrí la puerta, escuché ese sonido típico de las aves de corral: *honc-honc-honc*. Me volví de golpe y me encontré cara a cara con un ganso vivo. ¡En nuestro sótano! O yo estaba demasiado drogado o Freddie había transformado el sótano en una reserva de animales.

En realidad, Freddie había traído ese ganso vivo a casa para la cena del domingo, es decir, la noche siguiente. Esa es su explicación cuando me despierto con el nuevo día. Nosotros tres —Freddie, yo y el infausto ganso— salimos juntos al patio trasero, donde está el tajo.

Freddie, con el aliento cargado por el whisky ya al mediodía, me entrega el hacha. Sonríe como el diablo, dándome a entender que me voy a iniciar en cortarle la cabeza a un ganso vivo, algo que no quiero hacer, o, según me viene a la cabeza, se me está dando la mejor oportunidad de hacer lo que llevo años intentando lograr.

Cuando vacilo al coger el hacha, me espeta: «Bueno, lo haré yo, demonios. Aguanta tú el ganso».

Mareado por la oportunidad, entiendo que me está dando a elegir: sujetar al ganso mientras él lo decapita con el hacha, o cortarle yo la cabeza mientras él lo agarra. Con la imagen de ese hijo de puta borracho cortándome los dedos, opto por asir el hacha.

Con la hoja suspendida en el aire, miro al ganso y lo que me viene a la mente es la imagen de una mujer agachada, vulnerable, impotente, igual que mamá cuando Freddie sobresale por encima de ella. Le echo un vistazo a él y considero en qué parte de su anatomía tengo que atizarle con el hacha. Mi pensamiento más destacado es un cálculo geométrico: ¿Tengo el ángulo absolutamente correcto que me capacite para generar la fuerza y la velocidad suficientes a fin de matar a Freddie de un solo golpe? No puede haber un *chop-chop-chop. Tengo que dar un solo golpe, con un solo balanceo.* Inspiro y me parece que transcurre toda una eternidad durante mi deliberación, pensando en la historia que contaré para explicar el accidente, reviviendo mis anteriores fracasos y sin querer volver a fallar. Aspiro con fuerza, suelto el aire y bajo el hacha con toda mi fuerza, decapitando a la madre gansa.

¡Rayos! Después de todo ese tiempo, por fin tuve mi verdadera oportunidad y no pude hacerlo. El único sentimiento que me quedó como resultado fue una dura privación. Como si un premio hubiera estado colgando delante de mí y no pudiera agarrarlo.

Freddie dijo: «¡Oye, buen trabajo! Ahora solo tienes que uno: desplumarlo, dos: hervirlo, y tres: sacarle las tripas».

Aunque me llevó varios años entender cómo habría arruinado mi vida si hubiera matado al viejo, me sentía desmoralizado. Y sin tener un lugar a donde trasladar mis sentimientos de ira hacia Freddie, los pasé a la cuenta de ahorro del otro tipo al que seguía buscando para acabar con él, una oportunidad que se presentó poco después del incidente del ganso.

Yo había dado por sentado que más tarde o más temprano me cruzaría en su camino. Cuando ocurrió, fue su cojera y su olor los que llamaron mi atención, ambos inequívocos. El temor volvió a mí en el momento en que lo vi. No era miedo a que me pudiera hacer algo, sino temor de que pudiera escaparse. Aun más, con la rabia acumulada durante tres años, fue terror a lo que le iba a hacer. Cuando se me adelantó por la calle, giró y se metió en una taberna. Esperé durante más de una hora, con un bloque de cemento en la mano.

Cada vez que se abría la puerta del garito, una mezcla de música, risa, humo y la combinación de olores a cerveza y distintos tipos de alcohol llegaba hasta mí, tufos a taberna vieja y cuerpos humanos. Y cada vez, era otra persona la que salía. Quizá se había escapado. Quizá se escabullera en las sombras. Pero entonces, al final, la puerta se abrió dejando escapar una vez más los efluvios y los sonidos, y él salió solo, girando hacia abajo, en mi dirección. Necesitaba que me viera; necesitaba ver en sus ojos que me reconocía. Cuando me dirigí hacia él, no solo percibí que sabía quién era yo, sino también temor, tal vez fue la única vez en toda mi vida que hice que el miedo asomara a los ojos de otra persona.

«¡Oh, mierda!», exclamó, sin poder acabar la frase antes de que lo coronara con el bloque de cemento, golpeándolo con toda mi fuerza en la parte superior de su cabeza.

Al principio no cayó, pero se tambaleó. Le di más golpes, desplomándose por fin redondo sobre la acera, entonces tiré el bloque, lo dejé justo allí y me fui. No miré hacia atrás, no corrí. Ya sea que estuviera bien o mal, pronuncié en silencio las últimas palabras que vendrían a mi mente sobre él. *He acabado contigo, hijo de puta.*

Nunca supe qué fue de este tipo. Sin embargo, lo que sí sé es que tendría un gigantesco dolor de cabeza y nunca me olvidaría. En lo que a mí respecta, no había necesidad de guardar la imagen en mi memoria. La tiré aquella noche en la calle, como a él, como al bloque de cemento.

Me había sacado la espina, el caso estaba cerrado.

———

Mi destino se esculpió probablemente en el río Mississippi cuando tenía ocho años, montado en la lancha motora con tío Henry, escuchando historias sobre sus viajes al extranjero, conociendo a mujeres y viendo el mundo. Entre él y tío Willie, solo fue cuestión de tiempo antes de que aquellas historias me atraparan y me enviaran a las oficinas de alistamiento.

En Milwaukee no había muchas cosas que me retuvieran. Después de aquella primavera de 1970, mientras veía las finales deportivas de la Locura de Marzo, mamá me hizo el mayor regalo que su sabiduría podía ofrecerme al decirme: «Hijo, si tú quieres, un día podrás ganar un millón de dólares», y supe que dondequiera que estuviera mi camino, iba a tener que abandonar el territorio de mi hogar y salir a buscarlo.

Algunas veces, en los años que vinieron, entendería que debía haber nacido en el momento perfecto para poder ser testigo de todo lo que sucedió en cada década desde los años cincuenta en adelante. Tuve la suerte de que el alistamiento obligatorio fuera eliminado más o menos en la fecha en que alcancé la mayoría de edad. Si hubiera nacido un año o dos antes, con seguridad habría sido reclutado, y probablemente también hubiese estado en Vietnam. También fue sorprendente que hubiera crecido en medio de una revolución sexual en una época en que los estereotipos de color estaban cambiando y lo negro era especialmente hermoso. Todas mis primeras relaciones románticas me dejaron sentimientos positivos sobre lo ocurrido emocional y físicamente.

Mi primera novia formal había sido Jeanetta, la chica más dulce y bonita de todo el norte de Milwaukee. Ni siquiera se me ocurrió lo enamorado que estaba de ella hasta que mamá me dijo algo después de llegar tarde por enésima vez. «Chico, yo acostumbraba poner mi reloj en hora guiándome por tu hora de llegar».

Jeanetta y yo no éramos muy sofisticados en nuestra forma de hacer el amor, pero no por ello éramos menos apasionados. Incluso después de nuestra ruptura, de vez en cuando bajábamos a hurtadillas a su sótano y lo hacíamos como conejos.

Luego salí con la hija de un predicador de las afueras que me parecía irresistible porque llevaba medias. Ninguna de las chicas con las que salí antes las usaba, y también fue la primera que vivía con su madre y su padre. Casi todos los chicos y chicas que conocía vivían en una familia monoparental. Era muy reservada, callada y formal. Una virgen que deseaba tener sexo... con la condición de tener un bebé de inmediato. Sin saber mucho, en mi vida había muchos ejemplos que me enseñaban que ser padre estando en la escuela secundaria no estaba hecho para mí. Rompimos antes de que fuéramos más en serio.

Mi siguiente novia, Belinda, y yo éramos almas gemelas, de modo que formalizamos nuestra relación muy rápido. Era hermosa, negra como yo, maravillosa, con unos deliciosos labios sensuales, escultural como una reina africana. Sin embargo, lo que más me atraía de ella era su inteligencia. Le gustaba leer y me hacía leer más a mí, y me formulaba preguntas. Belinda amplió mi cosmovisión más allá de la experiencia afroamericana, dirigiéndome a libros sobre Sudáfrica y el apartheid, la historia de acontecimientos como la masacre de Sharpsville, estableciendo una concienciación de mi relación con la gente de color de todo el mundo. Belinda llevaba un peinado a lo afro, estaba bien formada y tenía una sonrisa grande y hermosa. Yo la quería, sobre todo a su cuerpo, que era increíble. Sus glúteos eran espectaculares, con la forma de un balón de baloncesto. Juro ante Dios que cada vez que la veía por detrás quería empezar a driblar. Y no solo eso, sino que se mostraba desinhibida en el sexo y hacía cosas como saltar a mi regazo en la sala de estar de la casa de su padre, mientras él dormía en la habitación continua. Para mí, en ese tiempo, era una criatura salvaje.

Belinda y yo habíamos planeado ir al cine en la tarde del día de Navidad, una oportunidad bien recibida para escapar a la fiesta familiar anual en casa de uno de nuestros parientes. Según la tradición popular y los relatos reales que había oído de la gente normal, se suponía que la Navidad era una ocasión para que la familia se reuniera, comiera, bebiera y estuviera alegre. Ese no era el caso en nuestra familia. La rutina consistía en que todos se reunían para comer, beber y luego pelearse. Igual daba que fuera una celebración religiosa, secular, patriótica o pagana, hacia la tercera ronda de bebidas empezaban las peleas. De modo que cuando mamá, Sharon y Kim siguieron a Freddie hasta su auto, yo les grité: «¡Feliz Navidad! Váyanse todos a la fiesta, yo voy al cine con Belinda y tal vez pase por allí más tarde».

Tengo toda la casa para mí, lo cual es un lujo, así que voy y preparo la ropa para mi cita, me dirijo al cuarto de baño y dejo correr el agua para darme un baño caliente; la anticipación de sumergirme en un buen baño largo me serena y me pone de buen humor. Momentos después, me sumerjo en el agua, cierro los ojos y empiezo a disfrutar de una serie de imágenes meditativas que me llevan al río en un día caluroso, relajándome sin una preocupación, cuando de repente escucho: «¡Hija de puta!» esto y «¡Perra!» lo otro. La voz llega desde el porche delantero. Los pasos en la sala de estar me dicen que mamá y mis hermanas están en casa, y Freddie también. Es como una escena de la película *Poltergeist* que se estrenó unos años después: «Han vueeee-eeeeelto».

Yaciendo en la bañera desnudo, pienso: *demonios, me he tardado mucho*. Sin embargo, antes de poder pasar rápidamente a la acción, la puerta vuela fuera de las bisagras y aparece apuntando en mi dirección el cañón de la escopeta de Freddie. Nunca antes se ha parecido tanto al más malo, borracho y loco Sonny Liston como ese día, rabiando contra mí con su más mortífero: «¡Vete de una puta vez de mi maldita casa! ¡Vete de mi maldita casa!».

Sin tiempo para responder ni preguntar qué demonios he hecho, y conforme todos en la casa se dispersan literalmente escaleras arriba o abajo al sótano, me entran ganas de matarme por no haberle dado el hachazo a él en lugar de al ganso, ahora que por fin va a cumplir su promesa de volarme la cabeza. Ya no hay elección, salto de la bañera con el corazón desbocado en el pecho y salgo corriendo por la puerta principal hasta el porche.

En pelotas, para que todo el mundo me vea en Milwaukee, Wisconsin el día de Navidad.

Antes de poder pensar en mi siguiente movimiento, miro hacia abajo y veo a un niño pequeño que pasa por ahí, envuelto en su abrigo de invierno para los quince grados que hace. Se parece un poco a mí cuando tenía su edad, con las orejas un poco grandes para su cabeza, las cuales se normalizarán cuando crezca. Al verme, su sonrisa se hace más grande en su rostro. Sincero como no te puedes imaginar, dice: «Feliz Navidad, Señor».

Sin responderle, observo cómo camina calle abajo y pronto desaparece en la neblina del invernal Wisconsin.

Belinda no intentó alegrarme cuando fuimos al cine más tarde. En mí no quedaba ni una pizca de felicidad.

Aquel día marcó la última vez que me molesté en celebrar un día de fiesta en la familia de Freddie Triplett, y lamentablemente, aquello arruinó la Navidad. Durante muchos años no compré el árbol, y si marcaba aquellos días era por esforzarme en hacer algo que honrara el espíritu de Cristo, en algún contexto espiritual. Llegar a disfrutar verdaderamente de la Navidad me ha costado la vida misma. Del mismo modo, el regalo que Freddie me hizo aquel año fue que mi reloj empezara a hacer *tic tac* marcando con qué rapidez podría salir de Dodge.

Un poco de tiempo después, Belinda y yo rompimos, no por falta de amor, sino más bien por la coordinación de tiempo y mi falta de madurez para ayudarla a sobrellevar la muerte de una amiga mutua. Aquel verano de 1971 tenía diecisiete años y entraba en mi último año de la escuela secundaria. Un día que caminaba por la Avenida Wisconsin, donde pasaba el tiempo en esa época, le di un vistazo al escaparate de una tienda de excedentes del ejército/marina y vi a una chica a través del cristal con una camiseta en las manos, como si se debatiera entre probársela o no. Una mirada y me enamoré. Una flecha me atravesó el corazón.

Después de entrar a la tienda y presentarme, me enteré de que se llamaba Sherry Dyson y era de Virginia, una estudiante del último año de la escuela secundaria en el Instituto Morgan State, y estaba en la ciudad con unos parientes. De piel clara, con el cabello completamente a lo afro y los pechos moldeados de la forma más hermosa, resultaba sencillamente incomparable; no era una belleza de revista de cine, pero de una forma sencilla y ajustada a la realidad, te dejaba fuera de combate. Era brillante, amable y tenía un sentido del humor que me hizo sentir cómodo con ella desde nuestra primera conversación. Tras conocernos, pasamos dos días hablando solamente.

Al principio, Sherry no tenía ni idea de que yo era cuatro años más joven que ella, aunque después de ir a ver *Verano del 42* —una película romántica que encajaba perfectamente con nuestra situación sobre una aventura entre una mujer adulta y un adolescente— tuve que confesárselo. Durante el resto de mi vida, cada vez que oigo o pienso en esa banda sonora, vuelvo a tener diecisiete años y estoy enamorado de Sherry Dyson, la mujer de mis sueños, de una familia acomodada de Richmond, Virginia. Siendo hija del propietario de una funeraria, A. D. Price Funeral Home, y de una profesora de la escuela secundaria, Sherry había crecido toda su vida en la misma casa, una elegante vivienda de estilo colonial en la Avenida Hanes de Richmond, Virginia, una calle cuyo nombre jamás olvidaré, teniendo en cuenta el diluvio de cartas y tarjetas que le envié a esa dirección.

A estas alturas del juego, tener novias ya me había proporcionado algunos cursos intensivos en economía básica. Mi último año de escuela secundaria y el chocante descubrimiento de que había acumulado una factura de teléfono de novecientos dólares por las llamadas de larga distancia que le hacía a Sherry era todo lo que necesitaba para saber que tenía que ganar más de lo que me pagaban como lavaplatos en Nino's Steakhouse, donde ganaba en el mejor de los casos cien dólares a la semana.

Tras esconder la factura telefónica, mamá recibió una llamada de la compañía alertándola de que nos iban a cortar la línea por falta de pago. Cuando se quejó de que ni siquiera había visto la factura, se imaginó de inmediato lo sucedido. Con extremada calma me acompañó a las oficinas de la compañía telefónica y me hizo confesar por qué nuestra factura era tan elevada. Se llegó a un trato para impedir que nos cortaran la línea: yo tendría que entregar cada centavo que ganara durante el resto de mi adolescencia.

Solo puedo culparme a mí mismo, pero eso no me impidió enojarme la noche siguiente en el restaurante de Nino cuando acabé echando chispas al comprobar que los camareros me estaban estafando, pues se suponía que debían compartir las propinas conmigo. Era el mismo personal que llegaba corriendo a la cocina pidiendo a gritos platos limpios. El jefe se encogió de hombros y me dijo que tenía mucha suerte de tener ese trabajo como lavaplatos con todo lo que implicara. Enojado con todos y desvariando por el calor de «cogerme al ardiente Hobart», como le llamábamos a ocuparnos del lavaplatos, hice lo más asqueroso que me vino a la mente. Casi me sentí tan mal después como cuando me metí en otro rollo económico por las llamadas telefónicas a Sherry y empeñé el televisor de Ophelia. Aquella noche en el restaurante me oriné sobre los platos que salían del Hobart. Y no una vez, sino tantas como pude después de beber suficiente líquido para dejar claro cómo me sentía durante las últimas horas de mi trabajo lavando los platos en el restaurante.

Dios tuvo que reírse mucho cuando el siguiente empleo que conseguí resultó ser el de ocuparme de las bacinillas y limpiar orines y excrementos de ancianos. Lo más importante es que aprendí un nuevo grado de compasión que nunca antes había conocido, y por fin acabé de pagar la factura del teléfono.

La persona que me ayudó a conseguir aquel trabajo de ordenanza en la Residencia de Ancianos Heartside fue Ophelia, que ahora trabajaba allí como auxiliar de enfermería. Por muchas razones quería hacerlo bien, sobre todo porque me estaba guiando el propósito de darlo todo en cualquier cosa que hiciera en la vida, de superar lo que se esperaba de mí. Mi primer paso, que me sería de gran utilidad en los siguientes capítulos cruciales de mi vida, fue aprender tan rápido como pudiera de cualquier persona que fuera mejor que yo haciendo las tareas que tenía que dominar. Con este pensamiento, emprendí este tipo de trabajo: servir la comida, cambiar los pañales, hacer las camas y vaciar los orinales.

Muy pronto ya pensaba: *sí, puedo hacerlo.* Poco después de esto, conseguí hacer las cosas mejor que el celador principal que había allí. En realidad, la dirección vio lo bien que realizaba mis tareas y me asignó mi propia ala de trabajo. De los treinta y pico pacientes, todos blancos, algunos eran capaces de cuidar de sí mismos, mientras que otros necesitaban mucha ayuda. El trabajo era sorprendentemente gratificante. Me sentía bien ayudando a las personas, y mejor aún cuando ellas reconocían lo bien que las trataba. A diferencia de otros celadores y miembros del personal, no los ignoraba cuando tocaban el timbre, sino que acudía de inmediato en su ayuda. Nadie más estaba dispuesto a brindar ese tipo de cuidado. La verdad es que me gustaba ayudarlos, me gustaba cumplir con mi tarea.

El señor John McCarville, un exmilitar de la Marina, había perdido la capacidad de hablar. Sin embargo, podía saludar. Cada noche, cuando lo acostaba o lo asistía en algo que necesitaba, me hacía un enérgico saludo. Me estaba diciendo sin palabras: «Gracias. Aprecio tu amabilidad». La gratitud brillaba en sus ojos. Dos pacientes a los que llamábamos los Picapiedra —porque uno se parecía a Pedro Picapiedra y el otro a Pablo Mármol— tenían un retraso mental y eran de mediana edad. Ambos llevaban tanto tiempo en aquella ala de la residencia que se habían convertido en una pareja, como si fueran amantes homosexuales, ninguno de ellos quería separarse del otro. Pedro era el de temperamento fuerte y Pablo el más pasivo. Se me pusieron los pelos de punta cuando vi a uno de ellos comiéndose sus propias heces.

«¿Habría alguna forma de cambiarlos de sitio?», le pregunté a mi jefe, pensando que yo no estaba preparado para ese tipo de conducta.

«No, es necesario que permanezcan en esta ala, por lo que tienes que intentar lidiar con ellos».

De modo que así lo hice.

Ida era otra de las pacientes, una diminuta señora italiana con un diente de oro, a la que nunca se le veía sin su bata y sus minúsculos zapatos de hospital. Dulce como nadie, estaba senil, como lo denominábamos entonces, y probablemente sufría de Alzheimer o alguna otra forma de demencia.

La primera vez que la vi se acercó silenciosamente hasta mí y me preguntó: «¿Tú eres mi niñito?». Me sentí realmente preocupado por lo confusa que estaba.

Desde aquel momento, siempre le respondía: «Sí, Ida, soy tu niñito».

Y entonces ella, tan seria como un juez, decía: «Ah, qué curioso. La última vez que te vi no eras tan alto. Tampoco eras de color».

Solo perdí la paciencia en una ocasión e hice algo de lo que me arrepentí de inmediato. Una de mis pacientes, una mujer rica de alguna familia de sangre azul, se quejaba constantemente y se iba volviendo cada vez más escandalosa y ofensiva. Regañaba a todos, incluso a mí, y se negaba a comer. Luego, cuando quería algo, ¡tenía que ser *ya!* Si no dabas un salto y lo hacías, amenazaba con llamar a su abogado. Un día en que empezó a decir cosas realmente indecentes, el gueto que había en mí salió a flote, y en vez de dejar su trozo de tarta de limón con merengue en su plato, lo agarré y se lo aplasté en la cara. *¡Plaf!*

Arrepentido al instante, me excusé. «Oh, lo siento», dije mientras tomaba una toalla y con sumo cuidado empezaba a limpiarle el merengue de la tarta de limón de sus mejillas y su nariz.

Resultó que ella solo necesitaba atención. Levantó la mirada y, mirándome con gratitud, me dijo: «Gracias, hijo; es la primera vez que me lavan la cara en todo el día».

———

Cuando mis hermanas se me adelantaron y le anunciaron a mamá que había ido a alistarme en la Marina, casi un año después de graduarme en la escuela secundaria, es posible que ella expresara su decepción. Tal vez si mi último año de estudios no hubiera sido tan poco satisfactorio —sobre todo con la administración tratándome como un peligroso y proscrito Pantera Negra— habría proseguido con la educación universitaria que mamá nunca tuvo. Sin embargo, cuando llegué para darle la noticia, Bettye Jean Gardner Triplett me obsequió una sonrisa de aprobación que podía darle la orden de partida a miles de barcos y me preguntó si había tiempo de celebrar una fiesta.

Durante los últimos meses había estado trabajando en Inland Steel gracias a tío Archie, que me ayudó a conseguir un empleo allí.

Por mucho que hubiera aprendido en la residencia de ancianos, la paga del sindicato supuso una importante mejora para mi bolsillo. A pesar de ello, descubrí un frío principio económico: cuanto más se gana, más se gasta. Obviamente, esto fue algo que aprendí sin tener que salir de Milwaukee. No obstante, había muchas cosas fuera de allí que desconocía, y la realidad fue que tuve que abandonar mi ciudad natal, el territorio de lo familiar.

En cuanto a por qué decidí unirme a la Marina y no a otras ramas del servicio, fue posiblemente por su eslogan publicitario superior: «¡Enrólate en la Marina! ¡Conoce el mundo!». O tal vez todo fuera culpa de Jack Nicholson, dado que acababa de verlo interpretando su papel de marinero en *El último deber*, justo antes de acudir al centro de reclutamiento. Aparte de esto, la Marina prometía que de verdad vería todos los lugares de ultramar de los que mis tíos hablaban. Sin embargo, la principal motivación, aun cuando Sherry no estaba del todo fuera de escena, era llegar a conocer a aquellas mujeres. Podía escuchar al tío Henry contar historias sobre las italianas y las coreanas que caminaban sobre tu espalda para darte un masaje que te quitaba el dolor lumbar durante el resto de tu vida. Tenían «pies que parecían manos», me dijo muchas veces. Yo no podía esperar.

Durante los dieciocho primeros años de mi vida fui mi propio guía al no tener padre, creyendo que mi responsabilidad fundamental consistía en proteger a mi madre. Al no haber logrado proporcionarle esa protección eliminando a Freddie, ahora había llegado el momento de entregarla amorosamente a la seguridad de las manos de Dios y salir en busca de la felicidad, que era lo único que mi madre quiso siempre para mí.

SEGUNDA PARTE

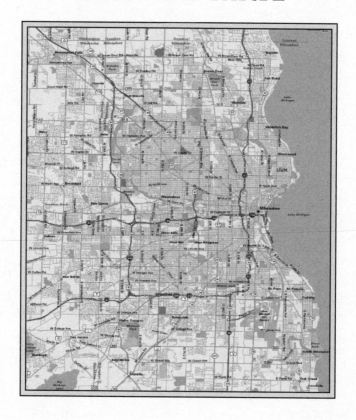

CAPÍTULO 6

Más allá del mundo

*C*hris *Gardner*, el marine de los Estados Unidos, zarpa —por vía aérea, y es la primera vez que vuelo— pero en vez de enviarme al campo de entrenamiento cerca de una base como San Diego o Hawaii, donde parecen haber sido tomadas todas las fotografías de reclutamiento, se me dio a escoger entre ir cerca de Great Lakes, Illinois, u Orlando, Florida. Optando por el destino más lejano, imaginando que sería una plataforma desde la cual podría saltar a los puertos de escala extranjeros, me decidí por Orlando. Orlando, sin salida al mar. Con más calor que en el infierno y una humedad agobiante, así como insectos alimentados a base de esteroides.

Habiendo crecido en la montaña rusa diseñada por Freddie Triplett, la estructura institucional fue un alivio para mí. A diferencia de un entorno en el que nunca me podría desenvolver bien, la Marina proporcionaba claras directrices para hacer las cosas bien o mal, y existía un procedimiento de recompensa o castigo como consecuencia. Decididamente, una parte de mí se resentía contra la autoridad y retrocedía ante la idea de que me arrebataran mi individualidad, pero entendía el propósito y sabía cómo superarlo sin perder por completo la noción de quién era. Desde luego, la transformación de un inconformista con mis *tie-dyes*, mis abalorios, mi pelo a lo afro y un ligero crecimiento de vello facial en un marine rasurado, casi rapado y uniformado era más que chocante. El resultado fue un terrible caso de seudofoliculitis, a falta de mejor diagnóstico, o en otras palabras, unas enormes protuberancias que a muchos de los chicos, y en especial a los negros, les salen cuando se afeitan por primera vez. Mi pelo nunca fue el mismo después del campo de entrenamiento. A medida que transcurrieron los años, tiré la toalla y dejé de intentar hacer que volviera a crecer como era debido, y más tarde me sentí agradecido de que Isaac Hayes fuera el primero en implantar la moda de rasurarse la cabeza.

El calor y la humedad fueron duros desde el principio, pero no supe lo que era un verdadero sofoco hasta que tuve que estar de pie a pleno sol, en posición de firmes, vestido de uniforme. Mi «entrenamiento» en el aprendizaje de saber estar quieto me siguió siendo de utilidad. No se me permitía moverme ni reaccionar en absoluto ante los ríos de sudor que me corrían por la cara y la espalda, haciéndome cosquillas en las posaderas. Ni siquiera dar un respingo.

Una tarde, estando en formación, vi al suboficial mayor White, comandante de la compañía 208, caminar justo hasta donde yo estaba, así que me preparé para todo lo que tuviera que decirme.

«Hijo, ¿sabes lo que sé de ti?», me preguntó casi poniendo su nariz contra la mía, mientras los goterones de sudor no solo me corrían por la cara y el cuerpo, sino me palpaban como largos dedos abrasadores, como si un desfile de insectos me recorriera y me causara picor. No me moví. El suboficial mayor White contestó su propia pregunta: «Lo que sé de ti es que tienes mucha autodisciplina».

No es que no cometiera errores. Un poco antes, en medio de mi entusiasmo, saludé a un oficial dentro del edificio. ¿Quién sabría que no se suponía que lo hiciera? Yo lo desconocía. Solo estaba allí, saludando como un idiota, con el pecho inflado y comunicando: *¡hola, estoy en la Marina y voy a conocer el mundo!* Como consecuencia fui enviado a cubierta —en realidad una expansión de grama delante de los barracones— donde aprendí exactamente cómo, dónde y cuándo saludar a un oficial. Esculturales palmeras habitadas por ardillas rodeaban aquella cubierta de práctica, el entorno perfecto para que mi oficial superior me hiciera comprender cuál era mi puesto, ordenándome permanecer en cubierta y que cada vez que viera una ardilla, corriera hasta ella, me pusiera en posición de firmes, saludara y dijera: «Buenas tardes, señor».

¡Por favor! Aquellas ardillas debieron haber tenido algún modelo precoz de teléfonos celulares, porque lo siguiente que constaté fue que esos animales parecían salir de la nada, saltando de palmera en palmera, andando por toda la «cubierta», mientras yo corría de uno a otro saludando y diciendo «Buenas tardes, señor». Como era de esperar, la parte humillante fue la amplia audiencia de compañeros reclutas allí de pie y observando desde una ventana en la planta superior de los barracones, mientras yo corría arriba y abajo saludando a un puñado de condenadas ardillas.

Sin embargo, en su mayor parte, superé el campo de entrenamiento con brillantez, como ellos lo definieron. A los graduados se les daba a elegir entre ir a una flota o una escuela «A». Junto con Jarvis Boykin, otro recluta que conocí en el campo de entrenamiento, escogí la escuela «A». Pensé que sería una oportunidad fantástica de ampliar el fundamento médico que me había proporcionado mi trabajo en la Residencia de Ancianos Heartside. Ser un estudiante de medicina en el prestigioso cuerpo del hospital de la Marina era un trampolín que, según imaginaba, me llevaría a servir en Filipinas o Corea.

El campo de entrenamiento me había formado bien, pero no había eliminado mi vena romántica. No solo estaba preparado para ver el mundo más allá del litoral familiar, sino que empezaba a pensar en poder de sanar y ayudar a los más desfavorecidos, en cambiar y salvar al mundo. Curiosamente, dio la casualidad de que la escuela a la que tendría que asistir para encaminarme por esa senda fue la U.S. Navy Hospital Corps School en Great Lakes, Illinois... no lejos de Milwaukee, Wisconsin.

Y habría otras ironías más por llegar. Después de realizar ese giro de ciento ochenta grados para acabar de nuevo en el punto de partida, al norte, me enfrenté a la alarmante información de que el U.S. Navy Hospital Corps proporcionaba respaldo y apoyo al Cuerpo de Marines de los Estados Unidos. En realidad, el Cuerpo de Marines formaba parte del Departamento de la Marina de los Estados Unidos, algo que nadie me comentó cuando me alisté. Mis expectativas eran estar en una instalación naval médica en el extranjero, rodeado de enfermeras uniformadas ligeramente obsesionadas por el sexo como Hot Lips Houlihan, de la serie televisiva *M«A«S«H*. Lo último que quería en el mundo era estar en el Cuerpo de Marines. Como me quejé ante Boykin y algunos otros colegas que conocí en Great Lakes durante nuestro tiempo de entrenamiento en los rudimentos de los primeros auxilios: «De haber querido estar en el Cuerpo de Marines, me habría enrolado en la Infantería de Marina. ¡Vamos, hombre!». Otra razón que me preocupaba cada vez más era el lugar donde estaría destinado.

Empecé a tener el mal presentimiento de que mi visión de hacerme a la mar no se iba a cumplir jamás. Me comencé a preocupar de que tal vez ni siquiera saliera de los Estados Unidos. Me había esmerado cuidándome de guardar las formas solo para asegurarme de que me enviaran a uno de los lugares que había solicitado en el formulario de mis sueños, y no para que me enviaran con los de la infantería.

Afortunadamente, me había distinguido como un estudiante que aprendía rápido en lo concerniente a la formación médica que estábamos recibiendo. Sobre el papel, todo parecía prometedor. Cuando el período de formación de doce semanas llegó a su fin, me las había apañado para mantenerme fuera del tipo de problemas en los que otros se habían metido. El ejemplo de Freddie me había quitado las ganas de ser un bebedor empedernido, además de que en realidad no me gustaba el sabor del licor. Sin embargo, cuando los chicos salían a tomar unas cervezas fuera de la base, yo los acompañaba y me bebía unas cuantas. Era algo que prácticamente iba con el uniforme. En cierta ocasión, mi colega Boykin y yo salimos de la base una noche para ir a un bar llamado el Rathskeller, y nos bebimos unas cuantas de más. Estábamos borrachos, casi nos caíamos de lo ebrios que estábamos, y esto hizo que perdiéramos el autobús y tuviéramos que regresar a la base a pie. En lugar de escoger el camino largo, entrar por la puerta principal y llegar tarde, decidimos tomar un atajo saltando por encima de la cerca.

Afuera estaba oscuro como la boca de un lobo, faltando poco para la medianoche, cuando trepamos por la alambrada y miramos hacia abajo para ver lo que parecía ser un punto de aterrizaje sólido, como tierra o la azotea de un edificio. Al golpearnos simultáneamente con una superficie de metal, comprendimos para nuestro horror que habíamos caído sobre una camioneta. Y no una camioneta cualquiera. Era una ocupada por dos hermanos de la Patrulla Costera. Por su aspecto atontado, resultaba evidente que estaban echando un sueñecito y los habíamos despertado. Ahora estaban bastante enojados.

«¡Maldición!», dijo Boykin.

«¡Allá vamos!», le dije.

De modo que a la mañana siguiente tuvimos que comparecer en la oficina del capitán, donde este decidiría nuestro destino. Boykin salió de su vista con la mala noticia de que lo embarcaban hacia el sureste de Asia. Aunque la guerra de Vietnam iba perdiendo fuerza, había una gran necesidad de médicos para repatriar a las tropas. No es que yo quisiera ir allí, pero eso significaba salir del país.

Cuando me tocó a mí, entré y esperé al capitán, permaneciendo de pie con la cabeza bien alta, esperando que hubiera revisado mi expediente y los destinos que había pedido, y que tuviera a bien pasar por alto las fechorías de la noche anterior.

El capitán llegó, se sentó y me miró de arriba abajo. Se quedó pensativo por un segundo y luego preguntó:

—¿Juega usted al fútbol?

—Sí, señor, juego al fútbol.

—Muy bien —prosiguió tomando nota—. Irá usted al Campamento Lejeune. Tienen un buen equipo de fútbol y necesitan a un chico alto como usted.

Puso mi expediente a un lado y gritó:

—¡Siguiente!

———

Buenas y malas noticias. Las malas eran que, como ya había empezado a sospechar antes de abandonar Great Lakes y llegar al Campamento Lejeune, no saldría de los Estados Unidos. Conocer el mundo significaría explorar los lugares mas remotos de Jacksonville, Carolina del Norte, donde Jim Crow parecía estar vivo y bien siempre que poníamos el pie fuera de la base. Y no solo eso, sino que el Campamento Lejeune era la mayor base del Cuerpo de Marines del mundo, habitado por sesenta mil marines y seiscientos marineros. De modo que ahora, fiel a mis temores, formaba parte de la Infantería de Marina. El único rayo de esperanza en medio de esta pésima noticia fue que me enviaban al Centro Médico Regional de la Marina, y no a las Fuerzas de la Flota de la Infantería, solo porque el capitán que me mandaba era un buen amigo de los integrantes del equipo de fútbol del hospital de la Marina, uno de los mejores que había en ese cuerpo.

Las buenas noticias fueron que durante los dos años siguientes serví, trabajé, aprendí y viví en un entorno muy parecido al de una universidad. Aunque la Marina se hizo cargo de mis gastos básicos, jugué al fútbol, recibí una educación práctica que rivalizaba con la que la mayoría de los estudiantes de premedicina recibían en las universidades más prestigiosas, y me lo pasé muy bien. Cuando llegué, un coordinador explicó que las barracas estaban llenas y no había ningún sitio donde pudiera pernoctar. Junto con un grupo de otros tres chicos a los que tampoco les habían asignado barracas, me llevaron para enseñarme el hospital.

Cuando llegamos a un ala que no se había abierto aún de forma oficial para los pacientes, el coordinador me anunció: «Este es el lugar. Chicos, ustedes se quedarán aquí».

No tardamos en convertir aquel sitio en el centro de las fiestas. No era la suite del ático en el Palmer House, pero aprovechamos el espacio y convertimos el piso superior para los pacientes y la sala de televisión en nuestra residencia de solteros, conectando nuestros estéreos a un sistema de sonido polifónico impresionante. De repente, todo era fabuloso. Lo que había parecido una racha de mala suerte resultó ser una bendición clara y rotunda.

El hospital era de última generación, y el personal tanto militar como civil constituía lo mejor y más brillante de la nación. Una vez más, cuando recibí mi asignación de trabajo, la cual podría haber abarcado desde la ortopedia a la pediatría o desde la proctología a la psiquiatría, entre otras ramas, saqué una carta premiada y mi destino fue trabajar en la Sección General de Cirugía con la teniente comandante Charlotte Gannon, una absoluta joya.

Vestida de forma esmerada con su uniforme blanco, su gorra de la Marina y el emblema de tres galones y medio, la teniente comandante Gannon había salido del Hospital General de Massachusetts y dirigía su sección con autoridad, excelencia y compasión. Era un entorno ideal en el que aprender, y yo progresé mucho bajo su supervisión. Me metí de lleno en cada aspecto de mi trabajo, todo era poco para ayudar a los pacientes, principalmente marines y sus familiares, así como a la gente local que necesitaba cirugía especializada no disponible en otros hospitales de la zona. A estas alturas había aprendido el poder que hay en hacer preguntas, y sabía que a los mejores médicos no les importaba

Gannon apreciaba mi concentración y mi deseo de saber más, y aceptaba mi letanía de preguntas: «¿Cómo se le llama a esto?»; «¿Cómo hace usted aquello?»; «¿Por qué hace esto?»; «¿Le importaría enseñarme eso?»; «¿Me permite intentarlo?». Ella me enseñó tanto que influyó en mí a la hora de tomar todo tipo de decisiones de vida o muerte. Gracias a mi experiencia en Heartside y una buena instrucción en el Hospital Escuela de la Infantería de Marina de Great Lakes, yo era claramente superior a cualquiera que trabajara en mi posición. Enseguida me convertí en uno de sus favoritos y varios de los demás doctores también me respetaban, todo lo cual me vino muy bien cuando me metí en problemas o necesité un abogado.

Ninguno de los demás doctores parecía molestarse por mis preguntas, sobre todo porque generalmente con una vez que me explicaran algo ya lo captaba. Aunque todavía lo desconocía, muchos aspectos de mi trabajo médico se trasladarían a otros ámbitos, ninguno tan importante quizá como saber organizar mi tiempo. Además, me gustaba lo que hacía, desde cambiar los vendajes y reponer los sueros administrados por vía intravenosa hasta proporcionar el cuidado postquirúrgico de las suturas, examinando tejidos y desbridando heridas, llevando a cabo varios procedimientos de forma simultánea. Aparte de ser realmente bueno en estos deberes específicos, tenía presente cómo mi trabajo afectaba la salud global de los pacientes y su bienestar. Con ese fin, le atribuía gran importancia a mantener notas detalladas en las planillas que ayudaban a los cirujanos y las enfermeras a seguir el cuidado del paciente: a qué hora se había cambiado las vendas, cuál era el aspecto de la herida, cómo olía, si parecía que la herida se iba curando, mejoraba o si el paciente se quejaba de esto o lo otro.

Tras un breve período de tiempo, todos los chicos —de todos los trasfondos— preguntaban por «Doc», como me llamaban. Mi reputación era tal que cada vez que alguien recibía un disparo, antes de que llegara a la sección, le aconsejaban que se asegurara de preguntar por mí, pues en lo referente a heridas de bala nadie podía tratarlas como yo. Incluso cuando estaba ocupado o ausente, si les asignaban a otra persona, decían: «No, esperaré a Doc». Lo mismo ocurría cuando alguien quería que le cambiaran el vendaje. Me parecía haber recorrido un largo camino desde que intenté cubrir mi propia herida con un Kotex.

Una de mis primeras y más difíciles tareas me llevó al lugar donde se había producido un percance: una camioneta que transportaba a una docena o más de hermanos portorriqueños, todos marines, habían sufrido un terrible accidente cuando subían hacia la ciudad de Nueva York para pasar el fin de semana. Aparte de la sangre y las vísceras, tuve que ayudar a sacar de la camioneta a tirones a doce marines portorriqueños inconscientes y/o borrachos, con cristales por todas partes. Uno de ellos, Domínguez, tenía tantos cristales en la cara que tuve que usar unos fórceps para quitar todas las esquirlas incrustadas. De otro modo habría quedado con unas horribles cicatrices para toda la vida, como un Frankenstein humano. Esa era mi vocación, incluso cuando otros en mi posición se habrían limitado a coser las heridas con los cristales dentro. Jamás olvidará que yo me ocupé de él y que ambos fuimos muy cercanos durante bastante tiempo.

Además de que amaba mi trabajo y el sentimiento de aprecio que provocaba, resultaba inspirador ver a pacientes gravemente heridos superar las condiciones que habían llevado a su hospitalización. Ver a algunos de esos verdaderos tontos blanquitos dejando a un lado de repente sus prejuicios resultaba increíble. Varios de los marines que conocía con toda seguridad te hubieran llamado negro sin miramientos, pero al verse postrados con un dolor atroz, incapaces de moverse, sufrían una transformación personal, diciendo sencillamente: «No, esperaré a Doc. ¿A qué hora llega?».

Esperaban a un hombre negro grande como yo para que los ayudara a soportar la crisis en la que se encontraban. Parecían haber cambiado de verdad, no porque yo los transformara, sino porque ellos mismos efectuaban el cambio desafiando sus propias creencias. A su vez, mis suposiciones sobre la gente diferente a mí también se enfrentaron a un reto. Por primera vez desde que aprendí que el mundo no era todo negro empecé a ver realmente a las personas como tales. Había asimilado que, bajo la piel, somos muy parecidos.

Fuera de la base, a la tolerancia le quedaba aún un largo camino por recorrer. Durante una de las tareas que se me encomendó contestando al teléfono en la clínica quirúrgica, recibí muchas llamadas parecidas a una que hizo una mujer que me ladró:

—¡Mi pie está roto! ¡Se ha roto porque un negro de ciento veinticinco kilos me ha pisado!

—De acuerdo, permítame verificar que le he entendido bien. ¿El pie está roto?

—¡Sí —respondió.

—¡Y dígame, se rompió porque él pesaba ciento veinticinco kilos o porque es un negro?

—¡Por ambas cosas!

Solo de vez en cuando me encontraba cara a cara con personas así. En un viaje por carretera fuera de la ciudad durante un fin de semana, yo y mi amigo Pretty Willie —tan opuesto a la belleza que hacía que mi tío Doodabug pareciera apuesto— tuvimos que detenernos para comprar combustible en una gasolinera antes de ponernos en camino. Pretty Willie, que era de Aiken, Carolina del Sur, me advirtió que podríamos visitar algún lugar inhóspito lejos de la base.

La gasolinera local no nos puso una alfombra roja. En realidad, acabábamos de parar cuando una mujer mayor blanca de trasero chupado salió apuntándonos con una escopeta de cañón doble, asesinándonos con su flameante mirada mientras nos anunciaba: «¡No le vendo gasolina a los negros! ¡En una ocasión se la vendí a un negro e intentó incendiarme la gasolinera! ¡Así que largo de aquí inmediatamente!». Nunca me había ocurrido algo como eso. Hasta Pretty Willie estaba tan asombrado como yo.

Desde mi activismo adolescente, sabía que la pobreza y el analfabetismo hacían que el racismo fuera más pronunciado. Y había un montón de gente pobre, negra y blanca, que vivía cerca de la base, aunque yo tenía poco contacto con ella. Al pertenecer ahora a una institución no tenía que sufrir esa pobreza, algo que me provocaba querer ayudar, aun cuando no tenía ni idea de cómo hacerlo.

Mientras tanto, una imagen empezaba a aparecer en mi cabeza sobre mi futuro en la profesión médica, más allá de la Marina. Sherry Dyson no ocupaba un primer plano en esos momentos, probablemente porque nuestra comunicación no era tan cálida ni tan intensa como lo había sido, pero seguíamos hablando. Aun así, ella encajaba en la imagen de la esposa de un doctor, y cada vez que me la imaginaba sosteniendo aquella camiseta sobre su pecho en el escaparate de la tienda del ejército/marina, en realidad no podía visualizar mi futuro a largo plazo sin ella. Sin embargo, por el momento, aunque había perdido la oportunidad de tener amoríos con mujeres de tierras extranjeras, me di licencia para tener algunas correrías.

Uno de las experiencias sobresalientes fue un viaje que hice con tres de mis colegas a la Universidad de Howard en D.C. Tuvimos una introducción llena de fantasía a la vida mixta en Candell Hall. En una planta se hospedaban los chicos y en la planta siguiente las chicas. Mujeres liberadas, jóvenes y hermosas a principios de la década de 1970. Cuando llegamos a ese dormitorio y observamos lo que estaba ocurriendo, exclamamos casi en una armonía de cuatro voces: «¡No vamos a volver a Carolina del Norte!».

Vimos a todas aquellas magníficas chicas negras y nos ausentamos sin permiso. Después de gastarnos todo el dinero, no tuvimos más elección que regresar a la Patrulla Costera. Allí se nos emitieron órdenes, nos dieron cincuenta dólares para volver al Campamento Lejeune, y enseguida volvimos a ausentarnos sin permiso. Siendo jóvenes y tontos, la mayoría de nosotros de diecinueve años, no podíamos detenernos. ¡Con todas aquellas hermanas en Howard, pensamos que habíamos muerto e ido al cielo! Finalmente, fuimos a pasarla bien y tuvimos que regresar a la Patrulla Costera por segunda vez. En lugar de darnos dinero, en esta ocasión nos llevaron directo a la estación de autobuses y nos escoltaron hasta que nos sentamos. Todo el mundo llegó a casa intacto, excepto el loco de Haze, que se las arregló para meterse en una pelea y escaparse sin permiso por tercera vez. Cuando regresó, lo pusieron a servir en la cocina, le suspendieron la paga, y fue castigado severamente. A los otros dos tipos no les fue tan mal como a Haze, pero decididamente sufrieron algunas consecuencias.

Justo cuando esperaba que se determinara mi destino, la teniente comandante Charlotte Gannon se apareció, me miró de arriba abajo con cara seria, y fue a charlar con los oficiales a cargo de la disciplina. Fue directo al punto, explicando: «Miren, ese hombre es mi mano derecha. Eso es, Gardner. Déjenlo en paz».

Eso fue todo. Charlotte Gannon me cubría las espaldas y ella tenía sentido común. Por supuesto, tan pronto como regresé a la sección me advirtió: «Mira, Gardner, no lo vuelva a hacer. ¡Limítese a cumplir con su trabajo y me olvidaré de esto!».

Desde entonces, me las arreglé para seguir por el buen camino. Resultó más fácil hacerlo una vez que me trasladé fuera de la base. Tras conocer a un marinero llamado Leon Webb —destinado a ser uno de mis mejores amigos para toda la vida— encontramos un remolque barato en alquiler y pensamos que así podríamos hacer las cosas a nuestra manera sin meternos en problemas. Aunque no tenía coche, supuse que podría aprovechar que alguien nos llevara a mí y a Leon. Aquello resultó ser más complicado de lo que pensamos, porque teníamos que asegurarnos que otros nos llevaran cuando nuestro horario no coincidía. Aunque la Marina nos proporcionaba dinero extra para comida y suministros, perdimos el privilegio de comer en la base. No llegamos a entender que esto era como la vida real: cuando el dinero se acababa no teníamos nada que comer. Una memorable y fría noche —y de verdad podía hacer mucho frío allí afuera en aquel lugar apartado— nuestra despensa estaba completamente vacía a excepción de una lata de judías y un huevo de avestruz. Leon y yo coincidimos en que era el mejor huevo de avestruz que habíamos comido en nuestra vida.

Por fortuna, me alimentaba y me mantenía caliente en algunas de esas noches frías junto a una mujer, diez años mayor que yo, que vivía fuera de la base, no muy lejos de donde me encontraba. No cocinaba mal, tenía coche y era fantástica en la cama, una chica pervertida que me enseñó cosas nuevas. No me molestaba en absoluto que hubiera otros hombres en su vida, al contrario; eso me permitía interpretar el papel de estudiante dispuesto sin expectativas de tener una relación.

Una noche, en un momento inoportuno, justo cuando empezamos a hacerlo, escucho un golpe en la puerta como un martillo hidráulico —¡*bum, bum, bum, bum!*— y una voz que grita: *¡abre la puerta, abre la puerta!*

Ella lo ignora, intentando retomar las cosas donde las dejamos.

¡Bum, bum, bum, bum, bum! Este tipo no se va.

¡Vaya hombre! Me detengo y le pregunto:

—¿Quién es? No se va.

—Ah, es Leon —contesta.

Conozco la voz de mi compañero de habitación y no es él. «¿Leon?». Quienquiera que sea yo estoy aquí y él no, y me está impidiendo que disfrute, de modo que le digo:

—Abre la puerta. Voy a darle una patada en el trasero a ese hijo de puta.

—No, no, es *Leon*, y no vas a hacerlo. Confía en mí, es un boxeador, y no te conviene hacerlo.

—¿Qué *Leon*?

—¡Leon Spinks! —dice ella, dándose cuenta de que todavía no capto la idea, así que refresca mi mente—. El campeón de los pesos pesados de la base.

—Oh, *ese* Leon —respondo.

¿¡Leon Spinks!? Destinado al Campamento Lejeune, en el Cuerpo de Marines, ya es el campeón de la base, se entrena para las próximas Olimpiadas, y finalmente conseguiría mantener el título de campeón mundial de los pesos pesados.

Leon Spinks está fuera, borracho, maldiciendo, queriendo entrar porque es su «turno». ¿Cómo me había metido en ese aprieto? ¿Cómo voy a salir de él? No, no voy a entrar en ningún combate con los puños con Leon Spinks.

«*¡Echaré esa puerta abajo!*», amenaza, y suena como el gran lobo malo de la historia de los Tres Cerditos. Lo próximo que sé es que está intentando resoplar, bufar y soplar para echar abajo el remolque.

Como soy una verdadera enciclopedia ambulante de información gracias a los largos días pasados en las bibliotecas públicas, esquematizo las leyes físicas de esta emergencia y se me ocurre una solución que tal vez haya leído en algún lugar o visto en un episodio de *Los tres chiflados*. De manera que mientras él empieza a correr para embestir contra la puerta y echarla abajo, mi plan consiste en que tan pronto como toque los escalones y aplique su hombro a la puerta, abriré y *bang*, él se encontrará en el espacio abierto mientras yo me largo de allí.

Como un mecanismo de relojería, cronometro todo correctamente, abriendo la puerta cuando él entra en tromba, golpeándose contra la mesa y después contra la pared, dejándose él mismo fuera de combate e inconsciente. Con lo borracho que estaba ya, no resulta muy difícil. Allí tirado en el suelo, Leon Spinks se ha procurado una buena noche de sueño, mientras mi anfitriona me echa fuera, no muy contenta cuando me llevo sus llaves y su coche, prometiéndole dejarlo en la base para que lo recoja.

La siguiente vez que estamos juntos, en esta ocasión en mi casa, me convence para que me deje atar. En comparación con todo el sexo que he estado teniendo con otras mujeres en una postura tradicional, esto es realmente atrevido. Sin embargo, como la he estado amarrando a ella, ante su petición, accedo. Con unos nudos expertos e intrincados, me ata a la cama, salpica talco de bebé sobre mí, y luego mete un animal grande de peluche en la cama conmigo. «Está un poquito apretado, ¿de acuerdo?», me dice, pero como estamos jugando y creo que va a ser rápido, no me quejo.

Allí estoy, en la cama, abierto de pies y brazos, desnudo, cubierto de pies a cabeza de talco de bebé con un panda gigante de peluche, de modo que cierro los ojos esperando que la seducción continúe. No ocurre nada. Abro los ojos y ella ha salido corriendo. Se ha largado. Así como así.

Lo único que puedo hacer es esperar que mi compañero de habitación regrese a casa. ¿Quién va a escucharme gritar ahí fuera en el campo? Tal vez nuestra casera, pero no quiero que me vea así. Así que espero literalmente durante horas que me parecen un día.

Por fin aparece Leon. Siento un pánico fugaz de que Pretty Willie o Haze vengan con él, o Dios no lo quiera una mujer. Tan quieto como puedo quedarme, espero para ver quién entra por esa puerta.

Desafortunadamente, desde el dormitorio no puedo ver de quién se trata. Parece tardar una eternidad, entreteniéndose con algo en el salón. Ahora ya no puedo esperar más y llamo a voces:

—Oye, amigo, estoy aquí, ¿puedes venir un minuto y echarme una mano?

—Está bien, espera un momento.

Transcurren varios minutos.

—No, no, chico, tienes que venir ahora mismo. Necesito que te des prisa y me eches una mano.

—De acuerdo, aguarda, tengo que ir al baño —me dice y entra.

Sin embargo, luego empieza a caminar más allá de donde estoy. Al final consigue su fotografía absolutamente vergonzosa y empieza a reírse a carcajadas, preguntando qué demonios estoy haciendo con el oso y toda la mierda blanca sobre mí.

Ahora yo también me río.

Después de que Leon me desata por compasión, ambos empezamos a reírnos sin parar. El chiste tenía que ver absolutamente conmigo.

———

Uno de los trabajos más duros, aunque más poderoso, para cualquier estudiante de medicina en un hospital que cuida a marines curtidos es decididamente la proctología. Ciertamente, este trabajo requiere de un conjunto de habilidades únicas e involucra principios que podían trasladarse a otros campos de desempeño. ¿Quién no se beneficiaría de la experiencia de trabajar alrededor de una pandilla de idiotas?

Y así para todos, desde la sala de cirugía general hasta la clínica quirúrgica, a la larga llegué a convertirme en el principal experto en proctología de la base. Esto significaba que todos los lunes por la mañana cada trasero con problema esperaba ante mi puerta. Ya fuera que se tratara de hemorroides, almorranas trombosadas, abscesos perirrectales, quistes pilonidales, o cualquier otra cosa que tuviera que ver con el recto, el ano y sus inmediaciones, pasaban por mí antes de ver al verdadero proctólogo. Sin embargo, después de un rato los doctores me dejaban a cargo y se dirigían al campo de golf.

No había ningún problema. Llegué al punto de poder drenar un absceso y comerme el almuerzo al mismo tiempo. No me molestaba. Mi pericia incluía cualquier tipo de aplicación o cambio de apósitos, además de una variedad de procedimientos para tratar a los pacientes con quistes pilonidales, básicamente un quiste que se desarrolla en el pliegue interglúteo y el vello se introduce en él y se infecta. Es muy común que el quiste se hinche y parezca una tercera nalga. Yo lo sajaba, lo drenaba y hacía el taponamiento con gasas, asegurándome de que la infección quedara eliminada y la gasa se introdujera de forma adecuada para seguir sacando fuera la infección.

Un montón de coroneles de rango superior con el pecho lleno de distinciones vino a mí con esos problemas. Rara vez conseguí ningún respeto de los oficiales que estaban allí para ver al doctor y no sentían que tuvieran que ser corteses con el estudiante de medicina, aunque yo fuera el responsable de colocarlos boca abajo en la silla de dentista que se usaba para la exploración.

Un coronel estaba en posición, con el trasero al aire, cuando el doctor entró y dijo: «Está bien, voy a dejarlo aquí con Gardner y él se encargará de usted».

Eso era poder. De repente, el jefazo estaba completamente vulnerable, con el trasero desnudo y los glúteos abiertos con esparadrapo. Salí y volví un momento después con el instrumento necesario. Lo siguiente que sé es que se había convertido en mi mejor amigo, diciéndome: «Oh, Doc, oh, Doc, por favor, y a propósito, hágame saber si hay algo que pueda hacer por usted».

A veces, introduciendo un poco de humor proctológico, afirmaba haberme quedado sin lubricante.

Los marines machotes se convertían en unos cobardes: «Oh, Doc, oh...».

En una ocasión en que el doctor estaba ausente, le prescribí supositorios a un oficial, un coronel de alto rango. Estaba receloso. «No se preocupe», le dije. «Yo me ocuparé de usted. Use estos supositorios y lo veremos el lunes».

El lunes él y su esposa avanzaron por la sección, exigiendo hablar con mi oficial superior. Ambos me miraron con desdén, como diciéndome: *¿quién es usted? ¡Usted no es médico y es negro!* Aunque desconocía lo que había hecho mal, pude ver que pretendía hacer un reporte. Finalmente, me gritó airado: «¡Usted no sabe qué diablos está haciendo! ¡Es peligroso! ¡No debería estar aquí! ¡Y para el bien que me han hecho las píldoras, también me las podría haber metido por el trasero!».

Tuve que hacer acopio de todo mi autocontrol para no estallar en una carcajada. Se había tomado los supositorios por vía oral. Este coronel volaba en un jet de cincuenta millones de dólares y estaba ingiriendo por la boca unos supositorios rectales. Ahora el trasero le seguía doliendo y se preguntaba por qué.

«Señor», le dije con mucha calma, «¿se tomó usted esas píldoras? Se *suponía* que debía metérselas en el trasero, porque es la forma en que le van a aliviar el dolor y la inflamación».

Como era de esperar, después de colocarlo boca abajo en mi silla, con el trasero al aire, toda su actitud cambió y se convirtió en un blandengue como el resto de ellos. También se olvidó de hacer el reporte, y una vez que el dolor cedió, estaba tan agradecido como los protagonistas del resto de mis historias de éxitos.

A pesar del grado creciente de autoconfianza que mi servicio militar en el Centro Médico Regional de la Marina me había proporcionado, los episodios de incertidumbre surgían de vez en cuando, en especial con el final de mi período de alistamiento a seis meses de distancia. Hasta entonces, con una estructura institucional que me proporcionaba cuatrocientos dólares y algunas monedas cada mes, cuidado de salud gratuito y un sentido de contribución, no tenía preocupaciones. Sin embargo, la pregunta de qué hacer después de aquellos seis meses había empezado de repente a acosarme, evocando ecos del *blues* «Sin padre». Para bien o para mal, me parecía que de haber tenido un padre habría sido capaz de darme una orientación concreta. Mis tíos, mis padres suplentes, habían ayudado a encaminarme al servicio. Mamá me había dicho que podía tener éxito en cualquier cosa que escogiera hacer en última instancia. ¿Qué habría sentido mi padre, quienquiera que fuese ese Thomas Turner allá abajo en Luisiana —le saqué ese nombre a mamá en algún momento— al saber que el hijo que no había conocido se había convertido en un doctor? ¿No querría aceptarme entonces?

Algunos de los tipos alistados que conocí habían decidido reengancharse, mientras que otros se dirigían a casa y se establecían en un trabajo, se comprometían para casarse y se preparaban para empezar una familia, o regresaban a sus esposas e hijos que ya los esperaban. Era algo que yo quería tener un día, sin dudas. No obstante, independientemente de lo mundano que creía haberme vuelto, seguía habiendo una parte de mí que se sentía engañada por no haber conseguido salir a conocer el mundo. A pesar de ello, en esa etapa de mi joven adultez, si quería perseguir una carrera en la medicina, eso significaría varios años de estudios, lo cual no iba a dejarme mucho tiempo para viajar.

Una tarde que pasé por la Sección de Cirugía General, la respuesta a varias preguntas llegó en la forma de una oferta de parte del doctor Robert Ellis. Él era uno de los primeros doctores que habían oído buenas cosas sobre mí de boca de Charlotte Gannon y me había tomado bajo su protección para entrenarme. Siendo verdaderamente brillante, el doctor Ellis —o Buffalo Bob, como le llamábamos afectuosamente algunos de nosotros los soldados por lo intenso que era y porque trabajaba en la Marina solo bajo la presión nacional— había recibido su formación en el Hospital Infantil de Texas, en Houston, con dos de los cirujanos cardiovasculares y del corazón de mayor renombre en el mundo, el doctor Denton Cooley y el doctor Michael Debakey.

Ahora que Ellis estaba siendo licenciado, me informó que se iba a San Francisco para establecer su propio laboratorio de investigación en el Centro Médico de la Universidad de California y en el Hospital de Veteranos.

Sabiendo cuánto se lo merecía y lo apasionante que sería, estreché su mano felicitándolo de todo corazón, sin hablar de boca para afuera.

«¿Y usted qué?», preguntó, consciente de que aún me quedaban seis meses por delante.

Me encogí de hombros y le di a conocer las opciones entre las que me debatía.

«Bueno», dijo el doctor Ellis de una forma un tanto general, «si quiere echarle una mirada a alguna carrera en la medicina, puedo ayudarle».

Agucé el oído. Escuché mientras él describía el laboratorio que estaba montando y el puesto de asistente de investigación que tenía que cubrir.

«Puede venir a ayudarme», me ofreció, dejándome ver que el puesto era mío si lo quería, «pero el sueldo solo es de siete mil quinientos dólares al año».

Era una mejora con respecto a mi paga de la Marina. No era un sueldo soñado. Sin embargo, representaba la oportunidad de recibir formación bajo uno de los principales doctores en su campo, en San Francisco, más o menos el lugar más lejano del país al que podría ir y sentir que estaba visitando otra parte del mundo.

«Piénselo», me animó, «y déjeme saber».

Lo pensé durante dos segundos y le dije a Bob Ellis: «Acepto. Allí estaré».

CAPÍTULO 7

Imágenes de una vida

«¿Sabes? San Francisco debe ser el París del Pacífico», dice el hombre de negocio de mediana edad, con gafas y un maletín en la mano que está de pie junto a mí mientras aprecio las vistas de Union Square en la primavera de 1976, luego de llevar un par de años trabajando con el doctor Robert Ellis tanto en la Universidad de California como en el Hospital de Veteranos.

«¿Sabe que tiene usted razón?», le digo, pensando de nuevo en el tiempo que había estado en la Zona de la Bahía.

En este punto, por supuesto, poco después de mi vigésimo segundo cumpleaños, nunca he estado en París. Sin embargo, me siento tan impresionado por esta observación que he empezado a describirles mi nueva tierra natal a los demás como el «París del Pacífico», una frase que acabaré haciendo mía.

Este resulta ser un hermoso día. Y un hermoso día en San Francisco es como un hermoso día en ningún otro lugar del mundo. El azul del cielo —sin una nube a la vista— representa la definición del diccionario de un «cielo azul». Una cálida brisa hace crujir los árboles de los parques y todos, locales y turistas por igual, están en las calles como yo, sin nada mejor que hacer que maravillarnos ante esta bella ciudad.

También era emocionante estar en San Francisco en ese tiempo cultural e histórico. Aunque ya no era el apogeo de los hippies ni del amor libre, en la década de 1960 la ciudad seguía siendo la Meca para un tipo como yo que una vez fue el primer negro hippy de los Estados Unidos. Con muchos de los tumultuosos cambios de los sesentas ya detrás de nosotros, los logros del movimiento de los derechos civiles por todas partes, Nixon puesto en evidencia y acabada la Guerra de Vietnam, la era de la protesta parecía haber dado pie al tiempo de las fiestas. En ningún lugar parecía aquello más verdad que en el ambiente tolerante, experimental y despreocupado de San Francisco.

Tras licenciarme del servicio militar, donde todo había sido disciplina, proceso, orden y estructura, experimenté la ciudad que celebraba la individualidad y el inconformismo por encima de todo como si estuviera visitando de verdad un país extranjero. Haight-Ashbury, que un día fue la cuna del sexo, las drogas y el rock'n'roll, se convirtió en mi territorio favorito y seguía saltando con la música de los clubes, los restaurantes, las librerías, las tiendas de tabaco y artículos para fumadores, así como un alocado escenario callejero lleno de color y vida.

La Zona de la Bahía no solo era en aquellos años el lugar perfecto donde explorar y experimentar, sino yo también estaba en esa edad perfecta en la que deseaba intentar cosas nuevas, investigar nuevas filosofías, probar diferentes sabores, a fin de decidir qué tipo de vida quería construir para mí en última instancia. Conforme averiguaba los aspectos externos del trabajo, las relaciones y el dinero, este período fue igual de importante por lo que me enseñó sobre quién era yo internamente, de lo que estaba hecho y cuál era mi auténtico punto de vista.

Poco después de llegar a la Costa Occidental esto fue evidente cuando algunos amigos me invitaron a ir con ellos a una especie de conferencia. Tres de nosotros accedimos a asistir bajo la insistencia de Bill, un tipo extremadamente elocuente y también un estafador. Los tres éramos los únicos chicos heterosexuales que residíamos entonces en el YMVA de Tenderloin. Íbamos al baño, nos afeitábamos y nos duchábamos por turnos rotativos con el fin de cuidarnos literalmente las espaldas el uno al otro. Teníamos que ser un equipo, y si Bill quería ir, nos sentíamos obligados a asistir también.

Sin embargo, no pude evitar preguntarle:

—¿Cuál es el tema?

—Chris —me prometió—, este seminario va a cambiar tu vida. Mira, chico, a todos nos han condicionado nuestros padres, la escuela y el gobierno para que respondamos a las cosas de un modo particular. La totalidad de la programación capitalista del control de la mente nos hace perseguir esas cosas materiales. Estoy hablando de autodeterminación, de acabar con la esclavitud al dólar todopoderoso, amigo.

—¿De eso trata la conferencia? —le pregunté, recordándole que mi horario de trabajo era bastante ajustado.

—Ese es el problema —prosiguió—. Desear cosas materiales, querer pertenecer a la clase media, aspirar a ser un burgués. Crees que tu trabajo es tu identidad, ¿no es así? No, amigo, eres quien eres, y no lo que haces.

Sonaba lo bastante interesante como para llevarme allí. Incluso entonces, en lo que resultó ser un seminario llamado EST, dirigido por un tal Werner Erhard, nadie explicaría qué era ESO. En realidad, tú tenías que tener ESO. Y si no tenías ESO, necesitabas entrenarte para tenerlo. Y precisabas pagar un montón de dinero a fin de que te entrenaran para conseguir ESO. Sentado en el suelo, con las piernas cruzadas, en una sala atestada con casi un centenar de personas, mis tres amigos y yo no paramos de intercambiar expresiones frustradas mientras Werner Erhard y sus subalternos nos gritaban por turnos, como en el servicio militar, y nos decían que nuestras vidas no funcionaban y teníamos todo este bagaje por el que no asumiríamos responsabilidad alguna. ¿Cómo podíamos hacerlo? Teníamos que conseguir ESO. ¡Sin embargo, nadie podía decirnos qué era! Y lo que es más, básicamente no deseaban que nos fuéramos hasta conseguir ESO. Sin comer, sin ir al baño. Con mis tres amigos, incluido Bill, pronto empecé a poner la mirada en blanco por la frustración. Lo que yo tenía ganas de decir era: *oye, dinos simplemente qué es ESO, porque tal vez podríamos tenerlo si supiéramos lo que es. Tal vez lo tengamos ya.*

Se me ocurrió que ni siquiera los líderes del seminario parecían saber lo que era ESO. Cuando aquello se hizo evidente, después de una hora más o menos con toda esta regañina, me puse de pie y finalmente dije: «Sí, tengo ESO». Justo antes de que el ejército EST pudiera meter baza, añadí: «Que se joda ESO. Que se joda ESO, y jódanse ustedes, y que se joda todo esto».

Los cuatro nos volvimos muy vocales. «¡Sí, que se joda ESO!», repitió uno de los tipos. «¡ESO no es nada!», gritó otro. Bill chilló: «¡No quiero ESO!». Y yo acabé diciendo: «Quédense con ESO».

Como éramos los únicos hermanos en la sala, empezamos a sentir que iba a ser una cuestión racial, pero enseguida la mayoría de la gente blanca de aquella habitación empezó a lanzarnos miradas como diciendo: *ah, tienen ESO*. Todo aquel infierno se vino abajo cuando un tipo blanco se puso de pie y se unió a nosotros gritando: «¡Sí, es verdad! ¡Que se joda ESO!». Con esto bastó para que nos escoltaran con rapidez hasta la salida, porque decididamente habíamos echado a perder el juego. Aquel pequeño experimento me demostró que no necesitaba otras doctrinas para iluminarme. No obstante, Bill siguió buscando.

Unos pocos años después me enteré de que él y su esposa se hicieron seguidores de un líder carismático que convenció a su rebaño de que entregaran sus posesiones mundanas —a él— y abandonaran los Estados Unidos para irse a Jonestown, Guyana. En noviembre de 1978 supe que Jim Jones había persuadido a más de novecientos seguidores para que bebieran cianuro de potasio con Kool-Aid en un suicidio masivo. Bill se encontraba entre los que murieron ese día. Eso en verdad hizo que me preguntara cómo alguien tan listo en las calles y que podía desafiar el sistema de creencias del *statu quo* adoptara después un sistema de creencias radical como el evidenciado en aquel rollo de Jonestown sin cuestionarlo.

Parte de mi mecanismo de defensa era la necesidad de control que tenía y me acompañaba desde la infancia. Esta es también la razón de que siguiera resistiéndome a los excesos de drogas y alcohol en aquellos años experimentales. Por supuesto que probaba cosas de vez en cuando, como el tiempo en el que fumé algún polvo de ángel y tuve que convencerme de que no podía volar. En el momento en que el PCP (pentaclorofenol) alcanzó mi cerebro, procedí a hacer un centenar de flexiones en la tubería de la calefacción de mi edificio, un hecho sobrenatural cuando me detuve a pensar que en la Marina solo podía hacer veinticinco en un buen día.

En el momento en que empecé a mirar por mi ventana e intentar decidir hacia qué punto de referencia debería volar, algo sobrio y sabio dentro de mí me recomendó: *olvídate de volar, ¿qué te parece dar un paseo?*

Desde el Tenderloin caminé, caminé y caminé, sin esfuerzo, sintiendo que estaba subiendo en ángulo las cuestas, luego dejándome caer, atraído hacia un puente y después otro. De forma mágica llegué a Chinatown, como si hubiera estado navegando y hubiera llegado a la costa, casualmente en medio de una fiesta caracterizada por un lujoso desfile. Sin que me invitaran, me uní directamente, danzando por la calle junto a todos los que llevaban disfraces y máscaras, muchos de los cuales sostenían linternas y criaturas de papel maché, mientras otros me miraban de forma extraña y se preguntaban sin duda: *¿quién es este hombre feliz? No es chino.*

Cuando mi mente comenzó a aclararse, estaba en un bar de North Beach, bailando al sonido de un grupo ecléctico formado por una caja redoblante y una harmónica. Amigo, pensaba que debía estar en el Carnegie Hall. Era buena cosa que reconociera lo peligrosa que resultaba aquella droga. La música en sí misma puede ser una experiencia que altera la mente, de modo que estando en un nivel aun más alterado, la música sencillamente era alucinante. ¡Fuera de control! Cuando llegó el momento de regresar por fin al Tenderloin, caminé penosamente hasta casa, no sin esfuerzo, despejándome rápidamente y dándome cuenta de que esta era una droga que no necesitaba probar de nuevo.

En realidad, a pesar de toda mi exploración durante mis horas libres, mi mayor enfoque de experimentación estaba en el laboratorio, haciendo el trabajo para el cual el doctor Ellis me había traído aquí. Mi amigo Bill, que me llevó a la reunión EST, me había acusado de tener aspiraciones burguesas, y era verdad: me seducía la idea de hacer una potencial carrera en la medicina. Si esto era lo que quería, si era apasionado y entregado, Bob Ellis estaba dispuesto a depositar una confianza increíble en mí, enseñarme y abrirme todo un nuevo mundo en el campo de la investigación médica, uno distinto al de la Marina en el que había trabajado.

El proyecto se estaba llevando a cabo en conjunto con el Hospital de Veteranos —situado en la cabeza de playa más lejana de San Francisco, en Fort Mulie, cerca del puente Golden Gate— y en el Hospital de San Francisco de la Universidad de California, cerca del parque Golden Gate y el estadio Keysar. En el Hospital de Veteranos donde pasaba la mayor parte de mi tiempo, el propósito de la investigación era crear un laboratorio —básicamente acondicionando un viejo quirófano— donde se duplicara el entorno en el que funciona el corazón durante una operación a corazón abierto. Más concretamente estábamos intentando determinar qué concentración de potasio conservaba mejor los fosfatos de alta energía en los músculos del corazón. Haríamos una serie de experimentos con una solución alta en potasio, una segunda baja en potasio y una tercera con un mínimo de potasio, tomando muestras de tejido cardiaco a lo largo del tiempo y usando esos resultados para nuestros descubrimientos. En última instancia, fue la solución alta en potasio la que más conducía a la conservación de los fosfatos de alta energía, una información que transformaría la forma en que se hacía el trasplante y la cirugía, y también influiría en la ciencia cardiovascular. Para una esponja en lo concerniente a la información como yo, este trabajo me situaba directamente en mi elemento.

«Gardner», me dijo el doctor Ellis en uno de mis primeros días de trabajo, «quiero que conozca a Rip Jackson».

Me di la vuelta para aquilatar el impresionante aspecto de Rayburn «Rip» Jackson, importado a San Francisco por Ellis desde Jacksonville, Carolina de Norte. Así como el doctor Ellis parecía un joven y brillante cirujano —estatura media y fornido, gafas, poco pelo, con una nariz aguileña, olisqueando meticulosamente cada detalle, apasionado, y a veces muy nervioso— Rip Jackson poseía la intensidad megapotente del genio científico-técnico médico que era. Delgado, bajito, bien afeitado, un impresionante cabello blanco y pequeños ojos azules penetrantes, Rip extendió su mano para estrechar la mía y me saludó con un acento de chico rural de pura cepa, directamente sacado de un lugar remoto de Carolina del Norte. «Es un placer conocerte», me dijo. «He oído hablar mucho de ti, Gardner».

Mi instinto me decía que Rip podría haber pertenecido al Ku Klux Klan en su juventud. Algo en él me recordaba a aquella vieja de la gasolinera que nos amenazó con una escopeta. Él no era tan extremista, pero con el tiempo algunos comentarios que dejó escapar me confirmaron que era decididamente un tipo con prejuicios. Como había trabajado para muchos doctores judíos, al parecer ponía especial cuidado en no hacer observaciones antisemitas. Sin embargo, quizás porque no había estado demasiado expuesto a los doctores negros, no se limitaba, por ejemplo, cuando llegaba el momento de expresar cómo se sentía cuando veía a una pareja interracial en el hospital. Sacudía la cabeza con desagrado y me comentaba: «Creo que preferiría ver a dos hombres juntos que a un hombre negro y una mujer blanca».

Resulta bastante curioso, pero tal vez era por lo bien que nos llevábamos que se permitía comentarios de este tipo en mi presencia. En cualquier caso, Rip no solo vio desde el principio que quería aprender de él, sino que era muy rápido captando ESO, y me trató con el máximo respeto. Nuestra forma de trabajar consistió en que él venía inicialmente durante un mes, me entrenaba para supervisar todo lo que el doctor Ellis necesitaba hacer durante los próximos meses, y después se presentaba a intervalos según la necesidad.

Dejando sus complejos racistas personales a un lado, Rip Jackson era tan extraordinario en la mecánica de construir un laboratorio y en enseñarme cómo dirigirlo, que se ganó el máximo respeto de mi parte. Incluso aunque no fuera un doctor en medicina con licencia, su experiencia técnica igualaba a la de un cirujano de renombre, y me entrenó en este ámbito altamente especializado para prestarle cualquier apoyo al doctor Ellis. Nuestras responsabilidades iban desde la escisión de corazones a cateterizar los vasos sanguíneos y suturar, desde ordenar el equipo y los suministros a administrar anestesia, realizar biopsias en los tejidos cardiacos de los pacientes y analizar los resultados.

Además de la extraordinaria educación que estaba recibiendo de Bob Ellis y Rip Jackson, en el laboratorio médico había un tercer científico excepcional, un tipo llamado Gary Campagna. Tampoco tenía titulación médica, pero hacía para un cirujano vascular, el doctor Jerry Goldstein, lo que Rip hacía para el doctor Ellis. Nativo de San Francisco, Gary era ocurrente y estaba a la moda, un caballero italo-estadounidense, y me tomó bajo su protección, enseñándome la técnica y la importancia de la delicadeza. Ahora yo veía que no bastaba con saber lo que estabas haciendo; tenías que tener manos para ello, el toque correcto.

Gary recurría a dichos memorables para enfatizar ciertas técnicas. Por ejemplo, en el injerto de venas la precisión era obligatoria, primero para ser capaz de controlar el flujo sanguíneo —básicamente cerrarlo como si fuera un grifo— con el fin de extirpar una porción de la arteria donde iría el injerto, y a continuación para suturar la circunferencia sin obstrucción. En el entorno clínico aprendí cómo hacerlo, a determinar el tipo de corte a fin de escindir un trozo de la arteria, qué puntos de sutura usar, la clase de nudos, y qué injerto se necesitaría finalmente dependiendo de la condición de la vena. Gary me advirtió que no cometiera la equivocación común de intentar manejar la vena de manera demasiado abrupta, y me prevenía: «Acaríciala, no hurgues».

Aquellos tres —Gary, Rip y Bob Ellis— me estaban proporcionando el equivalente a la educación en una escuela de medicina, al menos en esta especialidad. A medida que el plan de juego se iba desarrollando en mi mente, imaginé que una vez que nuestro trabajo hubiera acabado y me tomara el tiempo de prepararme para una educación universitaria, sería el candidato principal para cualquier escuela de medicina de la Liga Ivy de la nación. La perspectiva era emocionante. ¿De verdad podría hacerlo? ¿Llegaría tan lejos? Las palabras de mi madre se repetían dentro de mí: *si quieres, puedes.*

El entusiasmo no solo procedía del estatus potencial y el dinero que prometía la carrera de cirujano. Para mí era el desafío, la búsqueda de información, la oportunidad de aplicar mi concentración a algo que me exigiera aprender lo que equivalía a un idioma extranjero. Empezaba a pensar que había un lenguaje específico para todas las cosas y que la capacidad de aprender uno nuevo en un campo —ya fuera la música, la medicina o las finanzas— también podría utilizarse para acelerar el aprendizaje en otros ámbitos. La lengua científica era divertida de dominar, no solo los términos médicos y los significados, sino también la prosa, con su ritmo de urgencia y su forma precisa de describir los fenómenos y procedimientos. La comprensión del proceso —como ir desde aquí hasta allá— era el verdadero cebo para mí, lo que me atrapaba y me hacía querer aprender más. Como estaba tan motivado y era tan curioso por naturaleza, el aprendizaje parecía fácil.

Una vez que aprendí el lenguaje, se me abrieron literalmente las puertas del Hospital de Veteranos y el Hospital UCSF cuando el doctor Ellis me llevó para tener una reunión con sus colegas médicos más destacados. En aquellos entornos, pocos tenían noción de que no había asistido a la escuela médica y no era doctor, por no hablar de que no había pisado la universidad y apenas había terminado la escuela secundaria. Desde luego que había momentos en los que sentía mi falta de educación, pero descubrí que en lugar de fingir saber algo que desconocía, siempre había una forma de preguntar: «No comprendo eso que dice, ¿podría explicármelo?», y que la mayoría de los doctores estaban más que contentos de responder.

En su momento, Bob Ellis desarrolló tanta fe en mi dominio de nuestra investigación que fui coautor con él de varios artículos sobre la conservación de los fosfatos miocárdicos de alta energía, unos escritos que se publicaron en diversas revistas médicas y libros de texto. Ni siquiera algunos graduados de la Escuela Médica de Harvard pueden afirmar haber sido tan ampliamente publicados.

«¿En qué lugar asistió usted a la escuela médica?». Esta era una pregunta que surgía inevitablemente, sobre todo por parte de los internos que trabajaban a las órdenes del doctor Ellis y el doctor Godstein. A Ellis le frustraba que muchos de los internos que empezaban su residencia en cirugía tuvieran tan poca conciencia práctica. No tenían las manos ni los ojos necesarios, desconocían los controles o los procedimientos. Algunos no sabían manejar los instrumentos. Y en lugar de perder su tiempo en estas cosas básicas, empezó a enviarlos a la planta superior para que yo los entrenara. De repente, todas aquellas preguntas que había estado formulando —«¿Qué está haciendo?», «¿Cómo ha hecho eso?»; «¿Por qué lo está haciendo?»; «¿Puedo intentarlo yo?»— se convirtieron en interrogantes que yo mismo estaba contestando.

Los internos eran todos brillantes y sabían de anatomía y fisiología, biología y química. Sin embargo, solo unos pocos tenían las manos necesarias. Con frecuencia me sorprendí a mí mismo hablando con la misma intensidad que el doctor Ellis, Rib y Gary combinados. Durante las pruebas que implicaban una cirugía a corazón abierto en perros, me volvía loco al presenciar una manipulación tan ruda, como solía ocurrir tan a menudo, de las arterias del paciente canino y sus frágiles órganos. En mi laboratorio, como lo llamaba el doctor Ellis, yo era libre de decir: «No, no hale. Aplique presión de forma gradual».

Cuando un interno me echaba una de esas miradas que indicaba: *¿quién eres tú para decirme lo que tengo que hacer?*, era incluso más firme, levantando la voz y repitiendo: «No, no lo haga de ese modo. Usted no está debajo del capó de su auto».

Tal vez había un poco de racismo, dado que los internos de aquella época eran todos varones blancos de las escuelas de medicina de la Liga Ivy. «¡No! No quiero eso. ¡Deme la tijera!». Sin embargo, lo que parecía sacarlos realmente de quicio era que tenían que hacer lo que yo les decía. El doctor Ellis le aclaraba a cada interno que llevaba al piso de arriba conmigo: «Este es el mundo de Garner. Se hace todo lo que él diga. Él es quien está a cargo».

Mi sentimiento era que si alguien quería aprender o estaba deseoso de intentarlo, aunaría esfuerzos con él para ayudarle. No obstante, algunos de los internos se mostraban tan arrogantes que menospreciaban por completo mi aporte, algo que se expresaba menos en lo que decían que en su lenguaje corporal, el cual demostraba que no me querían escuchar. En tales situaciones, lo único que tenía que hacer era decirle al doctor Ellis: «¿Sabe una cosa? A ese tipo, Steve, no puedo ayudarle». Eso era todo. Después de aquello no volvía a ver más al interno. En ocasiones yo era incluso más específico: «Ese tipo, Richard, no quiere escuchar. ¿Y sabe una cosa? No me haga perder el tiempo; no vuelva a enviarlo a mi laboratorio». El doctor Ellis se limitaba a asentir, respetando mi opinión y agradeciéndome que fuera tan apasionado como él.

Los internos del doctor Goldstein en cirugía vascular fueron algunos de mis desafíos más duros, demostrando una mala actitud hacia mí cuando cuestionaba su falta de delicadeza, recordándoles la frase de Gary Campagna: «Acaríciala, no hurgues».

Algunos de aquellos internos eran lo bastante indignantes como para preguntar en voz alta: «¿Cuáles son exactamente sus calificaciones?».

Con toda naturalidad, yo respondía: «No tengo licenciatura, pero esta es mi sala. Usted ha sido invitado aquí. Es un visitante, y yo estoy haciendo mi trabajo. Si puedo ayudarle, lo haré, pero usted tiene que escuchar».

En ciertos casos, podía ver por las expresiones de resentimiento en algunos de los rostros que nunca habían experimentado que una persona de color les dijera con autoridad lo que tenían que hacer; jamás se habían encontrado con una persona negra al mando. Algunos eran capaces de superar ese obstáculo; otros no. En cuanto a mí, tenía que aprender a no considerar algunas de sus actitudes de superioridad como algo personal, de la misma manera que no pude actuar así cuando mis mentores me pusieron en esa posición de control. La poderosa verdad que emergía para mí era algo que mamá había intentado decirme cuando yo era más joven: nadie puede quitarte tu legitimidad ni dártela si no la reclamas para ti.

Antes de irme a la Marina, me había disculpado con ella por no haber ido a la universidad, pensando en lo orgullosa que se habría sentido. Mamá me sorprendió diciéndome: «Chico, más vale tener el diploma de Dios que de cualquier otro en este sistema universitario. Si tienes el de Dios, no necesitas todas esas otras cosas».

En el lenguaje de mi madre eso no significaba que se requiriera un intrincado conocimiento de la Biblia o la religión, más bien hablaba de conocerse a sí mismo, de un sistema de creencia

auténtico, la sensación interior propia de que no es posible que-
brantarte. Otros pueden cuestionar tus credenciales, tus papeles, tus
diplomas. Pueden mirarte de todas las maneras posibles para des-
merecer tu valía. Sin embargo, lo que se halla dentro de ti nadie te
lo puede arrebatar ni manchar. Es tu dignidad, quién eres de verdad, tu diploma que puede acompañarte allí donde vayas, el que
llevas contigo en el momento en que entras en una habitación, lo
que nadie puede manipular ni derrumbar. Sin esa sensación hacia
uno mismo, no hay papeles, genealogía o credenciales que puedan
hacerte legítimo. Independientemente de todo, primero tienes que
sentirte legítimo en tu interior.

La perspectiva de mamá ciertamente resonó durante ese período, no solo cuando estaba siendo cuestionado, sino cuando era yo
mismo el que me cuestionaba. Había veces, durante las reuniones
de más de un centenar de doctores —algunas de las mentes más
brillantes de la medicina— en que miraba a mi alrededor y observaba que era el único hombre negro en aquella sala. No obstante,
si para mí no era un problema, no tenía por qué serlo para otros. Mi
negrura era un hecho de mi identidad, aunque mientras más cómodo y seguro llegué a estar con mi pericia, menos me definía o distinguía mi color y más a gusto me sentía haciendo valer mi
identidad ante las personas blancas, ya fuera que estuvieran más
arriba o más abajo que yo. Lo que me distinguía era mi conocimiento, mi manejo de la información que constituía el enfoque de
la investigación a la que se dedicaba Robert Ellis. Tomar conciencia
de esto me proporcionaba una confianza increíble en que podía
tener éxito en este ámbito de desempeño, y el éxito significaba el
mundo para mí. Por esta razón estaba preparado para pelear hasta
el final, a largo plazo, aunque me llevara otros quince años conseguir las licenciaturas necesarias para practicar la medicina. Costara
lo que costara, valía la pena, así como el esfuerzo de estudiar y
aprender todos los días, repitiendo a veces las pruebas una y otra
vez, como el herrero golpea el yunque a diario.

Solo había dos nubes en el horizonte: el dinero y el sexo. Aunque el doctor Ellis siguió aumentando mi sueldo hasta llegar casi
a los trece mil dólares al año, a principios de 1976 quedaba poco

que él pudiera exprimir de su presupuesto global para el proyecto. Incluso para alguien que estuviera dispuesto a permanecer en un barrio pobre, San Francisco era un lugar muy caro para vivir. Créeme, viviendo en el Tenderloin —en el mismo barrio que el Y, pero en un apartamento propio del 381 de la calle Turk, decididamente estaba malviviendo. Estiraba mi sueldo al máximo, y eso que no tenía que pagar un auto ni seguro. Al no poderme permitir tener un vehículo, ni siquiera había ido todavía a sacar el permiso de conducir, aunque sí sabía hacerlo y algunas veces hacía algunas gestiones para el trabajo en la furgoneta del hospital. La necesidad de conseguir un segundo empleo me rondaba. No obstante, volvíamos a lo mismo, pues aquello consumiría el tiempo libre que tenía para disfrutar algo de la vida social.

Podía manejar la constante estrechez de dinero. Sin embargo, la repentina interrupción de mi hasta el momento exitosa caza del sexo opuesto representó una conmoción para mi sistema. ¿Qué estaba ocurriendo? En una ciudad como San Francisco, llena de hermosas mujeres solteras, no conseguía entender en modo alguno por qué nadie conectaba. No es que quisiera enamorarme, sino que aquello que quería de verdad, tener sexo, no tenía buen aspecto. Había empezado a salir con una doctora, una de las pocas mujeres afroamericanas que había conocido en el hospital. Era atractiva de una forma inteligente y ambiciosa, pero se ponía nerviosa con el sexo. Nunca surgió la química.

Luego hubo una hermana muy bonita que tenía a todo el hospital detrás de ella. Dulce, con curvas, pelo largo y sedoso, y una piel cálida de color caramelo, por fin aceptó mi invitación para ir al cine y empezamos a salir juntos. Parecía que tardaría un siglo en invitarme a entrar a su casa, pero cuando finalmente lo hizo, por una de esas extrañas vueltas que da la vida estaba tan cansado debido al trabajo, que en realidad me acosté en la cama para ponerme cómodo con ella y me quedé dormido enseguida.

Lo siguiente que recuerdo es que esa preciosa mujer despechada me sacudía por el hombro y me indicaba la puerta. Taciturno, me marché de allí arrastrando los pies, sin dejar de disculparme. Al salir a la calle, una ráfaga de viento húmedo me dio una bofetada de desdén. «Vaya, si que hace frío aquí», comenté, esperando que hubiera cambiado de opinión.

«Qué lástima», respondió ella, «porque aquí se está calentito». Luego, de un portazo, me dio con la puerta en las narices.

Este era el triste estado de mi vida extracurricular en aquel hermoso y memorable día en que me encontraba solo en Union Square y aquel tipo de mediana edad con el maletín entabló conversación conmigo, diciéndome que San Francisco debía ser el París del Pacífico.

Como la tarde va llegando a su fin, no hay nada fuera de lo corriente cuando me invita: «Oye, voy a la vuelta de la esquina a tomar algo. ¿Te importa acompañarme?».

Aunque no soy mucho de beber, me digo a mí mismo: *¿por qué no?* Todavía estoy conociendo la ciudad y no sé con seguridad a dónde van las mujeres a pasar el rato. En realidad, cuando entramos en el interior del lugar, oscuro como la boca de un lobo, no veo a ninguna fémina. Lo que sí observo es que solo hay hombres, y que dos de ellos están en un rincón besándose. Me doy cuenta, por supuesto, que es un bar gay.

«¿Sabes una cosa?», le digo al tipo, como si mirara mi reloj por primera vez. «Tengo el primer turno de la mañana y... vaya... ha sido un placer conocerte, pero me tengo que ir».

Antes de que pueda pronunciar palabra, me he largado.

No es la primera vez que algún hombre gay intenta ligar conmigo en San Francisco. Por lo general, no tengo problema en explicar que no soy de ese lado de la acera. En realidad, comparado con las actitudes de la Marina, creo que soy extremadamente tolerante. Sin embargo, con mi problema del *blues* «Sin mujer», ni siquiera tengo ánimo para ser educado.

Incapaz de establecer una relación aquí en San Francisco, me encuentro levantando el teléfono más de lo habitual para llamar a mi novia en la distancia, Sherry Dyson, a quien nunca he olvidado del todo desde aquella primera vez que la vi con la camiseta en el escaparate de la tienda de excedentes del ejército-marina. En este período de tiempo ha regresado a Virginia con su maestría y está trabajando como experta educativa en matemáticas. Aparte de

Mi madre, Bettye Jean Triplett (Gardner de nacimiento).

Yo siendo un bebé.

Día de la graduación, aparezco en el centro con mi clase de la Marina, Compañía 208.

Mi identificación militar, un joven de dieciocho años ansioso por navegar a tierras exóticas.

Mi hijo y yo disfrutando de los entretenimientos al aire libre.

Chris Jr. durmiendo.
La calma antes de la tormenta.

Chris Jr. preparándose
para caminar en los zapatos
de su padre.

Chris Jr. finalmente en un
nuevo hogar luego de estar
un año en las calles.

Navidad en San Francisco
— Jimminy Cricket.

Dándole la mano al presidente Clinton en la ceremonia de entrega del Premio Nacional al Maestro del Año en el Rose Garden.

Tío Henry, el primer hombre por el que sentí amor.

Barbara Scott Preiskel:
mi mentora, mi héroe, mi santa patrona.

Hombro a hombro con el gran Nelson Mandela.

Al frente de mi propia empresa. *(Foto de Leonard Simpson)*

Mi cabeza está en mi negocio, pero mi corazón
se encuentra siempre con mis niños.

nuestro contacto telefónico regular, ha venido a visitarme un par de veces, aunque ninguno de los dos ha hecho ningún movimiento que indicara que deberíamos formalizar algo.

De modo que mientras hablamos una noche, me doy cuenta de que nadie me pone como Sherry, de que nadie me puede decir: «Chris, estás siendo un necio» cuando me vuelvo demasiado engreído, y de que no hay nadie a quien imagine junto a mí en la vida a la que me estoy esforzando por llegar. En un apremio romántico, de repente, casi como para oírme pronunciar las palabras, cambio de tema y le pregunto: «Está bien, entonces, ¿cuándo nos casamos?».

Sin inmutarse, Sherry contesta: «A ver, ¿qué te parece el 18 de junio?».

¡Tanto esforzarme por la exploración y la experimentación sexual! No muy seguro de dónde me acabo de meter y lo que acabo de hacer, me despido del *blues* «Sin mujer» y me preparo para entrar en la institución del matrimonio.

———

Durante los tres años siguientes viví lo que se podría llamar, en algunos aspectos, una vida color de rosa. La boda se celebró, como estaba planeado, el 18 de junio de 1977 y fue perfecta: hermosa, de buen gusto y sencilla, en un parque cerca de la casa de los padres de Sherry, un lugar que en mi mente se había convertido en sinónimo de estabilidad y seguridad.

Mamá estaba allí, resplandeciente de orgullo. Ella y Sherry hicieron buenas migas de inmediato. Mi colega de la Marina, Leon Webb, que pronto partiría para San Francisco, agarró un avión a fin de ser mi padrino y no podría haberse alegrado más por mí. Todos quedamos impresionados con el hogar de los Dyson. No era nada desmesurado, pero la casa parecía sacada de una revista, exquisitamente decorada con un encanto sureño, raras obras de arte en las paredes, candelabros por todo el espacio de dos plantas, comida gourmet en abundancia, y un bar abastecido de vino y licor importados de todas partes del mundo.

El estilo de vida de los Dyson representaba el hogar ideal que había estado en mis sueños desde el momento en que siendo niño vi *El mago de Oz*. Por un tiempo había soñado con trasladarme a Kansas cuando creciera debido a esa imagen de seguridad y serenidad. En Oz había brujas, monos voladores maníacos, y la misma sensación de locura que había en nuestra familia. Allá en Kansas, la gente era normal y amable, y no existía la amenaza de no saber qué podría ocurrir a continuación, qué distancia había hasta el teléfono público, si la policía llegaría a tiempo, o si tu madre y tus hermanos estarían muertos cuando regresaras.

Parte de la atracción era, sin la menor duda, mi anhelo de pertenecer al mundo del que procedía Sherry, un mundo en el que había crecido como adorada hija única, con la misma madre y el mismo padre juntos, la misma casa, con la sensación de haber estado segura y sin nada del caos y la violencia que habían afligido mi infancia. A sus padres no parecía importarles que yo viniera de un mundo diferente, y fueron tan gentiles como pudieron dándome la bienvenida a su familia. Seguramente, como Sherry, veían que yo tenía potencial e iba por el buen camino de convertirme en médico, aunque me quedara un trecho por recorrer.

Con todo, yo había empezado a tener recelos en cuanto a este matrimonio desde el momento en que con toda espontaneidad formulé la pregunta, pero le resté importancia echándole la culpa a los típicos nervios antes de la boda.

La primera persona a quien se lo había dicho en San Francisco fue al doctor Ellis. Si estaba buscando a alguien que me rogara reconsiderarlo, Robert Ellis no era esa persona. Genuinamente contento por mí, me prestó los cien dólares que necesitaba para comprarme un traje de novio, y después me asombró aun más cuando me sugirió: «Tómate un día libre extra». Para alguien obsesionado con el trabajo como Buffalo Bob, aquello era algo inaudito.

Mi siguiente parada fue la joyería del distrito, en la calle Market, donde milagrosamente encontré un anillo de diamantes por novecientos dólares que compré a plazos. Parecía antiguo, con racimos de pequeños diamantes en forma de flor y el aro que resultó ser de oro blanco. De camino a Virginia, en el avión, me sentía tan nervioso por llevar una sortija de diamantes en el bolsillo que tenía que asegurarme cada cinco minutos que no me la habían robado misteriosamente durante ese tiempo. Era lo más bonito que había comprado jamás para alguien, y estaba seguro de que a Sherry le iba a gustar.

Mis nervios desaparecieron en el momento en que nos abrazamos a mi llegada. Teníamos una profunda conexión, nos sentíamos muy a gusto juntos y nos profesábamos mucho cariño, y esto era lo único que importaba. Ver cómo Sherry se ocupaba de la boda hizo que la admirara aun más. Ella lo había planeado todo, sus papás habían hecho el cheque, y lo único que yo tenía que hacer era aparecer. Me encantaba cómo se comportaba, su confianza, inteligencia y sentido del humor, la forma vivaz en que atraía a las personas en general. Era preciosa de un modo íntegro y distintivo, y tenía unas piernas extraordinarias. Me gustaba mucho su personalidad fuerte y que tuviera opiniones firmes sobre lo que le parecía bien y lo que no. Por lo tanto, no me molestó mucho que no se volviera loca con el anillo.

«Oh, es hermoso», me tranquilizó, «solo que no es el estilo que imaginaba».

Yo no tenía la menor idea de lo que aquello significaba, pero quería que tuviera lo que deseaba, de modo que convinimos en cambiarlo cuando regresáramos a San Francisco. Lo único que entendí es que debían ser circonitas cúbicas, ni siquiera diamantes. Eso fue algo más que valoraba de Sherry, que podía educarme en las cosas más finas de la vida. Atrapados en las celebraciones, ambos estábamos en medio de un gran torbellino, y no fue hasta la mañana siguiente, tras un almuerzo de despedida, que tuvimos la oportunidad de estar a solas como recién casados. Ninguno de nosotros dijo gran cosa, pero la realidad se había asentado por fin. Es probable que ambos nos estuviéramos preguntando si de verdad habíamos hecho lo correcto.

No obstante, teniendo una vida juntos por delante, empacamos todas las pertenencias terrenales de Sherry en su Datsun B210 azul y emprendimos el largo viaje por carretera hasta San Francisco. Aunque mi suegra había insistido en que sacara el permiso de conducir mientras estaba en Richmod, Sherry condujo la mayor parte del camino. A pesar del calor del verano que nos acompañó de principio a fin por toda la Interestatal 80, la falta de aire acondicionado del Datsun y mis frecuentes siestas, tuvimos suficiente tiempo para hablar y planear un viaje al menos un poco menos arduo.

Sherry me había visitado antes en el Tenderloin y estaba más o menos preparada para el ambiente sórdido que nos recibió, aunque insistió en que nos mudáramos del 381 de Turk cuanto antes. No tardó en encontrar trabajo como experta en seguros, y poco después me saludó con la emocionante noticia: «He encontrado casa en Hayes. Me he enamorado de ella. ¡Es un tercer piso sin ascensor, con suelos de madera, ventanas salientes y puertas francesas!».

Todo aquello me sonaba a chino, pero si hacía feliz a Sherry, a mí también. En el vecindario todavía se conocía el sitio como Hayes Valley y daba la sensación de ser una alegre comunidad negra, por no mencionar que habíamos salido del 'Loin. Entramos, pues, en una fase de construcción del nido, conforme Sherry iba convirtiendo nuestro nuevo apartamento en un entorno cálido y acogedor. Lo decoró de una forma asombrosa sujetándose a nuestro presupuesto, con plantas en macetas como ficus benjamina y judío errante adornando las estanterías y colgando del techo, una bonita cama de bronce, una mecedora de mimbre, un sofá a la moda, nuevos utensilios de cocina y una vajilla sin estrenar. Yo, como ella, también estaba por la labor de transformar nuestro espacio vital en un hogar para los dos.

En la cocina, Sherry era una fantasía hecha realidad. Amigo, sabía cocinar: comida sureña, incluido el mejor pollo frito, pasta de todo tipo y forma, y platos gourmet que podían rivalizar con los que preparaba cualquiera de los extraordinarios chefs de San Francisco. Siempre salía con nuevas creaciones. «¿Recuerdas la forma en que hacían ese plato en el restaurante vietnamita?», me preguntaba. «Voy a intentar hacer algo por el estilo». Y conseguía que fuera incluso mejor.

Ascendimos otra vez en el mundo después que Sherry se encontrara conmigo en la puerta una noche y me anunciara: «Espera a ver el lugar que he encontrado en Baker. Está en uno de esos edificios victorianos a los que les eché el ojo. ¡Chris, te va a encantar! Tiene cinco dormitorios, y una luz espectacular».

Me limité a reír y a seguir con el plan, no solo pensando en cuánto disfrutaba ella recreando para nosotros en San Francisco aquello con lo que ella había crecido en Virginia, sino también en lo afortunado que era de que me estuviera educando, elevando mi sentido de la cultura y el estilo. No solo me estaba dando a conocer lo que era un edificio de estilo victoriano, algo que nunca supe, sino que me estaba introduciendo a un estilo de vida que incluía teatro, comedia y reuniones sociales con una fascinante conversación intelectual. Llenábamos mis pocas noches libres yendo a clubs de comedia para ver a gente como Richard Pryor o a veladas con un grupo formal y creativo en la casa del primo de Sherry, Robert Alexander, un escritor. Las veces que estuvimos allí, me sentía atraído por el mismo grupito de tres sujetos, muy inteligentes, a la última moda, y activos en las artes. Uno de ellos era un hermano llamado Barry «Shabaka» Henley, y los otros dos unos muchachos llamados Danny Glover y Samuel L. Jackson. Poco sabía yo que los tres se encontrarían más tarde entre los actores más destacados de la escena y la pantalla.

No obstante, aunque nuestra imagen de una vida matrimonial feliz parecía ser lo que ambos queríamos, tras un par de años empecé a enfrentarme a un sentimiento muy profundo de que nos faltaba algo. De haber sabido comunicar mejor mis sentimientos, o si me hubiera tomado el tiempo para intentar resolver lo que no estaba funcionando, todo habría sido infinitamente mejor que lo que hice al tratar de ignorar los problemas y escapar de ellos.

Algunos de nuestros roces habían tenido que ver con diferencias básicas en nuestra procedencia y en lo que nos gustaba o nos desagradaba. A Sherry le gustaban los mejores restaurantes de Fisherman's Wharf; yo prefería la atmósfera contracultural del Haight. Para mí, los mejores restaurantes eran predecibles; para Sherry, el «cualquier cosa vale» y el ambiente hippy del Haight eran demasiado salvajes. Ella era bastante conservadora y una buena creyente que asistía a la iglesia episcopal. Esa mentalidad no concordaba en absoluto con el lugar del que yo venía: bautistas estrictos, y eso era todo lo que yo sabía. Los episcopales me recordaban a los católicos en la iglesia, haciendo siempre calistenia a una señal: de pie, de rodillas, otra vez de pie, otra vez de rodillas, recitando textos adecuadamente al unísono. Callados, dignificados, dominados. La demostración de los sentimientos parecía descartarse. Las lágrimas se secaban con toquecitos de pañuelo o simplemente se contenían. No era como la iglesia bautista, donde existían los gritos competitivos. No había comparación. En la iglesia bautista del lugar donde crecí, cuando tía TT nos llevaba a mis hermanas y a mí, la gente cantaba, bailaba, sollozaba en voz alta, hablaba en lenguas, tenían diálogos con el predicador y Dios al mismo tiempo, y el Espíritu los llenaba de las formas más extraordinarias. ¡Las mujeres levantaban sus brazos, gritaban y se desmayaban! ¡Los hombres saltaban y aclamaban! Cada domingo sacaban cargado a alguien. Siendo un niño, no entendía con mi intelecto lo que estaba ocurriendo, pero era apasionante y real. Ah, amigo, también hacía calor. Las iglesias episcopales eran frías, apenas se veía una gota de sudor. En la iglesia donde yo crecí, se alcanzaban temperaturas muy altas. Aquellos abanicos que todo el mundo tenía no hacían nada para refrescarnos.

Ciertamente, disfrutaba asistiendo a la iglesia con Sherry, sabiendo que conocería cosas nuevas. Sin embargo, había una carencia de ruido, de salvajismo. En lo más profundo de mi corazón, me enfrentaba lentamente a la verdad de que no quería vivir una vida de cine, ya fuera para estar a la altura de la posición de médico por la que luchaba o en mi matrimonio. Sherry debió haber tenido preocupaciones similares, sobre todo cuando un desfile de huéspedes empezó a caer sobre nosotros.

Cuando mi mejor amigo, Leon Webb, salió a buscar un trabajo en radiología, la senda que había empezado en la Marina, no fue un problema, aun cuando se quedó durante tres o cuatro meses. Sherry y Leon se llevaban muy bien. No obstante, cuando mi colega de la infancia, Garvin, vino a quedarse un tiempo, ellos no hicieron en absoluto buenas migas. Después de todo, aquella era su casa, de modo que me vi obligado a invitar a Garvin a buscar otro lugar donde quedarse, algo que lamentablemente hirió nuestra amistad. Desde luego que si las cosas hubieran ido como es debido con Sherry en otros aspectos, no habría existido ningún problema.

Lo que en realidad me llevó a admitir definitivamente que aquello no iba a ninguna parte fue lo que ocurría, o más bien lo que no sucedía, en el dormitorio. Nos amábamos profundamente, con sinceridad. Cada uno de nosotros era el presidente del club de admiradores del otro, y nos seguíamos queriendo más que todos. Con todo, nuestra vida sexual era agradable, predecible, tranquila. No resultaba ardiente. Yo quería que me compensaran por no haber recorrido el mundo ni conocido a todas esas mujeres extranjeras y exóticas. Me gustaban un par de cosas de las versiones clasificadas X y quería más. ¿Qué otra cosa podía decir? Sin embargo, en lugar de hablar o iniciar aquello que deseaba, me volví distante.

Es posible que desde el principio estuviéramos limitados. Después de todo, habíamos construido nuestra relación romántica a través de las líneas telefónicas o por carta, siempre con ese tema musical de *Verano del 42* sonando en el fondo. Con anterioridad, había vivido un importante giro para ser el hombre joven con la mujer de más mundo, educada en la universidad. Ahora acudía a ella para que pusiera más sazón. No obstante, ella lo desconocía, y yo no sabía cómo romper con la rutina.

Irónicamente, el hogar seguro y estable que había querido desde la infancia resultó estar muy estructurado, y era demasiado ordenado, demasiado rígido. Más tarde sería capaz de mirar en retrospectiva y me daría cuenta de que había pasado de una institución, la Marina, a otra, el matrimonio, sin apenas un intervalo entre una y otra. En aquel momento no me detuve a pensar en ello en estos términos, salvo para entender quizá que había aprendido la clásica lección: *¡ten cuidado con lo que deseas, porque es posible que consigas exactamente eso!*

Obviamente, tenía graves conflictos internos sobre cuál era en realidad la buena vida para mí. Aquellos escrúpulos fueron dejados a un lado cuando Sherry quedó embarazada, algo apasionante y diferente, y a la vez aterrador. En lugar de cuestionar mi matrimonio, dejé aquellas dudas para más adelante, y de repente empecé a cuestionarme por primera vez qué grado de compromiso tenía con la idea de convertirme en médico. Aunque ahora ganaba dieciséis mil dólares por año, con eso no iba a mantener a mi familia y pagarme la universidad primero y después la escuela de medicina. Así que salí y conseguí un segundo empleo.

Sin haber llegado a término de su primer trimestre de gestación, Sherry tuvo un aborto, una decepción para ambos, pero que tomamos con calma. Ahora que me había enfrentado a la necesidad de ganar más dinero, mantuve mi segundo empleo trabajando como vigilante de seguridad por las noches y los fines de semana, y no me fue nada mal. Es decir, hasta que me enviaron a cumplir un turno mortal en el embarcadero como vigilante de un barco en ruinas que no se usaba. Sin nada más que una linterna, ocupé mi puesto en una silla, histérico por los sonidos de película de terror, pero demasiado exhausto para quedarme despierto, solo para que algo que se frotaba contra mi pierna me trajera de vuelta a la conciencia. Mi primer pensamiento fue que se trataba de uno de esos gatos de la casa de la bruja en Milwaukee. Sin embargo, cuando sentí que esa misma cosa me araña, miré hacia abajo y vi una rata del tamaño de un gato grande, con las fauces abiertas de par en par y preparada para comerme. Dios es testigo que, a pesar de mi tiempo en la Marina, nunca había estado antes en un barco y no tenía ni idea de que en algunos había ratas; tampoco había imaginado que esos roedores podían ser tan condenadamente enormes. Gritando como una chica, me subí de golpe en mi silla. La rata también gritó y corrió, y yo hice lo mismo, pero cada uno de nosotros en una dirección distinta. Hasta aquí llegó mi período en la vigilancia.

Desde ese momento, me las apañé para conseguir trabajos esporádicos aquí y allá en mis horas libres, haciendo cosas como pintar casas los fines de semana y trabajar para empresas de mudanzas.

Aunque no dijo nada, Sherry tal vez notó que pasaba menos tiempo en casa, no solo a causa de estos trabajos extras, sino porque recurrí a romper la rutina. Algunas noches me iba solo a escuchar música a la calle Haight; otras salía con algunos personajes que había conocido en el barrio, con los que veía partidos de fútbol, fumaba alguna hierba y pasaba el tiempo. A Sherry no le gustaban esos tipos, sobre todo los dos dueños de empresas que obtenían ganancias de una forma no muy honesta. En uno de mis actos de rebeldía encubierto contra demasiada estructura, llegué tan lejos como para intentar ganarme algún dinero de manera ilegal. Aparte de que era un completo fracaso en eso, casi me matan cuando unos gángsteres enormes vinieron blandiendo sus pistolas para recoger un efectivo que yo no tenía. De alguna manera me hice con el dinero de inmediato. No eran más de trescientos dólares, pero para un niño del gueto como yo, eso duele. Cuando un par de amigos me propusieron que entrara con ellos en una estafa de seguros, decliné la oferta educadamente.

Mi breve vida de delincuente tuvo el fugaz efecto de hacerme dar gracias por lo que tenía en casa y el trabajo. También me enseñó el importante principio de que el dinero fácil no existe. Aporreando el yunque, ese era el camino. Aun así me sentía frustrado al ver que, después de cinco años, no había sido capaz de comprar un auto. El Datsun B210 de Sherry seguía siendo nuestro único medio de transporte compartido, aunque por suerte ambos podíamos aprovecharnos del excelente sistema público de tránsito. También había mañanas en las que me llevaban al trabajo, cuando le pedía a mi compañera y amiga Latrell Hammond que me recogiera.

«Chris, escúchame», empezaba ella a decir cuando me metía de un salto en su Ford Falcon verde lima de 1961 después de que viniera a buscarme. Cada mañana tenía un nuevo consejo que dar, y por lo general era bueno. Latrell era una fuerza de la naturaleza y tenía el don de parlotear a la mayor de las velocidades, la mujer más escandalosa que hubiera visto en mi vida, con la habilidad de venderte cualquier cosa, incluidos tus propios zapatos que llevaras puestos en ese momento.

Éramos amigos estrictamente platónicos. Ella y Sherry eran muy unidas, por lo que tenía en todo momento en mente lo que fuera mejor para mi matrimonio. Sin embargo, hubo ocasiones en las que me pregunté si alguna vez pensaba en mi propio interés de sobrevivir a su forma de conducir. Latrell era bulliciosa. No obstante, debido a su don de cotorreo, independientemente de lo tarde que llegáramos al trabajo —y eso en ella era algo crónico— siempre se salía con la suya. Desde el minuto en que entraba de un salto en el coche, intentando seguir su último hilo de conversación, y nos deslizábamos ambos en los asientos corridos del Falcon que no tenían cinturón de seguridad, Latrell charlaba, se maquillaba, tomaba café, fumaba y pisaba el acelerados a fondo aprovechar los semáforos en verde, todo al mismo tiempo.

Actuaba ignorando por completo que yo iba orando en voz alta. «Ay, Dios mío, no permitas que muera en este Ford Falcon verde lima».

Si pillábamos todos los semáforos en verde, podíamos llegar al trabajo en quince o dieciséis minutos. Eso no es bueno si ya vas con retraso. No obstante, si un semáforo se ponía en rojo, estábamos jodidos. Lo que resultaba notable es que mientras yo no me molestaba siquiera en buscar excusas cuando toda una sala llena de internos estaba esperando a que llegara, Latrell tenía cada día un pretexto nuevo y apasionante en su departamento, que sus superiores nunca cuestionaron.

Sherry era lo contrario. Que yo sepa, solo hubo una mañana en la que saliera de casa sin haber organizado las cosas y fuera de control. Esto se reveló más tarde aquella noche, cuando regresó del trabajo y confesó que algo no iba bien.

¿Sería esta la conversación que yo había estado esperando y temía a la vez?

—Cuál es el problema —le pregunté.

—Creo que tengo un problema en los tobillos.

—¿Los tobillos?

—He estado caminando raro todo el día —me explicó—. Pero no sé por qué.

Siendo yo el tipo de las investigaciones médicas que era, le sugerí:

—Déjame echar un vistazo.

Al principio no vi nada. Luego me di cuenta, riéndome, de que se había convertido en una víctima de lo que yo llamaba su jardín de zapatos. Había amasado tal colección que los guardaba perfectamente ordenados en un cesto en nuestro dormitorio. Sin embargo, de alguna manera, con la prisa de llegar a tiempo al trabajo, se había puesto dos zapatos distintos.

Se unió a mí entre risas cuando lo vio por sí misma. ¡Era algo tan raro en ella! Sin embargo, constituía una señal de lo pareja y sistemática que resultaba su rutina normalmente.

Poco tiempo después de ese incidente, reaccioné ante una historia de Richard Pryor, algo que me indicó cuántas ganas tenía de que nuestra rutina sexual cambiara. Pryor hablaba de algunas de las locuras que la cocaína podía provocar en las personas. En aquella época yo solo la había probado una vez y no entendía el bombo que se le daba. Ahora Pryor comentaba cómo afectaba tu deseo sexual, y contaba una historia sobre cómo se había drogado e inventado cosas salvajes para hacerlas con su chica, a la que le dijo: «Cariño, ahora deseo que subas al tejado. Yo voy a dar tres vueltas alrededor de la casa, y en la tercera quiero que saltes en mi cara».

Sherry no se rió. Yo tampoco lo hice. En vez de ello, pensé para mis adentros: *oh, sí, eso estaría bueno*.

En eso es en lo que vagaba mi mente. De modo que cuando conocí a esa mujer un tanto amable, un tanto rellenita, pero con buenas caderas, de pelo corto y rizado natural, que por casualidad tiene un apartamento bonito y pequeño, y me dice: «Oye, quiero chupártela», no digo que no. Y cuando digo que sí, y esa linda muñeca resulta ser una experta en la felación, empiezo a meterme en problemas. Y serios. Ya es lo bastante estúpido salir y tener sexo oral, pero hago algo peor aún: invito a esa mujer a mi casa un día, mientras Sherry está en el trabajo y yo tengo la tarde libre.

Mientras lo estoy haciendo me siento muy bien, pero en el minuto en que eyaculo recobro el juicio y sé que es uno de los peores errores que he cometido en mi vida. Y no solo porque esté mal se mire por donde se mire, sino porque en las últimas veces que hemos estado juntos, he llegado a comprender que esa mujer está completamente loca. La siguiente vez que la veo en su casa le hago saber que aunque ha sido formidable, no deberíamos vernos más.

—¿Qué estás intentando decirme? —me pregunta con los ojos llenos de furia.

—Pues... que no quiero verte más.

—¿Acaso estás rompiendo conmigo?

Veo que no lo está entendiendo e intento recordarle que, en primer lugar, no hemos estado juntos como si fuéramos una pareja.

—Mira —le digo—, eres la mejor y recordaré el tiempo que hemos compartido, pero entre nosotros no va a pasar nada más. Seamos simplemente amigos.

Sin embargo, no está satisfecha con la forma en que he cortado con ella o está completamente chiflada, porque pocas mañanas después me despierto y descubro que el coche de Sherry, el Datsun B210, ha sufrido un vandalismo brutal. Sobre el techo del coche han derramado una lata de pintura blanca que ha dejado chorreones blancos por los cristales, el limpia parabrisas y todo el auto. Las ruedas están rajadas, hay azúcar en el tanque de gasolina y estampado con el dedo en la pintura aparece un mensaje que dice: *¡JÓDETE!*

Sé quien lo ha hecho, pero no puedo demostrarlo. Tampoco puedo dejar que Sherry se entere. Allí de pie, enojado conmigo mismo más que nada, decido que ahora tendré que mentir y afirmar que no tengo ni idea de quién habría podido hacer algo tan violento. Sin duda, es un hecho aleatorio.

Un hermano del barrio se acerca como para entablar conversación.

—Oye amigo —me saluda— quiero hablar contigo un segundo.

No deseando escuchar ningún chisme, me doy la vuelta y le hago saber:

—Sí, está bien, cuéntamelo más tarde.

Se encoge de hombros e insiste:

—Solo intentaba decirte quién le ha hecho eso a tu auto.

—¿Eh?

¿Qué más podría decir?

—Ha sido la pequeña puta gorda de pelo corto —me informa con una risita—. ¿De acuerdo?

Muy bien: yo sé quién lo hizo, la calle lo sabe, pero gracias a Dios, Sherry no sabe nada y el seguro está de acuerdo en cubrirlo, solo después de preguntar:

—Señor Gardner, ¿qué ha ocurrido?

—No lo sé —contesto con mi voz más indignada—. He salido y me lo he encontrado así. Debo haber enojado mucho a alguien, pero desconozco de quién se trata. Tal vez el autor haya cometido simplemente una equivocación. No lo sé.

La persona del seguro que se encarga de las quejas señala que un mensaje como ese suele ser personal y no un acto aleatorio ni un error, pero deja las cosas como están.

En los días siguientes, los susurros y las miradas dan a entender que fuentes oficiosas han corrido la voz por el barrio. El incidente pasó pronto, pero permaneció como un desagradable recuerdo para mí. Sherry no dio muestras jamás de saber nada al respecto, pero pareció captar mi descontento, y me preguntó con mayor frecuencia adónde iba o dónde había estado hasta tan tarde la noche anterior.

Cuando por fin tuvimos una conversación, hacia finales de 1979, faltando poco para mi vigésimo sexto cumpleaños, fue para enfrentarnos a un cambio de planes profesionales. Yo había decidido que no me convertiría en médico.

Desconcertada, Sherry buscaba las palabras. «¿Por qué? Quiero decir...». Me miró. «¿No has estado trabajando para llegar a serlo?».

Sabía que el desafío había desaparecido. Habíamos hablado antes sobre ello. Ya era el niño prodigio de la medicina. Me llevaría diez años más de educación poder hacer oficialmente lo que ya estaba haciendo. Sin embargo, no se trataba solo de eso. Mi mentor, el doctor Ellis, me había comentado sus inquietudes, abriéndome los ojos a algunas de las corrientes que estaban a punto de alterar de manera radical el campo de la medicina. En un lenguaje más claro, me había dicho: «Chris, tienes que reconsiderar de verdad ser médico, porque se va a convertir en una profesión con inmensos cambios».

Lo que estaba saliendo al mercado en esa época eran versiones de la medicina socializada o nacionalizada, precursores de lo que se convertiría en los HMOs [Health Maintenance Organizations es decir compañías de seguros médicos]. Como predecía acertadamente el doctor Ellis, esto significaba que un cirujano de renombre que podría cobrar varios miles de dólares por operación, ganaría una cifra muy inferior de unos pocos cientos de dólares por los mismos servicios en las décadas venideras. Los nuevos planes de seguros no solo cubrirían menos, sino también iban a enfatizar procedimientos no invasivos y crearían burocracias que establecerían unas estructuras tarifarias. Bob Ellis me dejó claro que él creía en mí, que yo tenía el talento y la energía para tener éxito, y lo más importante, para hacer una contribución a otros.

Excepto en aquella ocasión en que mamá me dijo que no podía ser Miles Davis, nadie más me había puesto la mano en el hombro para dirigirme en una dirección u otra. Tenía que escucharlo. Como le expliqué a Sherry, había muchas opciones para mí en el campo médico, tal vez en la administración, las ventas, los productos farmacéuticos o el negocio del seguro. Empezaría comprobando algunas de esas opciones tan pronto como pudiera.

Incluso me inundó una sensación de alivio. Ya no tendría que interpretar el papel de un futuro médico. No obstante, Sherry sentía de todo menos alivio. Aquel futuro había formado parte del paquete con el que se había casado: Chris Gardner, graduado universitario, estudiante de medicina, doctor. Tenía más que motivos para estar decepcionada, aunque expresó su apoyo a cualquier cosa que decidiera hacer.

Después de haberla engañado ya una vez, decidí firmemente no volver a repetir aquel error. Sin embargo, estábamos empezando a distanciarnos mucho, y nuestras diferencias aparecían con frecuencia.

Todo esto me golpea un sábado después de dirigirnos hacia Fisherman's Wharf, solo para visitar la ciudad y hacer algunas compras, cuando no puedo evitar notar a esa hermosa mujer que ha salido a dar un paseo. No quiero comérmela con los ojos, pero el pene se me pone erecto, en posición de saludo, duro como una piedra. Todos en las inmediaciones de Fisherman's Wharf tienen una visión completa de mí paseándome con un importante trozo de madera haciendo bulto en mis pantalones.

Un hermano pasa por mi lado y comenta: «¿Todavía fuerte, eh?».

¿Qué puedo hacer? Como avergonzado, pero no tanto, le echo un vistazo a Sherry y me impresiona ver lo lívida que está. «Es asqueroso», me dice, furiosa como un demonio.

Una parte de mí quiere enojarse también y decirle que no es asqueroso, sino normal. Otra parte de mí se arrepiente de no haberme permitido estar soltero y andar de juerga durante un poco más de tiempo.

Es curioso cómo la vida puede convertir un acontecimiento menor no planificado como este en una erección espontánea o un comentario sin pensar. En ese momento, el escenario para que mi matrimonio se acabara estaba preparado. Amaría siempre a Sherry Dyson hasta la muerte. Lo que me había dado era tantísimo más que la imagen de una vida a la que yo miraba, tal vez más que ninguna otra mujer, a excepción de mamá. Sherry me hizo el regalo de creer en mí, de animarme a poner el listón más alto, de enviarme el mensaje de que me lo merecía cuando a veces lo olvidaba. Ya fuera que estuviera dispuesta a admitirlo o no, antes de que nos casáramos ella también había sentido decididamente alguna ambivalencia entre nuestras perspectivas a largo plazo, pero su amor siempre fue incondicional. En los años por venir se convertiría en la mejor amiga del mundo, aunque a corto plazo sufriría un dolor terrible del que solo se me puede culpar a mí.

El verdadero punto de inflexión que lo cambia todo en nuestro matrimonio y nuestra vida llegó poco después de aquel día en el embarcadero, cuando asistimos juntos a una fiesta y mi futuro —en la forma de una diosa negra exótica llamada Jackie— me ve desnudarla con la vista y me lanza una mirada. Mide alrededor del metro setenta y cinco, escultural, con curvas, lleva un vestido resplandeciente como si la hubieran vertido dentro de él y transpira energía sexual. Sin vacilación ni premeditación, me acerco a ella, sonrío y le agarro una nalga. Es mi tipo preferido de trasero, y lo siento como un balón de baloncesto. Mi mano permanece allí por un momento. No me abofetea, no se estremece. Solo levanta una ceja y sonríe. Es como si me dijera: *¿por qué has tardado tanto en encontrarme?*

Me lancé de cabeza, al abrirse para mí una puerta a un mundo prometedor de gozos sexuales absolutos que no podría imaginar siquiera, un mundo que también estaba destinado a convertirse en una horrible pesadilla, y esto es definirlo de una forma demasiado suave.

CAPÍTULO 8

Rechazado (introducción)

Por segunda vez en mi vida de adulto me estaba preparando para volver a aprender aquella lección sobre tener cuidado con lo que uno desea. A lo largo de los treinta días siguientes, todo lo que era y lo que esperaba ser salió volando por la ventana. Apenas sabía cuál era mi nombre. Tras pasar veintiséis años luchando contra la impotencia con una enorme necesidad de control y claridad de visión, ansiosamente tiré por la borda cualquier control que me quedara sobre mis sentidos y di un gran salto de trampolín hacia las inexploradas profundidades que había abajo. En algún lugar en el fondo de mi mente recordé cuando acometí la lectura de *La Ilíada* y *La Odisea*, gracias a mi afición por la mitología que me hizo empezar a leer hacía ya muchos años. Y al recordar la historia de Ulises —que intentó resistirse al llamado de las sirenas, aquellas ninfas del mar cuyo cántico irresistible destruía la mente de los marineros y los enviaba junto con sus barcos a estrellarse contra las costas rocosas del Egeo— las señales de alarma se encendieron sobre mi cabeza.

A los pocos días de conocer a Jackie —que vivía muy cerca de mí y Sherry, a cinco cuadras a la vuelta de la esquina— el barco en el que había estado navegando acabó naufragando mientras abordaba una nueva embarcación con destino desconocido. Aquello fue el principio del fin de todo lo que había sucedido con anterioridad y el comienzo del inicio de todo lo que ocurriría desde ese momento en adelante.

En el apartamento de Jackie, en su cama Murphy con cabecera de bronce, en el suelo, en la cocina, contra la pared, bajo la ducha, a veces todo en la misma noche, hacíamos el amor como si no hubiera un mañana. Durante treinta días seguidos, antes o después del trabajo, durante horas por la noche o temprano en la mañana, durante días enteros en un tiempo en el que faltaba al trabajo, aun cuando procuraba mantener una apariencia de normalidad siempre que Sherry y yo nos cruzábamos en nuestro apartamento o intentaba recuperar mi concentración en el laboratorio, mi vida se convirtió en una confusión. Una niebla hipnótica inducida por el sexo. En mi estado de febril excitación, seguía pensando que llegaría el momento en que me sentiría saciado y volvería a la normalidad, pero Jackie siguió elevando el listón, llevándome cada vez más lejos hasta los límites más remotos. Cuando sus parientes vinieron a visitarla y estábamos en su apartamento, me invitó a subir a la azotea del edificio donde se abrió el abrigo para revelar que no llevaba nada puesto sino sus altísimos zapatos de tacón fino, medias de rejilla y un liguero. Aturdido, fascinado y en trance, apenas podía esperar para descubrir qué ocurriría a continuación. Todo lo que pareció faltar antes surgió en un estallido, como en *El mago de Oz* cuando la película pasa del blanco y negro al tecnicolor. El sexo era algo tan fuera de este mundo, tan increíble, que tuve que decirme a mí mismo: *¡Chris, chico, ya no estás en Kansas!*

Los ochenta pasaron sobre nosotros y la droga del día, de repente tan absolutamente estadounidense como la Coca-Cola, era su prima ilegal, la cocaína. La primera vez que lo hice no me impresionó. Sin embargo, la probé de nuevo poco antes de empezar con Jackie y cuando ella comenzó a chupármela usando su lengua, boca, labios, manos y dedos de un modo que debería haberle hecho ganar un premio Pulitzer en poesía, ahora entendía cuál era toda la obsesión por el sexo oral. ¡Que me hablen de caliente, llamativo y salvaje! ¡Que me cuenten a mí lo que es que te exciten y te hagan sentir bien! Con Jackie estaba perdido. Me agarraba y hacía conmigo lo que quería.

La razón y la lógica, antiguas amigas mías, se habían largado en algún momento de aquellos treinta días. Mi brújula moral, como se suele decir, también se estropeó. Jackie empezó a presionarme en cuanto a cuáles eran mis intenciones a largo plazo. Probablemente, yo esperaba que nuestra aventura siguiera su curso, porque en verdad no quería divorciarme. Sin embargo, era evidente que no estaba dispuesto de ninguna manera a romper con Jackie.

En un momento dado me habló de viajar al este para visitar a unos parientes. Lo pasamos muy bien saludándolos a todos y viendo un poco de la ciudad de Nueva York —que destacó para mis sentidos como la ciudad Esmeralda de Oz, mágica y peligrosa, como si se necesitara una contraseña para que le permitieran a uno la entrada—, pero quedarnos en casa de sus familiares fue como ponerle una importante sordina a nuestra odisea sexual. Tras haber hecho el amor a cualquier hora y en cualquier sitio, lo estaba pasando realmente mal. Cuando por fin nos dirigimos al JFK para tomar el vuelo de regreso a California, empezaba a contar los minutos para regresar a su apartamento.

No era así con Jackie. Ella no iba a esperar. En el aeropuerto Kennedy, justo cuando íbamos caminando por un corredor cerca de una de esas cintas de equipaje y no había nadie por allí, ella me echó una de esas miradas con la ceja arqueada que conozco tan bien, tiró de mí hacia ella y se inclinó contra una columna, se alzó el vestido, deslizó su mano hacia abajo y empezó a jugar consigo misma, ordenándome con una voz baja, pero urgente y ronca: «¡Házmelo aquí, ahora!».

En parte, esto era lo que me encendía tanto y también lo que me frustraba: que fuera ella la agresiva sexualmente. Yo quería alcanzarla para ponerme a la par, pero siempre era ella la que empezaba, decidiendo cuándo y dónde hacerlo. Había oído hablar de gente que tuvieron relaciones sexuales en un avión y me preguntaba si podríamos hacerlo durante el vuelo, en un lavabo del avión. Sin embargo, un pasillo de la zona de recogida de equipajes del JFK no me habría pasado por la imaginación. Asegurándonos de que no hubiera nadie por allí, como disponíamos de tiempo suficiente para nuestro vuelo, me puse manos a la obra.

Entre los «oh sí, bebé» y el «vamos, ahora» y los crecientes sonidos de placer, claro está que me sentía avergonzado y asustado, pero mientras más ella se ondulaba, más me abandonaba al placer y la excitación de lo bueno que se estaba poniendo aquello —Jackie con la espalda contra la columna y yo de pie, allí, funcionando— y olvidaba dónde estaba. Entonces ella aumentó la intensidad, envolviendo mi cintura con sus piernas hasta que ambos nos perdimos. Teniendo relaciones sexuales, gruñendo, sudando, gimiendo. Fue muchísimo más que bueno. Superó mi más salvaje imaginación.

Jadeando y respirando, porque nos habían saltado todos los fusibles, por el rabillo del ojo vi con horror a un encargado de equipajes solitario que había salido de su oficina para ver el espectáculo con incredulidad. No obstante, en vez de quedarse él solo como audiencia, se dio la vuelta de una manera que me dio a entender que iba a invitar a una multitud, y quizá a cobrar entrada.

Jackie tenía los ojos cerrados y yo no podía detenerme ahora que estaba tan cerca del orgasmo, aunque lo siguiente que supe fue que había una cuadrilla de otros cuatro mozos de equipaje mirando embobados y sonriéndonos. La cosa no podía haberse puesto peor, pero sí lo hizo cuando uno de ellos pulsó el botón para que el carrusel empezara a moverse y la cinta de equipaje se revolucionara, mientras uno de ellos decidió animarme, gritando: «¡Hermano, acaba esa mierda! ¡Acaba!».

Eso no fue todo. Ahora llegaban maletas y bolsos. ¡Y venía la gente! ¡Que me hablen del coitus interruptus! Jackie solo me lanzó una sonrisa traviesa y se recuperó en un santiamén, ya que había quedado un tanto satisfecha. Yo me recompuse lo más rápido que pude, más furioso que avergonzado, pero aun así haciendo todo lo posible por evitar las caras de estupefacción de los pasajeros que, sin lugar a duda, se encontraron de lleno con aquello. Hasta el día de hoy me siguen desagradando los mozos de equipaje.

Se acercaba la hora de la verdad. En un mundo perfecto, mi pasión por el lado salvaje habría seguido su curso. Sin embargo, la realidad fue que el mundo no era tan perfecto y empezaba a darme cuenta de esto a más no poder. No podría nunca nadar y conservar la ropa puesta. Desafortunadamente, en última instancia me vi forzado a actuar, y esto añadió otra capa de arrepentimiento a la horrible culpa que sentí al final de la primavera, cuando le dije a Sherry que me iba. Lo que hice y dije, así como el modo en que lo hice y lo dije, la destruyó por completo, y me dolerá por el resto de mis días la forma en que eché a perder la que seguiría siendo una de las relaciones más importantes de mi vida. Sherry no tardó en mudarse a Oakland, y aunque tuvimos poco contacto, tardamos nueve años en estar legalmente divorciados, en parte por lo doloroso que era y debido al otro drama que se estaba desarrollando.

Aunque Jackie no hubiera quedado embarazada diecinueve días después de conocernos —un factor determinante del paso que di con ella, pensando que era allí donde estaban mis responsabilidades— es muy probable que yo hubiera tomado la misma decisión. Se trataba de sexo. Me habían atrapado, y ya no era posible volver atrás.

————

La formación sobre la marcha, en la práctica, estaba destinada a ser mi consigna conforme viajaba hacia la paternidad. La llegada de Christopher Jarrett Medina Gardner Jr., el 28 de enero de 1981, en el Hospital General de San Francisco, cambió todo enfoque, toda prioridad de mi existencia. Tenía que ser la criatura más hermosa, la más brillante, la más ágil, la más intuitiva, la más musical, la más conmovedora y la más atlética de la sección del hospital. Mostraba una sabiduría y una grandeza innatas desde el primer día, indudablemente. Sin palabras, juré por todo y por todos los que quería en este mundo, reafirmando mi promesa de por vida, que siempre me ocuparía de él y jamás estaría ausente de su vida.

Chris Jr. levantó sus ojos y los clavó en mí, a sabiendas, como diciendo: *está bien, papi, cuento contigo.* Luego me estudió de un modo que nunca creí posible en un bebé, como si me viera cuando yo era un niño pequeño que no sabía quién era mi padre o dónde estaba mi madre. Por supuesto que fue producto de mi imaginación, pero parecía estar diciéndome: *y tú también puedes contar conmigo.* Mi hijo me hizo mejor persona, dándole propósito y sentido a mi vida hasta un punto que jamás conocí antes y solo llegaría a apreciar plenamente más tarde.

En los meses que condujeron al nacimiento de Chris, experimenté algún aprendizaje práctico con relación a Jackie que reveló aspectos hasta ahora desconocidos de su personalidad. Cuando nos conocimos, ella había acabado sus estudios en la escuela dental de la Universidad de California. Una vez graduada, esperaba tomarse algún tiempo libre, tener un poco de tranquilidad, y retrasó el empezar a trabajar a fin de poder estudiar para presentarse ante el comité examinador. Ahora que el humo se había aclarado un poco después de nuestros fuegos artificiales iniciales, se hizo evidente que tenía un plan de juego decidido, con bastantes perspectivas de escalar en la vida. Al principio no me presionó tanto, pero sí me indicó que ya era hora de cortar el cordón umbilical con el Hospital de Veteranos, algo que había ido retrasando durante el período en que mi vida personal había sido tan turbulenta. Como ya nos estábamos moviendo en un círculo cada vez mayor de jóvenes profesionales negros —cada uno de ellos era médico de algún tipo, abogado o jefe— que yo ya formara parte del campo médico era bueno para Jackie. A pesar de todo, aunque reconocía que estaba haciendo un trabajo importante en investigación bajo el auspicio del doctor Ellis, no se frenó a la hora de mencionarme que el salario no era comparable a lo que sus amigos y cónyuges estaban ganando.

Estos comentarios no me molestaban, porque yo ya sabía que no ganaba lo suficiente para mantener a una familia. Publicar artículos en varias revistas médicas podría ser emocionante, pero no pagaba las facturas, como decía el gran Berry Gordy, uno de mis héroes y de los escasos emprendedores de negocio negros del que tuve noticia, quien escribió una canción: «Money: That's What I Want» [Dinero: eso es lo que quiero]. Hablar de dinero no era lo que me incomodaba. Era la pregunta que Jackie empezó a formularme con creciente regularidad más o menos a mediados de su embarazo, una observación que pareció salir de la nada la primera vez, cierta noche mientras estábamos cenando.

«¿Sabes una cosa Chris?», empezó diciendo Jackie, y por su tono de voz pude intuir que no me iba a gustar lo que estaba a punto de escuchar. Y prosiguió: «Tengo que preguntarte algo, ¿cómo vas a ser padre si nunca has tenido uno? ¿Cómo sabes lo que significa ser padre?».

Sin decir una palabra, me senté y la miré fijamente, con el corazón que se me salía por la boca. ¿Cómo podía preguntarme algo así? Desde el principio ella supo una cosa sobre mi vida: que para mí, no haber tenido padre era un problema verdaderamente difícil. Sabía que haría lo que fuera por ser el padre que nunca tuve. Me dejó de una pieza.

«¿Y bien?», preguntó. Yo sabía que intentaba obtener una reacción de mi parte, pero no estaba seguro. ¿Acaso se trataba de una prueba para asegurarse de que nunca la abandonaría? Si era el caso, estaba siendo cruel, porque conociendo mi historia podía estar segura de que nunca abandonaría al niño. Jamás.

Cambiamos de tema y la tensión pasó. Cuando volvió a sacar a relucir la misma pregunta de nuevo, usando las mismas palabras: «¿Cómo vas a ser padre si nunca has tenido uno? ¿Cómo sabes lo que significa ser padre?», comprendí que era otra forma de empujarme. Resultaba obvio que, cuando se trataba de presionarme sexualmente, yo era un participante dispuesto. Sin embargo, esta línea de interrogatorio me dejaba resentido, aunque en su defensa debo decir que expresaba preocupaciones prácticas por el futuro.

A la tercera o cuarta vez que sacó el tema, le vociferé:

—¿No crees que es un poco tarde para pedirme que rellene un formulario de padre?

—¿Qué se supone que quiere decir eso?

—Tal vez deberías haberme pedido mi currículo antes de quedarte embarazada. ¡Tú sabías que yo no tuve padre!

De repente, Jackie se quedó callada y distante.

A pesar de esta incómoda dinámica, consiguió hacerme pensar en lo que significaba de verdad ser padre, una parte teórica de la ecuación que resultó irrelevante en el momento en que nació Christopher. Ahora que teníamos al bebé, la realidad era que formábamos una familia y tenía que aprender lo que quería decir ser un buen padre sobre la marcha, es decir, formándome en la práctica y de inmediato. Era cuestión de vida o muerte. Si no podía hacer o proveer para él, sería una traición a todo lo que me había prometido a mí mismo desde que tuve uso de razón.

El principal problema logístico era el espacio, ya que nuestro estudio de una sola habitación se vería pronto atiborrado con una cuna de gran tamaño, la mesa para cambiar los pañales y todos los demás artículos de cuidado infantil de los que hasta ahora no había oído hablar. El siguiente problema a resolver era encontrar algún lugar donde cuidaran al bebé mientras que Jackie estaba en la escuela y yo en el trabajo. El proceso abrió mis ojos de par en par a la compleja disparidad del orden jerárquico en el cuidado infantil: empezando por arriba, con las nodrizas internas a tiempo completo, las *au pairs* a tiempo parcial y las niñeras externas, hasta llegar a aquellas que trabajan por turnos (con toda una gama de salarios por hora y diversos niveles de calificación); luego están las guarderías privadas de alto costo con listas de espera, las más baratas con programas de cuidado infantil financiados por la municipalidad, hasta lo menos caro: el cuidado sin licencia de mujeres que atienden a los niños en sus casas por un sueldo diario. Afortunadamente, podíamos permitirnos la penúltima opción, llevando a Christopher a una guardería en el Centro Vecinal Padre-Hijo, no muy lejos de donde vivíamos.

La calidad del cuidado era realmente buena, aunque le confesé a Jackie que quería algo mejor para nuestro hijo.

«Sabes, Chris...», empezó a decir. Yo conocía ese tono. Su paciencia en cuanto a que dejara el Hospital de Veteranos se iba acabando. Antes de que naciera el bebé había sido sutil con el tema; ahora aplicaba presión en toda la cancha. «¿A qué te estás aferrando? Sabes que ya no vas a ganar más dinero. Ellis te dijo que no tiene más presupuesto para subirte el sueldo». Eso era cierto. Los Institutos Nacionales de la Salud, que financiaban nuestra investigación, habían denegado las recientes peticiones de subvención para elevar mi salario.

«Lo sé», le respondí intentando atajarla.

«¡Deja de decir que lo sabes y haz algo! Tienes que aceptarlo. No estás pensando en hacer una carrera en medicina, ¿verdad? Has cambiado de opinión y decidido no continuar con eso, ¿no? Tienes un bebé que mantener y necesitas más dinero. ¡Así que renuncia y consigue un trabajo mejor pagado!».

Tenía razón, aunque aquello no hacía más fácil que pudiera encontrar un nuevo empleo. Tampoco me ayudaba a dejar mi posición de mandamás en el laboratorio y volver al final de la cola en algo nuevo, donde tendría que volver a abrirme camino. Sin embargo, por fin empecé a considerar de verdad cuál podría ser mi siguiente trabajo. Después de todo, Jackie tenía toda la razón para sentirse frustrada. Ahora que estudiaba preparándose para presentarse ante el comité examinador a fin de convertirse en dentista en ejercicio, resultaba obvio que tenía otros problemas al verse lanzada a la maternidad. Todas sus amigas de la escuela dental habían conseguido ya el certificado del comité examinador y estaban empezando sus prácticas o casándose con maridos profesionales ya en activo. Yo no había llegado ahí, aunque tuviera potencial. Intentando comprender sus sentimientos, también tuve que aferrarme a mi confianza, convencerme de que aunque estaba por venir, mi momento llegaría más tarde o más temprano.

Dos redobles opuestos de tambor empiezan a sonar. Uno de ellos es el golpe constante y firme de bongó de la familia y el trabajo, la rutina familiar que hace circular la noticia de que estoy buscando trabajo, recorriendo las calles. El segundo es errático, a veces apenas se siente, en otras ocasiones es como el sonido de un bombo con el estruendo de los címbalos, el inquietante son del estrés doméstico. Surgen pequeñas discusiones. El dinero no es suficiente ni llega con bastante rapidez. En unos momentos me frustro yo, en otros le toca a Jackie. Ella se muestra cálida y distante, dando y reteniendo. Me manipula; yo me quejo. Me retraigo; ella se pone a la defensiva. Grito; me castiga. Luego todo pasa, hacemos el amor, seguimos adelante. Todo vuelve a estar bien.

Más adelante, surgen de nuevo las discusiones, y la dinámica cambia de forma radical un día cuando llego a casa y me saluda con el anuncio siguiente: «Chris, esto no funciona y no creo que vaya a hacerlo nunca; tal vez deberías irte».

Estupefacto, me quedo callado, la miro. *¿Qué carajo?*

«Tienes que irte. No deberías seguir viviendo aquí».

Eso no va a ocurrir, le prometo. Necesito estar con mi hijo. Ella lo sabe. Miro a mi alrededor y no veo a Christopher. «¿Dónde está el bebé», me entra el pánico.

«No puedes ver al bebé ahora».

¿NO PUEDO VER AL BEBÉ? Esas palabras encadenadas juntas me enfurecen por completo. Lo que ha sido la película de una familia normal con algún que otro conflicto, pero en su mayor parte con humor y amor, ahora se convierte en un film de horror. Sentimientos oscuros y poderosos de temor e impotencia me inundan. Estoy allí de pie, sin saber lo que hacer, con un enojo que apenas puedo cuantificar o verbalizar, cuando las nubes de tormenta revientan de un modo tan repentino como aparecieron. No hay resolución. No hay disculpas. Es casi como si se tratara de algún tipo de prueba.

La tormenta pasa. Independientemente de lo que provocara su ira, cede. Volvemos a la normalidad. Sin embargo, me siento nervioso, sin saber si la próxima vez me amenazará con llevárselo y lo hará de verdad. Todos los viejos temores me obsesionan. Freddy se encuentra al otro lado del país, poniéndose demasiado viejo y enfermo para hacerle daño ya a mamá, pero yo sigo atrapado en el ciclo de esperar que caiga un hacha, sin saber qué conmoción me aguarda a la vuelta de la esquina. Un día nos dirigíamos a casa de unos amigos de visita, luego de haber discutido si deberíamos ir, y yo estoy afuera en la acera, esperando que Jackie traiga en su carrito a Christopher, nuestro bebé de seis meses, cuando de repente me parece que no van a venir. Oh no, no estamos jugando a eso, rujo a tal efecto, llamando al apartamento.

En el minuto en que sale de la casa, me sorprendo a mí mismo yendo derecho hacia ella, agarrando el carrito del bebé con Christopher dentro, provocando un tira y afloja entre nosotros mientras le digo: «¡No me vas a quitar a mi hijo!».

Esto puede haber sido la cosa más desagradable que he hecho en mi vida, por la que nunca me perdonaré. Ni siquiera hay palabras para explicarle a ella, a mi hijo o a mí mismo lo desacertado que estoy. Sin embargo, todo tiene que ver con esa mierda del instinto primario. Ese gran golpe de tambor de la discordia es lo último que escucho cuando por fin le arrebato el carrito y lo empujo calle abajo hasta la siguiente cuadra y la siguiente, hasta que veo una iglesia y me siento en los escalones. Le digo quejándome a mi hijo de seis meses: «¡Amigo, esto es una cagada! ¿Va a ser así para siempre?».

Christopher frunce el ceño, como intentando comprender, balbuceando algo ininteligible.

Le explico: «No puedo permitir que nadie te aparte de mí».

Él me entiende, creo, por la forma en que mueve los ojos en reconocimiento. O tal vez está exhausto y necesita dormir.

En cualquier caso, solo hay una verdad que importa: es mi hijo y lo amo, y nunca voy a dejarlo me cueste lo que me cueste.

Por fin camino con él de regreso a la casa, enfrentándome al temor, al peso de lo desconocido que ha regresado con una venganza, mientras en mi mente lidio con el problema, como hice de niño, dedicándome a realizar algo pragmático. El dinero, ese es el remedio, me doy cuenta de ello.

En los meses siguientes, suplemento lo que ganaba en el Hospital de Veteranos con trabajos esporádicos, cualquier cosa extra que surge, como había hecho en el pasado. Para ahorrar en el dinero del alquiler y tener más espacio, nos mudamos a Berkeley, donde pudimos encontrar una casita en un callejón que tenía una insólita zona de rosales delante. Con la situación económica suavizada, fuimos capaces de conseguir un sedan de tamaño familiar, nada lujoso, a fin de poder desplazarnos a San Francisco para el trabajo y la escuela.

Aún buscando un puesto que estuviera un paso por encima de la investigación y me mantuviera en la medicina, intenté animarme, imaginando que si conseguía concentrarme en el trabajo correcto, el dinero estaría allí y la presión cedería. Las cosas no iban nada bien con Jackie, pero en este punto la necesidad de obtener más dinero surgía de mí y no de ella. Como el único sostén de la familia, no solo era responsable de nosotros tres, sino que le estaba prestando mucha más atención a lo que entraba que a lo que salía. En el pasado, cuando básicamente solo tenía que pensar en mí —incluso cuando Sherry y yo juntábamos nuestros recursos— la historia era bien distinta. Ahora se trataba de poner comida en la mesa para mi hijo que iba creciendo, Jackie y yo. Más importante aún, tenía que crear un plan que proveyera para ellos en el futuro, de modo que no tuviéramos que vivir esperando que entrara el cheque de mi sueldo.

Yo estaba esperanzado, decidido, enfocado. No obstante, algo me retenía, una vieja bola atada a una cadena que me había negado a reconocer durante todo este tiempo, incluso cuando Jackie dudaba de que pudiera saber lo que significaba ser padre debido a que nunca había tenido uno. De no haber sido por Christopher y un libro que le leía una tarde afuera, en la escalera de la entrada, poco después de su primer cumpleaños, es posible que jamás hubiera reconocido cuánto me seguía acosando aún el *blues* «Sin padre».

Un poco antes habíamos estado sentados afuera, a la sombra, jugando a la pelota y pasando algo de tiempo juntos, dejando que la brisa de California nos refrescara, y yo había sentido un abrumador sentimiento de gozo al hacer una pausa solo para mirar a Christopher. No le habíamos cortado aún el pelo, así que lo tenía largo, suave y rizado, ondeando como una bandera al viento mientras jugaba sin cuidado ni temor. El pensamiento que recorrió mis sentidos fue: *Dios, el cielo tiene que ser parecido a esto.* Nada importaba, solo que estaba allí, en ese momento y lugar, con ese hermoso niñito que lo era todo para mí. Se me ocurrió la idea de que era algo que, supuestamente, debía transmitirse de generación en generación, que los padres jugaran a la pelota con sus hijos, y se sentaran el uno junto al otro para mirar libros juntos. Solo que no había sido así cuando yo era un hijo.

No obstante, ahora tenía a mi hijo a quien le encantaba leer y quería contemplar uno de sus libros de imágenes favorito.

En su balbuceo ligeramente coherente, Christopher preguntó: «¿Quién *eto*, papi?», o algo por el estilo, mientras señalaba una ilustración de un potro junto a su familia de caballos.

Para explicarle el concepto de familia, yo también señalé con mi dedo mostrándole al potro, el semental y la yegua: «Este es el caballito y este es su papá y también tiene una mamá».

Christopher asintió, los ojos brillantes, señalando conmigo mientras yo repetía las identidades de la familia del caballo.

«¡Muy bien! Y Christopher, tú tienes un padre y una madre. El caballito tiene una madre y el caballito tiene un padre. Igual que tú».

Como si comprendiera exactamente, señaló y dijo «Mamá» y «Papá».

Era asombroso. De modo que seguí adelante, explicándole que todas las personas del mundo tenían una madre y un padre como el caballito. «Mamá tiene una madre, y mamá además tiene un padre», empecé, preguntándome cuál sería la mejor forma de que entendiera el concepto de abuelos a la edad de un año.

Justo entonces, Christopher volvió la cara y me miró, con una interrogante en sus ojos, y me señaló a mí, como si esperara que yo dijera que tenía una madre y un padre también.

La forma en que me miró me hizo estremecer. La ironía era que yo siempre había imaginado que un día conocería a mi padre, aunque tuviera que enfrentarme a él para que me explicara dónde había estado. No obstante, allí estaba, con casi veintiocho años y sin haberlo visto jamás. ¿Cómo podía conocerlo? No tenía idea. ¿Seguiría vivo? Tampoco lo sabía. Desconocía dónde se encontraba y cómo era. Sin embargo, en el momento en que mi hijo me hizo aquel comentario precoz, supe que había llegado la hora.

Al día siguiente en el trabajo, en mi oficina del laboratorio, llamé a información y pregunté por el número de Thomas Turner en Monroe, Luisiana. Era todo lo que le había podido sacar a mamá a lo largo de aquellos años.

A la operadora le figuraban cinco personas con esos datos. Le pedí los cinco números, decidido a llamarlos uno por uno y arriesgarme.

Cuando hice la primera llamada, le pregunté a la persona anciana que respondió: «¿Está Thomas Turner?».

«Thomas Turner murió», me respondió, y yo me disculpé.

Con la esperanza de no haber perdido el tren, pasé a la siguiente llamada, explicándole a la mujer que contestó que buscaba a un Thomas Turner que pudiera haber conocido a Bettye Gardner.

La mujer se sintió cómoda diciéndome: «¿Sabe una cosa? Se me ocurren dos Thomas Turners. Uno bebe, y el otro solía hacerlo, pero lo ha dejado».

Guiándome por mi instinto, le pregunté cómo podía ponerme en contacto con el Thomas Turner sobrio y descubrí dónde vivía. Le di la dirección a una operadora de información para asegurarme de que tenía todas las cifras correctas.

Mirando el número, tomé una gran bocanada de aire, sin estar seguro de cómo empezar si el verdadero Thomas Turner respondía al teléfono. Sin saber, marqué el número y escuché el sonido de un teléfono al descolgarse y una profunda voz de hombre que respondió: «¿Dígame?».

Lo único que se me ocurrió decir fue: «¿Conoce a Bettye Gardner? Soy su hijo Chris y estoy intentando encontrar a mi padre. ¿Usted...?». Antes de poder acabar, me interrumpió.

«Sí», contestó mi padre. «Llevo mucho tiempo esperando esta llamada».

———

Solo en virtud de haber llegado al fondo de un misterio que duraba ya casi veintiocho años, se produjo un cambio extraordinario en mi vida de la noche a la mañana. El hombre que había conocido por teléfono no era mucho más que una voz, pero me alentó a bajar a Luisiana para que nos conociéramos en persona, a él y a algunos hermanos de los que yo no tenía noticia.

Aunque prometí hacerlo tan pronto como pudiera organizarme, lo que había sido un proceso insuperable de encontrar mi nueva área de comodidad en el mundo laboral se convirtió de repente en algo fácil. Con mis ojos fijos en las posibilidades de abrirme camino en el mundo de los negocios, pronto conseguí un trabajo como representante de ventas de una compañía de equipos y suministros médicos llamada CMS. Con base en San Bruno, en el corazón de Silicon Valley, en pleno desarrollo en ese tiempo, CMS le vendía principalmente a los laboratorios y hospitales. Yo iba a empezar justo por debajo de los treinta mil dólares, casi el doble de lo que ganaba en la investigación, y con el potencial de duplicar esa cantidad, que era lo que estaban obteniendo los que más ganaban.

Por supuesto, aquellos asalariados llevaban más de veinte años en las trincheras —construyendo su territorio, sus libros, sus relaciones— y yo nunca había pensado en mí mismo como un vendedor natural. Por otra parte, había convencido a todas las personas con las que me relacionaba, como Will Rogers decía sobre mí, y había conocido a algunos personajes increíbles que podían venderte arena en el desierto. Podía aprender a vender. Además, estaba al tanto del poder de la información y sabía cómo localizar a los líderes y aprender lo que hacían y la forma en que lograban tener éxito. Otra cosa que aumentaba más mi confianza era que, aun desconociendo la jerga de los negocios, era extremadamente competente en el lenguaje médico y entendía la mentalidad de los compradores y también de los veteranos en las ventas de CMS.

Así que adiós al futuro doctor Chris Gardner, adiós a vestir ropa quirúrgica. Lo único que lamentaba era que tenía buenas manos para ello. Sin embargo, mirándome en el espejo con mi atuendo de negocios —una bonita chaqueta y una corbata que no estaba mal— me sentí alentado. Era un escenario totalmente nuevo, un reto. El sentimiento del potencial volvió a prender mi fuego una vez más.

Como principiante en las ventas, tenía un triple contratiempo: se me entregaba un territorio completamente nuevo en el que construir relaciones, representaba a una compañía que no estaba establecida en dicha zona, y era la única persona de color empleada por CMS. A esas alturas, yo era un experto en ser el único afroamericano en un marco de profesionales blancos, de modo que eso no resultaba un problema. La cuestión principal era que empezaba desde cero, y esto lo descubrí de la noche a la mañana cuando fui captando algunos fundamentos sobre las ventas: (a) a los clientes les gusta comprarles a personas que conocen, y (b) prefieren comprar productos establecidos.

En lugar de que esto me desalentara, la competencia me resultó apasionante. En lo que a mí concernía, estaba verdaderamente feliz de tener posibilidades, así que en lugar de centrarme en los desafíos, mi enfoque estaba bien sintonizado con ciertas preguntas. ¿Cómo conseguir más negocios? ¿Qué información necesito para expandir mis oportunidades y construir relaciones? En el pasado había sido capaz de encontrar a un experto y formularle aquellas preguntas, pero en CMS este no era el caso. Resultó que los directores de ventas —que sacaban un porcentaje de lo que hacían los representantes— pasaban más tiempo reforzando a sus mejores productores. Con novatos como yo, el director me entregó mi libro, me dio unas palmaditas en el hombro y me dijo: «Ve por ellos».

Una vez más, era formación sobre la marcha, en la práctica, y me lancé de cabeza, recorriendo centenares de kilómetros a la semana en mi nuevo Nissan sport granate, con el maletero hasta los topes de folletos, muestras de suministros y un equipo para mostrar en las presentaciones, viajando cada día desde Berkeley hasta cada recóndito rincón de Silicon Valley y de vuelta, descargando y cargando material de venta incontables veces al día. Basándome en la filosofía de martillar el yunque, estaba de acuerdo con la creencia de que el éxito en las ventas era cuestión de un juego de números. Lo que también aprendí haciendo repetidas llamadas telefónicas fue que mientras más centrado estaba y más afable era, aunque siempre respetuoso, y mientras más recordaba los nombres de las secretarias y unos pocos detalles sobre los vendedores, más oportunidades tenía. Mis números de venta empezaron a despegar.

El aspecto negativo era el ambiente competitivo fuera de las horas de trabajo, cuando directores y representantes salían a ver quién podía beber más. Congraciarse y beber formaba parte del juego, según comprendí, pero no era para mí. Ahora que estaba en los negocios, tomaba en serio aumentar mis números, hacer dinero. Aquello no me hizo ganar ninguna recompensa en CMS, pero los tipos de recursos humanos en Van Waters y Rogers, un competidor mejor establecido en el campo de los equipos y suministros médicos, quedaron impresionados con mi ambición y me contrataron.

Poco después de empezar mi nuevo trabajo, pude comprar un billete de avión para mí y Christopher y viajamos a Monroe, Luisiana. Durante un largo y desesperante vuelo de San Francisco a Memphis y otro salto hasta Monroe —con Christopher inusualmente tranquilo, sentado en mi regazo todo el tiempo— repasé todas las indignidades de una infancia llena de los odiosos comentarios de

Freddie Triplett con respecto a que yo no tenía un «maldito padre». ¿Qué le iba a decir a mi padre biológico? Por teléfono no le había preguntado por qué no me llamó nunca ni por qué razón no había intentado conocerme, aun cuando me dijo que mis hermanos y hermanas habían oído hablar mucho de mí. ¿Y qué haría si la atmósfera se hacía muy densa y me entraban ganas de largarme? ¿Y si Christopher se ponía inquieto?

Sin tener una sola pista sobre qué esperar, llega el momento de la verdad cuando pongo a mi hijo sobre las escaleras plegables del avión a hélices y doy un vistazo a ver si *lo* veo allí de pie. Uno noventa y cinco de estatura, ciento cuarenta kilos. Negro como el azabache. Un campesino que ha pasado toda su vida en Luisiana y me sobrepasa en estatura. No es en absoluto como yo imaginaba.

Lo primero que cruza mi mente es: bueno, creo que no le voy a dar un puñetazo, como imaginaba siempre de niño que sería lo primero que hiciera al verlo.

Su presencia es enorme, asombrosa. Junto a él, se encuentran dos de sus hijas, mis hermanastras. Yo, Christopher y ellos tres, todos nos parecemos. Soy idéntico a Thomas Turner, su viva imagen, no existe la menor duda.

Por embarazoso que resulte el encuentro, él parece bastante cómodo. Según me entero más tarde, es porque esta escena se ha repetido más de unas cuantas veces antes. La broma que me cuentan mis hermanas posteriormente es que resulta algo parecido a los Juegos Olímpicos: cada cuatro años se aparece alguien. Sobran las preguntas, no hay más que mirarlos para ver el parecido familiar, así que se abre la puerta y se les deja entrar.

Incluso con el trasfondo científico que tengo ahora, todavía me maravilla el milagro de la genética. Mis hermanas Deborah y Janice y yo parecemos trillizos idénticos. Cuando llegamos a casa de Thomas Turner y nos sentamos a charlar, Deb pregunta: «¿Sabes? Te pareces más a papá que ninguno de nosotros. Incluso tienes vello en el dorso de las manos como él».

Riendo, no puedo creer que me estén analizando hasta ese punto, y entonces me miro las manos y me fijo en las suyas. ¡Tienen razón!

Durante los cuatro días siguientes de nuestra visita llego a conocer al elenco de personajes que viven esta versión negra tan diferente del show *Días Felices*, al estilo de Luisiana. Con un calor y una humedad como ninguna que hubiera experimentado antes, ni siquiera en la Marina en Orlando, nuestra ropa parece recién salida de la lavadora. Nos suda hasta el cabello y las uñas.

Con el paso de los días no puedo evitar llamar a mamá para informarle de que he ido a Rayville, su antigua ciudad natal, y he pasado algún tiempo con mi padre. Antes de venir le había dicho que iría a Luisiana, no solo a encontrarme con él por mí mismo, sino también para que Christopher conociera a su abuelo. Ahora que estoy allí es importante que ella sepa que he hecho encajar las piezas. Se alegró por mí. Sin embargo, cuando le pregunté: «Mamá, ¿quieres saludarlo?», no vaciló en decir: «No». Su rotunda respuesta poco me dijo sobre la relación que habían tenido o si había habido relación, y ese fue el punto final de la discusión. Jamás lo sabría. El legado de la política familiar «no preguntes, no digas» continuaba.

Ir conociendo por primera vez la tierra de la que surgí incluyó un viaje a Delhi, donde la ausencia de luces, neón, señales en las calles y coches hizo que el tiempo nocturno fuera más negro de lo que jamás había visto; las estrellas parecían bombillas que perfilaban claramente todas las famosas constelaciones. Impresionado, no podía dejar de mirarlas fijamente, preguntándome cómo habría sido mi vida si me hubiera criado aquí. Conocimos a la matriarca de la familia, mi abuela, una diminuta y exquisita mujer negra llamada Ora Turner. Aunque nunca antes había puesto sus ojos sobre mí, su saludo consistió en abrir sus brazos de par en par y abrazarme contra ella. Era su nieto.

«Solía preguntarle a tu padre dónde estabas», dijo mi abuelita, dando un paso atrás para contemplarme y asintiendo con aprobación. «Él no sabía nada. Yo siempre le preguntaba por ti».

Lo siguiente que ella necesitaba saber era si me había bautizado. Por un momento no podía recordarlo.

Alarmada, mi abuela, una cristiana ferviente, propuso: «Chico, hay que llevarte ahora mismo a esa cala de ahí atrás y te bautizaré yo misma. ¡Señor, ten misericordia!».

Me morí de miedo al oírlo. Una noche oscura como la boca de un lobo, con las estrellas y la luna por única luz, ¿y dejar que me sumergieran en una ensenada? Era lo que necesitaba oír para recordar que había sido bautizado en la iglesia de TT cuando tenía seis años. El Señor tuvo misericordia y mi abuela quedó satisfecha.

Aparte de conocer a Deb y Jan, también me presentaron a otros hermanastros: mis hermanos Junior y Dale, y mi hermana Mary, que vivía en Shreveport. También había tías, tíos y primos, uno de ellos tan apuesto que lamenté que fuéramos parientes. Dondequiera que íbamos, todos eran generosos y hospitalarios, tratándome como si fuera una celebridad. Las costumbres sociales y el ritmo de vida parecían distintos a los de Milwaukee, pero mientras más andábamos por ahí y charlábamos, y cuando empezaron a rodar las historias y las bromas de la familia, vi menos diferencias. Por mucho que me considerara un Gardner de pies a cabeza, había aspectos de mí mismo que ahora podía identificar con el lado Turner de mi familia.

El momento más notable del viaje llegó una noche, cerca del final del mismo, cuando decidí llevar a Christopher conmigo en tren hasta Shreveport para que conociera a mi hermana Mary y mi padre nos acompañó hasta la estación. No era aún demasiado tarde, pero ya había caído una de esas noches rurales negras como el alquitrán en las que solo hay centelleantes trocitos de estrellas y el resplandor de la luna para alumbrar los alrededores mientras esperábamos junto a las vías, detrás de la estación. A un lado había un conjunto de vías orientadas en otra dirección que a Christopher le parecieron interesantes. Nos sobraba tiempo, de modo que no vi nada malo en que mi hijo fuera a comprobar las vías con su abuelo, sobre todo porque los dos habían estado cómodos el uno con el otro desde el primer momento.

Verlos caminar a lo largo de las vías del tren hizo que se me cortara la respiración. Allí estaba mi padre, en sus cincuenta y tantos, sólido como un roble negro, patriarca de más retoños de los que ninguno de nosotros pueda haber conocido, caminando con mi hijo, un niño de catorce meses activo y hablador. Actuando de manera protectora, mi padre agarraba los pequeños deditos de Christopher lleno de orgullo.

Como uno de esos recuerdos que se capturan y permanecen inmutables a lo largo de los años, la imagen de ellos dos caminando juntos en aquella noche me produjo una reacción sorprendente, que volvería a mí cada vez que la recordaba. Lo primero que cruzó por mi mente y mi corazón fue: *¿por qué no pude haber sido yo?* *¿Cómo es que nunca tuve la oportunidad de hacer eso?*

A medida que el tiempo fue transcurriendo, reconocí que no era enojo, por supuesto. Es que estaba celoso de mi niñito, por ridículo que pudiera parecer. Bajo aquella capa, en el centro de mi ser, solo había dolor. El depósito almacenado durante todos aquellos años de abandono se había visto agitado por aquella visión y ahora me dolía una barbaridad.

En el aeropuerto, cuando el contingente de mi familia de Luisiana vino a despedirme y mis hermanas me prometieron que no perderíamos el contacto, miré a Christopher y me maravillé de cómo nuestro intercambio sobre padres y madres me había traído hasta aquí. Con respecto a este asunto, siempre podía llevar conmigo una sensación de terminación. Aunque todavía no podía verlo, una carga de resentimiento de casi veintiocho años se había eliminado. Al fin y al cabo, me quité de encima el *blues* «Sin padre». Tenía un padre, aunque no lo conocía bien y nunca lo haría, ya no era un niño sin papá. Ya esa no era una canción que volvería a cantar.

Christopher y yo volamos de regreso a California, un viaje que pareció tomar la mitad de tiempo de lo que habíamos tardado cuando nos dirigíamos a Luisiana. No se podía negar que se había cerrado un círculo. Estaba un poco fracturado, no era una circunferencia completa, pero las lagunas se habían rellenado con mi comprensión de quién yo era y de dónde venía. Aunque seguía habiendo muchas preguntas sobre cómo podían haber sido las cosas de haber ocurrido de forma distinta durante mi crianza, mi preocupación dejó de ser esa parte de mi pasado. Sí, en aquel avión todavía me dolía mucho pensar en mi padre y mi hijo caminando a lo largo de aquellas vías del tren tomados de la mano, como si le diera vueltas a esa pregunta en mi mente y la retorciera como un cubo de Rubik: *¿por qué no he podido ser yo?*

Sin embargo, para el momento en que el avión tocó tierra, el dolor había empezado a remitir y me sentía renovado y revivido, preparado para enfrentarme al mundo con un grado de confianza y claridad de visión que nunca antes había tenido. Las cosas extraordinarias estaban justo a la vuelta de la esquina, y yo lo sabía.

CAPÍTULO 9

Rechazado (avanzado)

Bob Russel —el tipo que está a la cabeza de Van Waters y Rogers— daba vueltas como si fuera el Dios todopoderoso, el pavo real de NBC.

No acababa de saber qué había en él que lo convertía en un productor tan fantástico, pero cuando descubrí que no solo estaba consiguiendo todo el negocio, sino haciendo unos ochenta mil dólares al año —en comparación con mi salario inicial de treinta mil— me vi obligado a averiguar cuál era su secreto.

Aunque yo había pensado que mi viaje para conocer a mi padre nos daría a Jackie y a mí el descanso que necesitábamos para apreciarnos más el uno al otro, y que ayudaría a ponerlo todo en perspectiva, el estrés resurgió exactamente donde lo habíamos dejado: los mismos patrones, los mismos argumentos. Su frustración con ella misma, conmigo y con la forma en que sus sueños no se acababan de definir, siempre se traducía en mi mente en la necesidad de conseguir más dinero. Por ello, cuando descubrí que Bob Russel tenía aquellos ingresos, ochenta mil dólares se convirtió en el número mágico para mí. *Si alguna vez llego ahí, será todo lo que desee,* pensé. En ese tiempo, ni siquiera podía soñar nada más grande que esto. No obstante, si Bob Russel podía hacerlo, yo también.

Patrick, mi director de ventas, parecía no compartir mi confianza. Todo hacía pensar que él no había estado involucrado en la decisión de contratarme. Probablemente tampoco ayudaría mucho que yo fuera un hombre alto y negro y que él fuera justo un poco más alto que un enano.

Patrick era un estadounidense irlandés quisquilloso, lo que yo llamaba un «blande plumas». Puntuaba cada frase que pronunciaba con un *clic-CLIC* de su estilográfica, enfatizando todos y cada uno de los puntos que exponía —y fueron numerosos ya que él lo sabía todo y los tipos nuevos como yo lo desconocíamos todo— con *clics* adicionales.

Lo que aprendí no fue tanto cómo ser un mejor vendedor, sino cómo no dejarme intimidar. Así que cuando el señor Blande plumas empezó a enviarme el mensaje de que yo no le caía bien, encontré la manera de hacerle entender: *oye, tú tampoco me caes bien a mí*. Si hacía una observación ligeramente sarcástica, en lugar de gritarle de vuelta, mi reacción era inclinarme, recordándole con sutileza que yo era alto y él bajito, y responderle con burlona educación: «Lo siento. ¿Qué me decía?».

El rostro de Patrick se tornaba inevitablemente rojo. Por supuesto, cuando de verdad me enojaba era menos sutil, rodeando mi oreja con la mano para escuchar, inclinándome hacia delante y diciéndole: «¿Qué? No le oigo desde ahí abajo hasta aquí».

Su única respuesta en esos casos era irse haciendo *clic-CLIC*. De alguna manera, el hecho de que antagonizara con él lo convenció para que me enseñara una o dos cosas sobre vender la línea Van Waters y Rogers. En la mitad de una llamada de venta con un comprador, después que hubiera empezado ya a tomar el pedido, me interrumpió recordándome, por ejemplo, que era importante recalcar que aunque la competencia tuviera los mismos productos, Van Waters y Rogers tenían productos superiores a un precio inferior. Luego hubo una ocasión en que me detuvo y me preguntó: «Gardner, ¿dónde están las muestras? Tendría que haberlas buscado antes de tomar nota del pedido».

En situaciones como aquella, no podía estallar y preguntarle por qué no esperaba para decírmelo más tarde en vez de humillarme delante de un comprador. Aunque me enfurecía, aprendí irrevocablemente que es vital distinguir el producto que estaba vendiendo del de la competencia por ser superior y menos caro. Y lo que es más, me instruí en las diversas fases existentes para vender. También había numerosas cosas intangibles. Algunas de las aptitudes podían aprenderse y desarrollarse, pero pronto vi la verdad del asunto: que los mejores vendedores nacen siéndolo. No todo el mundo puede hacerlo y no todos deberían intentarlo. ¿Tenía yo lo que había que tener? Todavía no lo sabía. ¡Pero, maldita sea! ¿Ochenta mil dólares? ¿Qué tenía Bob Russel que yo necesitara tener?

Fuera lo que fuese, me negué a que me desalentaran, aun cuando tuviera que conducir un exorbitante número de kilómetros desde Berkeley hasta cada apeadero de Silicon Valley, desde San Mateo a San José, la mayor parte del camino descendiendo por la carretera desde el aeropuerto de San Francisco. No obstante, el contacto más importante que hice fue en la ciudad misma, en el Hospital General de San Francisco, donde fui a entregarle muestras y un catálogo a Lars Nielson, que dirigía un laboratorio con el que deberíamos haber estado haciendo algún negocio. Aunque la entrevista fue bien y esperaba volver a recoger el pedido, cuando salí del edificio las matemáticas que estaba haciendo en mi cabeza me decían que me quedaba mucho camino por delante para competir con Bob Russel. No obstante, ¿qué opciones tenía?

Justo entonces, después que el resplandor del sol me cegara momentáneamente, vi el Ferrari 308 rojo que rodeaba el estacionamiento. El propietario del auto, vestido con un traje perfecto, hecho a la medida, que se benefició de mi lugar de estacionamiento después de responder a mis preguntas —«¿A qué se dedica?» y «¿Cómo lo hace?»— es un caballero que responde al nombre de Bob Bridges, un corredor de bolsa en Donaldson, Lufkin & Jenrette... ¡que ganaba un sueldo de ochenta mil dólares al *mes*!

¡Noticia de primera plana! No tengo que ser un prodigio en matemáticas para comparar y contrastar eso con los ochenta mil dólares de Bob Russel al año. ¡Que se joda Bob Russel!

En esta etapa de mi vida sé tanto de Wall Street, acciones y bonos del Estado, mercado de capitales y altas finanzas como la mayoría de las personas saben de conservación de fosfatos miocárdicos de alta energía. Sin embargo, incluso antes de sentarme a comer con Bob Bridges para saber más sobre lo que hace exactamente un corredor de bolsa y cómo hacerlo bien, ya me veo en ese campo. ¿Cómo podría ser distinto de todo lo que he hecho antes? Desde mi trabajo en la Residencia de Ancianos de Heartside y el Hospital de la Marina en el campamento Lejeune, en cirugía general y la clínica de proctología, dirigiendo un laboratorio en el Hospital de Veteranos y la Universidad del Centro Médico de California, hasta llegar a ser la joven promesa que hacía ventas en Silicon Valley, había desempeñado mis labores sin conocimiento alguno de los distintos campos, pero tuve éxito y me fue bien en todos mis empleos. No, mi éxito monetario no había sido abrumador. No obstante, en crecimiento y habilidad, resulté superando mis propias expectativas.

Todo esto es suficiente para que piense que puedo hacer lo mismo como corredor de bolsa. A pesar de que esta es la primera vez que la idea ha aparecido en la pantalla de mi radar, desde ahora en adelante no hay duda de que he hallado mi vocación y seguiré la acalorada e implacable búsqueda de una carrera en este ámbito. Por razones que no puedo empezar a explicar, en cada fibra de mi ser sé que se trata de ESO.

Para el hombre y la mujer promedios de la calle, esta certeza suena probablemente a locura. Aparte de no haber ido a la universidad, no conozco a nadie y no tengo relaciones o privilegios especiales que me ayuden a poner siquiera un pie en la puerta. Es decir, excepto Bob Bridges, de quien no sé nada más que el hecho de que le he cedido mi lugar de estacionamiento.

No obstante, cuando vamos a comer y le pregunto: «¿Qué es lo que hace un corredor de bolsa?», él de manera paciente y generosa describe lo que suele ser uno de sus días.

Básicamente, me explica Bob, cada día va a su bonita y pequeña oficina y se sienta allí, responde a un par de llamadas y escribe algunas cosas.

«A ver si lo entiendo», repito. «Tú respondes a una llamada y escribes algo. ¿Es así?».

Bob prosigue. «Bueno, sí. Y también llamo a alguna gente y hablamos. Les cuento historias sobre compañías y ellos me envían dinero».

Otra luz destella en mi cabeza. Este tipo —que viste otro bonito traje a la medida, el cual puede costar un par de miles de dólares fácilmente— está vendiendo, igual que lo hago yo. Sin embargo, en vez de tener que conducir por todas partes, recorriendo las autovías, buscando instalaciones oscuras y laboratorios, llevando un pequeño almacén en el maletero de su auto, él va a una oficina, se sienta allí y habla por teléfono. Me entran ganas de decir: *¡caray, eso sí que es ingenioso!*, pero solo escucho con atención mientras él me transmite el secreto de su éxito.

Bob es emprendedor, según me cuenta, y establece sus propios objetivos. «Cada día, cuando me siento allí y hablo por teléfono, me digo a mí mismo: *no me voy hoy hasta que haga cuatro o cinco mil dólares*».

Una vez más, las matemáticas son abrumadoras. ¡Se sienta ahí y habla con personas hasta que hace cuatro o cinco mil dólares *ese día*! ¡Y yo me estoy matando para ganar cuatro o cinco mil dólares *al mes*! A fin de asegurarme de que he oído bien, le pregunto: «Bob, déjame ver si lo he entendido bien. ¿Le hablas a personas, a algunas las conoces, a otras no, a algunas las tienes que llegar a conocer y les cuentas historias de esas compañías y esas ideas de inversión, así como de las oportunidades, y ellos te envían dinero?».

«Eso es exactamente lo que hago», me responde con total sinceridad.

Del mismo modo, le anuncio: «Puedo hacerlo». Y para mayor énfasis, añado: «*Sí*, puedo hacerlo. ¿Y sabes una cosa? ¡*Quiero* hacerlo!».

Riendo, ya sea que me crea o no, Bob se ofrece para presentarme a algunos de los directores de sucursales de las diferentes agencias de corredores de la ciudad. Que no haya ido a la universidad es un lastre, admite. No obstante, también me dice que hay programas de entrenamiento en esas diversas compañías y que cumpliendo los requisitos podría participar en ellos, incluso sin título, y recibir formación en cada aspecto del trabajo —desde los fundamentos de la inversión hasta la planificación financiera y todo el espectro completo de la economía y las altas finanzas— a la vez que estudio para hacer el examen y conseguir la licencia. Sin embargo, para que me contraten a tiempo completo —para hacer lo que él está haciendo— es obligatorio tener la licencia.

Eso está hecho, pienso. Chris Gardner, corredor de bolsa. Ahí es donde se suponía que yo debía estar. Punto. A pesar de la pesadilla logística que siguió, supe desde aquel almuerzo en adelante que merecería la pena. La geografía se convirtió en mi principal obstáculo. Cuando Bob empezó a concertar citas para mí, la mayoría de estas estaban dispersas por todo el distrito financiero en el centro de la ciudad de San Francisco, todas ellas durante el horario de trabajo de nueve a cinco, en los días laborales. No había desayunos tempraneros ni quedaba uno para verse y tomar unas copas. Como mis entrevistas de ventas para Van Waters y Rogers eran en su mayoría en Valley, también durante el horario laboral de nueve a cinco, esto significaba llegar tarde o faltar a las reuniones que Patrick, mi jefe el «blande pluma», programaba para mí.

La mayoría de mis entrevistas tuvieron lugar en las firmas más grandes con programas de entrenamientos, como Merrill Lynch, Paine Webber, E. F. Hutton, Dean Witter y Smith Barney, compañías donde Bob conocía a los directores de sucursales. De haber alguna posibilidad de que las penas que tuviera que pasar me fueran a desalentar, ese pensamiento quedó eliminado en el momento en que puse el pie en la primera agencia de corredores que visité. ¡Que me hablen de rechazos! Un acierto y ya estaba enganchado. Algo en el aire me estimulaba al instante.

Allí sentado, esperando mi entrevista, podía sentir cómo bombeaba mi adrenalina, contagiado de entusiasmo solo con ver toda la actividad que estaba sucediendo simultáneamente: teléfonos sonando, pantallas informativas, agentes de bolsa vociferando órdenes y transacciones y sellando la hora de registro. Todo ocurría al mismo tiempo, era como visitar un país extranjero y como ir a casa.

El impacto era exactamente igual al que sentí la primera vez que escuché a Miles Davis y vi cómo su música podía cambiar por completo el ánimo de todo aquel que la oía. La sala de mercado tenía una clase de poder similar. Era un centro nervioso, involucrado en las actividades y los sucesos de millones de otras personas por todo el mundo. ¡Qué ajetreo! Las carreras iban y venían; el bullicio no se disipaba. Se vivía en una intensidad constante.

No me molestó aquel día esperar para tener mi cita, porque mientras más captaba lo que estaba ocurriendo, más seguro me sentía de que podía hacerlo. No había otros tipos negros en la oficina, o al menos ninguno que yo pudiera ver. Sin embargo, aquello no alteró mi confianza. ¡No cuando tenía la oportunidad de hacer ochenta mil dólares al mes!

Por supuesto que pude haber sido ingenuo al pensar que la mayoría de los corredores de bolsa ganaban ese dinero. Aun así, formaba parte de lo que me había puesto en marcha. Mamá me había dicho que si quería ganar un millón de dólares, podía. Ochenta de los grandes al mes, multiplicados por doce, con algunas horas extraordinarias y unos bonos por aquí y por allá... conseguir el millón de dólares sería sencillamente cuestión de tiempo, según imaginé. Una vez más, si Bob Bridges podía hacerlo, yo también.

Ahora que había encontrado el vehículo y el lugar para hacer aquello que yo creía poder hacer, solo tenía que convencer una por una a las personas de las firmas que tuvieran un programa de formación para que estuvieran de acuerdo conmigo. No iba a ser tan fácil. Entrevista tras entrevista las respuestas variaban, pero todas se traducían en un «no». N.O. Y con cada «no» como regalo de despedida, siempre divisaba la ubicua multa amarilla de estacionamiento debajo del limpiaparabrisas cuando me marchaba de allí e iba a recoger mi auto. Otros quince a veinticinco dólares que no tenía, otro recordatorio de que tendría que sacar tiempo del trabajo para ir un día al juzgado y defender mi caso a fin de que me redujeran las multas o las anularan. No obstante, todavía no tiraría la toalla.

El racismo no era el problema principal, aunque formaba parte del asunto. Llegué por fin a entender que me rechazaban por lo que yo llamé «un sentido del lugar». Las preguntas se reducían a contactos, relaciones y posición. ¿Qué relación tenía con el mercado? ¿Qué relación tenía con mis colegas ya que nunca fui a la universidad? Mi currículo mostraba un montón de experiencia, pero las objeciones se amontonaban en cuanto a que no era en esa rama. Usted no pertenece a una familia que tenga contactos políticos. No tiene dinero propio. ¿Quién va a hacer negocios con usted? ¿Qué relación tiene usted con el dinero?

Todo se reducía a un sentido del lugar. Tenía lógica. Sin embargo, seguí diciéndome a mí mismo: *sé que puedo hacerlo.*

En la oficina de Dean Witter, en San Francisco, un corredor cordial llamado Marty se puso a mi disposición. Era alguien a quien podía acudir de vez en cuando para pedirle consejo. Cuando me remitió a la oficina de Dean Witter, en Oakland, supuse que sería por ser negro, aunque cuando llegué a aquel despacho, establecido en una sección principalmente negra de la ciudad, no se veían empleados de color por ningún sitio. A esas alturas nada importaba sino entrar en su programa de formación. Habían transcurrido unos cuantos meses y nadie me había mostrado el más mínimo interés, mientras que empezaba a arriesgar de verdad el trabajo que sí tenía, con el «blande plumas» a mis espaldas. La realidad es que cada vez estaba más apurado, y con eso en mente, entré con resolución en la oficina del director de la sucursal de Oakland, preparado para cerrar el trato, no para ofrecerme, sino para preguntar: «¿Cuándo puedo empezar?».

Bajo el título de la peor entrevista de trabajo de mi vida, me senté en la oficina de aquel tipo que daba al lago Merritt, y mientras hablaba, él miró fijamente por encima de mi hombro, interrumpiéndome para comentar: «Oh, qué interesante, un caballo ha saltado al lago Merritt».

Yo quería decir: *¡que se joda el caballo!* Después de todo, el lago Merritt no era tan profundo, así que el caballo no corría peligro de ahogarse. No obstante, resultaba más que evidente que yo no podría haberle importado menos. De la forma más profesional que pude, me puse en pie y le solté: «Es obvio que lo he sorprendido en un mal momento, ¿por qué no lo intentamos de nuevo más adelante?».

Asintió y me excusé, salí al galope como un caballo hasta mi coche, arranqué la multa del parabrisas, y moví el trasero en dirección a Valley, donde se suponía que tenía que recoger a Patrick para ir a visitar a un cliente. En mi prisa, olvidé esconder el montón de informes anuales que había estado recopilando de aquellas agencias de corredores —Dean Witter, Paine Webber, E. F. Hutton— los cuales se encontraban sobre el asiento del copiloto.

Fue en la fracción de segundo en que Patrick empezó a entrar al auto que me di cuenta de que estaban allí. Con pánico mal disimulado, fui a agarrar los papeles justo cuando él me preguntó severamente: «¿Gardner?».

«Sí...», empecé a balbucear, seguro de que estaba a punto de joderme.

Patrick me traspasó con una mirada llena de sospechas y me preguntó: «¿Va a abrir una cuenta de inversiones?».

«Oh sí...», contesté intentando parecer calmado y sintiéndome aliviado. «Sí, estoy pensando en abrir una cuenta».

No obstante, a continuación, solo para mostrarme que no se lo acababa de creer, me echó una mirada rara e hizo *clic* con su pluma. Aunque no sabía, claro está, que me estaban entrevistando otras compañías, era evidente que empezaba a sospechar algo, sobre todo cuando descubrió que había estado cancelando citas y llegando tarde a otras.

Para complicar aun más las cosas, Jackie me había dado a entender que me estaba engañando si pensaba que conseguiría llegar a Wall Street. Su punto de vista, bastante válido, era: «La mayoría de los tipos que están en ese negocio tienen un maestría en administración de empresas, ¿no es así?».

Independientemente de las veces que le expliqué lo de los programas de formación y que uno no siempre tenía una maestría, ella no contaba con pruebas de que fuera verdad. Su amiga en aquella agencia tenía su maestría, y el marido de su amiga en aquella otra. «Chris, ni siquiera tienes una licenciatura. ¿Acaso no debes tener algún tipo de título para trabajar en esa industria?».

El argumento de las credenciales surgía una y otra vez: «No tienes los papeles». Y esto lo decía la mujer con la que vivía y la madre de mi hijo.

Ya verás, seguía prometiéndole. Iba a hacer esto. Lo veía, lo paladeaba, lo oía. Aun así, con el dinero más escaso ahora que en mucho tiempo, el enano irlandés esperando para crucificarme, y Jackie preocupándose, yo sabía que algo tenía que suceder.

Justo cuando creí haber agotado todas mis opciones, tuve una entrevista de seguimiento en E. F. Hutton: la culminación de las diversas conversaciones fue que el director de la sucursal no me dijo que no. Me comentó: «Le daremos una oportunidad». Acompañándome a la puerta, me estrechó la mano y me aseguró que me vería en dos semanas, a las siete de la mañana, para empezar con el programa de formación.

Podría haber salido bailando claqué de aquella oficina, al estilo de Gene Kelly, y bailar bajo la lluvia de mediados de verano en San Francisco. Como si tuviera alas, besé la multa que me habían dejado en el coche y la consideré como un amuleto, prometiéndome a mí mismo que por fin tomaría un día libre para ir al juzgado y ocuparme de todas las multas. ¡Finamente, allí estaba la autentificación de que no estaba loco! Mi cuenta bancaria mental empezó a registrar mis comisiones como corredor de bolsa.

Aunque durante las dos semanas siguientes intenté cerrar algunas ventas pendientes de Van Waters y Rogers, apareció una ligera arruga cuando, unos días después, Patrick anuncio: «Gardner, creemos que esto no está funcionando. Usted no parece estar haciendo ningún progreso. Estamos intentando ampliar este territorio, y sencillamente usted no cumple con las expectativas».

Aliviado, admití que el sentimiento era mutuo y tenía otras oportunidades esperándome a las que me quería dedicar. *Craso error.* En el minuto en que pronuncié esas palabras, y antes de que pudiera suavizarlas de forma diplomática, Patrick me cortó con un *clic* y se preparó para apresurarme a salir. Solo para aclarar las cosas, le pregunté si aquello era un aviso de dos semanas, y Patrick me explicó que nuestro acuerdo quedaba zanjado allí y en aquel momento. Me enviarían el cheque por correo.

Excelente. Un plan perfecto: ir a casa, esperar las dos semanas, empezar a cobrar el desempleo, pasar algún tiempo con la familia y después dirigirme a Wall Street, donde iba a ganar más dinero incluso que Bob Russell, por no mencionar a Patrick.

Cuando llegó el que creía que sería mi cheque de la indemnización por despido, resultó ser un monto reducido debido al tiempo que había trabajado, y me enteré de que al haberme marchado yo por «voluntad propia», no me pagaban las dos semanas que habría trabajado y tampoco había subsidio de desempleo. Aquello era un problema, pero como planeaba conquistar el mercado de valores muy pronto, no me preocupé.

En un experiencia que se podría archivar bajo el título de «los planes mejor diseñados de ratones y hombres», tras disfrutar de aquellas dos semanas —durante las cuales no me muevo para ocuparme de las multas de estacionamiento— el lunes por la mañana me presento con treinta minutos de antelación para causar buena impresión, pero nadie parece saber quién soy.

Sorprendido por la falta de organización, pregunto por mi nuevo jefe, que también es el director de la sucursal, el tipo que me contrató, la persona que me dijo: «Te daremos una oportunidad».

Ah, me comenta uno de los corredores, lo despidieron el viernes.

Allí de pie, ante el mostrador de la recepción, por primera vez desde que soy adulto tomo conciencia de la fuerza de mi propio músculo esfínter. Para algunos, esto sería causa de ironía, hasta de humor. Para mí no. No tiene ninguna puñetera gracia. Me vuelvo loco y salgo del edificio para comprobar que está diluviando, pero sin molestarme en usar el paraguas. ¿Cómo ha podido suceder esto? El trabajo que dejé por este no existe. No tengo ingresos. Mi mujer está enojada conmigo. ¿Qué demonios voy a hacer? No lo sé.

Lo que sí tengo claro, en las horas y los días siguientes, es que nada produce más estrés en la relación entre un hombre y una mujer que el hecho de que él no tenga trabajo. Al menos, en el mundo del que vengo y en el que habito, así es como funciona. Según me enseñó la forma en que me criaron, un hombre sin trabajo no es un hombre en absoluto. Cualquier hombre que se respetara tenía que cuidar y proveer para su familia. Hasta ese viejo borracho de Freddie básicamente iba a trabajar todos los días. Por lo tanto, para mí resultaba inaceptable despertarme por la mañana y no tener dónde ir a trabajar, sobre todo después de estar tan seguro de encontrarme camino de Wall Street y sabiendo que todo era culpa mía, porque yo tomé la decisión de obrar como lo hice. Solo podía imaginar de qué modo lo iba a tomar Jackie.

Más tarde me referiré a lo que ocurrió después como una serie de incidentes y circunstancias que, tomadas en conjunto, pueden considerarse el ejemplo perfecto de la ley de Murphy. El derrumbe de los cimientos de mi relación con Jackie complicó tales principios. Cuando llegué el primer día a casa y le conté lo que ocurría, ella no dijo nada en absoluto. ¿Qué podía decir? «Lo siento, cariño, pelea hasta el final», pero no lo hizo. No teníamos ahorros ni ingresos, solo facturas. Nada extravagante, solo las correspondientes a la vida común y corriente: comida, alquiler, el préstamo del coche, la guardería, pañales.

Mi prioridad en cuanto a los negocios fue traer a casa algunos dólares, de inmediato. Regresando a algunos de los trabajos esporádicos que había hecho cuando complementaba mi salario en el Hospital de Veteranos, aquel mismo día gané cincuenta dólares pintando casas toda la jornada para un amigo que tenía una empresa contratista. Bien. Eso significaba que comeríamos ese día y que pagaríamos la cuenta del gas. Al día siguiente, mi amigo me contrató para trabajar en un tejado, y un día después limpié un sótano, y al siguiente hice trabajo de jardín. Realizaba cualquier tarea que podía conseguir, no con gozo, no con experiencia, pero con buena disposición.

En mi mente, se trataba de un terrible revés, un desafortunado atolladero en el camino. Sin embargo, en modo alguno era el final del recorrido. En realidad, mientras trabajaba en aquellas cosas, en lo único que podía pensar era en volver al camino, encontrar aquella puerta abierta, esa oportunidad que saliera bien.

En medio de las discusiones por el dinero y la creciente tensión diaria en el hogar, todo el tiempo en que me mantuve pintando casas, tirando basura y cortando grama, una especie de estrategia surgió. La única posibilidad que me quedaba era en la oficina de Dean Witter, donde no me habían dicho que sí, pero tampoco me habían dado un no definitivo. Mi desafío era vencer el argumento de la idoneidad: ¿Cuál era mi conexión con el negocio, mi experiencia? El mayor desafío era tener que explicar que en ese momento estaba desempleado, después de que me echaran de mi último trabajo en ventas. Mi idea consistía en que si podía hacer que alguien saliera como fiador mío, alguien como Joe Dutton, por ejemplo, un emprendedor afroamericano en el campo de la alta tecnología al que había conocido en un seminario de negocios, aquello podría marcar una enorme diferencia.

Cuando llamé a Joe para pedirle el favor, se alegró de poder ayudar a un hermano. Con eso, pude concertar la entrevista en la agencia de Dean Witter. Si esta vez me decían que no, ya no tenía muy claro qué hacer después, de modo que aquella reunión se cernía sobre mí como si mi vida dependiera de ella.

Más tarde me preguntaría cómo habrían resultado las cosas si hubiera podido involucrarme en el programa de formación la primera vez o si no hubieran despedido al tipo que me contrató. ¿Habría cambiado aquello la turbulenta dinámica de mi familia? La carencia de dinero lo empeoró todo, pero había otros problemas. En opinión de Jackie, que yo fumara hierba para tranquilizarme era intolerable, como también lo eran a veces mis comentarios en voz chillona y crítica. Según mi criterio, ella no tenía confianza en mí, y esto me enfurecía. Y mi instinto me advertía que ella era capaz de usar a Christopher para vengarse de mí.

La hora de la verdad llegó un martes por la noche después que nos enteráramos de que Sebastián, el niñito de mi amiga Latrell, había muerto en la calle cuando jugaba con su triciclo y un coche lo golpeó. No era el tema de nuestra discusión, pero la trágica noticia agravó nuestro estado emocional cuando empezamos a expresar nuestras quejas en una pelea verbal épica tan agotadora que acabamos quedándonos dormidos sin haber resuelto nada. El viernes a media mañana, en el momento en que nuestros pies tocaron el suelo, volvimos a retomarlo todo donde lo dejamos.

Cuando empieza a vestirse para marcharse, una indicación para mí de que como no voy a ir a ningún sitio tengo que vestir a Christopher y llevarlo a la guardería a pesar de no tener dinero para pagarla, pues necesitamos mantenerlo allí para seguir conservando la plaza cuando consigamos trabajo, entro en pánico. Jackie se apresura y se dirige a la puerta principal, y la sigo exigiéndole que me responda: «¿Adónde vas? ¡Tenemos que resolver esto, y no vas a ir a ninguna parte hasta que lo hagamos!».

Negándose a mirarme, empieza a bajar los escalones y corro tras ella, intentando agarrarla por las manos y hacer que se vuelva hacia mí. Al alejarse, la atrapo por las muñecas y ella vuelve a tirar, intentando zafarse. Molesto por haber caído tan bajo, suelto mi agarre y la dejo ir, pero ella cae hacia atrás en los rosales.

Observo cómo se pone de pie, sacudiéndose, mostrando unos ligeros arañazos, y mientras empiezo a tragarme mi orgullo para disculparme, Jackie bufa: «Ya te estás largando de aquí».

Ahora vuelvo a la lucha: «No, no me voy. No voy a ninguna parte». Furioso, cierro de un portazo y regreso al interior para bañar a Christopher.

Lo que sigue es una serie de acontecimientos que giran meteóricamente en espiral, se salen de control y resultan en complicaciones legales, las cuales hasta el día de hoy siguen siendo ambiguas debido a la decisión de Jackie de en última instancia no presentar cargos por el incidente de los rosales. Sin embargo, en un principio parece que tenía la intención de hacerlo, pues diez minutos después de largarse llaman a la puerta principal y, con Christopher envuelto en una toalla en mis brazos, abro para encontrarme con dos jóvenes agentes uniformados de la policía de Berkeley en la entrada de mi casa. Detrás de ellos, en la acera, está Jackie.

—¿Es usted Chris Gardner? —pregunta uno de ellos.

—Sí —respondo encogiéndome de hombros, sin saber de qué se trata todo eso.

—Tenemos una queja de la mujer que vive aquí. Dice que usted le ha pegado —explica el segundo policía.

¿Qué?

—No, no la he golpeado —replico rotundamente.

El primer agente pregunta cómo es que tiene arañazos en el cuerpo, así que señalo los rosales y explico cómo se cayó.

—No, señor, dice que usted le ha pegado, y el estado de California trata la violencia doméstica como una grave ofensa —añade el segundo policía.

Justo cuando estoy a punto de explotar diciéndole que sé que la violencia doméstica es una grave ofensa, que conozco muy bien cuál es el aspecto de una mujer maltratada, y que me entregaría primero a la policía antes que cometer ese crimen, observo que el primer agente se dirige hacia mi auto y apunta mi número de matrícula.

Después de verificar que es mío, ambos anuncian que me llevan a la comisaría de policía.

Cuando pongo objeción, diciendo: «No, tengo que preparar a mi bebé y llevarlo a la guardería», ellos me responden que le entregarán el niño a su madre y que ella puede ocuparse de todo eso. En estado de conmoción, observo impotente cómo le entregan a mi niño envuelto a Jackie y cómo ella se lo lleva al interior de la casa, cerrando la puerta sin dirigirme siquiera la mirada. Mientras tanto, me esposan y me ponen en el asiento trasero del auto de policía.

En un estado de total incredulidad, maldigo entre dientes a Jackie todo el camino hasta la comisaría. Podía aceptar la responsabilidad por cualquier cosa que hubiera hecho para merecer su resentimiento, pero mientras más nos alejábamos de Christopher, más empezaba a desesperarme. Para empeorar las cosas, lo siguiente que supe fue que aparte de la posibilidad de los cargos por malos tratos, me acusaban definitivamente de deber mil doscientos dólares en multas de estacionamiento sin pagar. Ahora sí que me vuelvo loco, mi enojo da lugar al temor y a una abrumadora sensación de impotencia. Aquellos dos demonios han esperado entre bambalinas que las circunstancias se salieran de control, y de repente han emergido en el escenario central.

Después de ficharme y tomar mis huellas digitales, me conducen a un calabozo, donde me informan que la denuncia de Jackie no es la causa, porque de ser solo eso podría haber firmado y marcharme. No obstante, a menos que pueda pagar las multas de estacionamiento, tendré que defender mi caso delante de un juez. Y aquí es donde todo va de mal en peor, mientras espero para ser llevado al tribunal. Es viernes. Pronto será viernes por la tarde. Después de esperar y caminar de un lado a otro por mi celda, veo que uno de los tipos abandona su mesa y se dirige hacia mí: «Ah, con respecto a las multas de estacionamiento. El juez dice que hoy es muy tarde para hacer nada al respecto. Lo verá el lunes». Hace una pausa y añade: «Tendrá que quedarse aquí. No puede marcharse hasta que vea al juez».

«¿ME ESTÁ DICIENDO QUE TENGO QUE ESPERAR EN LA CÁRCEL HASTA EL JODIDO LUNES PARA VER AL JUEZ?».

Como si lo hubiera ofendido personalmente, el tipo me recrimina: «Usted le debe dinero al estado de California, y mientras lo tengamos aquí nos encargaremos de resolverlo».

Los dictados de la ley de Murphy exigen que las cosas empeoren. Y lo hacen de inmediato conforme me escoltan a otra celda y veo que me ponen con tres de los hijos de puta más malos, desagradables y raros que he visto en toda mi vida: un asesino, un violador y un pirómano. ¿Y yo estoy aquí por las multas de estacionamiento? Teniendo poderosos recuerdos recurrentes de la única otra vez que me metieron en la cárcel por robar unos pantalones en el Discount Center y me ridiculizaron por leer mis libros, no pronuncio ni una palabra mientras escucho cómo cada uno, por turno, cuenta su pequeña historia carcelaria y por qué está ahí. Por supuesto, lo primero que aprendo es una lección que pronto otros convictos ratificarían, y es que nadie cometió el crimen por el que está pagando condena. Todo se reduce a un caso de identidad errónea o alguien que no dice la verdad. Cada uno de esos cabrones proclama las mismas cuatro palabras: «Yo no lo hice».

Al unísono, vuelven su grueso cuello lentamente hacia mí, mirando con malicia, preguntándome a la vez por qué estoy aquí. No dispuesto a admitir que es por culpa de las multas de estacionamiento, bajo la voz todo lo que puedo, entrecierro los ojos de un modo amenazador y digo: «Estoy aquí por intento de homicidio, y volveré a intentarlo de nuevo, ¿de acuerdo?». Para marcar mi territorio, señalo donde voy a dormir y les informo: «Y ese de ahí es mi catre».

Soy negro azabache, estoy furioso como un demonio y soy más grande que ninguno de ellos. Mi ardid funciona tan bien que consigo la moneda más importante del ámbito para cualquiera que esté encarcelado: cigarrillos.

Irónicamente, había vuelto a fumar en la Marina, durante los largos turnos de trabajo por las noches. A estas alturas, lo he dejado porque no me lo puedo permitir, pero por lo que se ve, un fin de semana en la trena va a hacer que me vuelva el hábito. Fumar es preferible, y en gran medida, a los secos sándwiches de mortadela y el café frío que nos sirven en el transcurso del fin de semana más largo y atroz de mi vida.

La mañana del lunes tarda en llegar. Cuando lo hace y comparezco ante el juez, apenas levanta la vista de su papeleo mientras declara: «señor Gardner, le debe usted mil doscientos dólares al estado de California. ¿Cómo quiere saldar esto?».

Me pregunta si estoy trabajando y niego con la cabeza. Me pregunta si puedo pagar, y de nuevo le respondo que no con la cabeza.

Por primera vez en esta terrible experiencia, más que asustado o enojado, me siento increíblemente triste al confrontar la realidad de estas circunstancias. «No tengo dinero», murmuro desesperado.

«Muy bien, señor Gardner, no me deja otra elección que sentenciarlo a diez días en Santa Rita». Con un golpe de su martillo, llama: «¡Siguiente caso!».

Al instante aparece un guardia, me encadena y me acompaña mientras salgo del tribunal, llevándome a un autobús que me conducirá al quinto infierno de Central Valley, Carolina del Norte, donde se reconcentra el calor, a Santa Rita, la superpoblada y decrépita prisión del condado, donde el convicto más famoso es el loco mexicano Juan Corona, el asesino del hacha. Impactado, doy un vistazo a mi alrededor, a los pítbulls sentados junto a mí en el autobús. ¿Mi crimen? No es la supuesta paliza que resultó en la primera denuncia de Jackie, y que todavía no tengo claro si seguirá adelante con ella, dando pie a más disputas ante los tribunales. ¿Pero las multas de estacionamiento? No hay juicio. Son documentos fehacientes y demostrados de mi falta de respeto por la ley, porque estaba intentando salir adelante en el mundo. Si no puedes pagar, te tienen que encerrar. Punto. Fin. *Durante diez días.*

¿Dónde está mi abogado? Todos los demás tiene un abogado de oficio, alguien. *Eso es,* pienso. Se trata de mi recurso, mi salida. No me han proporcionado un letrado. Así que, al dejarme salir del autobús, intento explicarle a su conductor afroamericano, de mirada compasiva, que necesito que me lleve de regreso al tribunal. O tal vez, y es lo que espero de verdad, me deje ir. En el instante en que salgo de la fila, los guardias de la prisión empiezan a tirar de la cadena, arrastrándome y colocándome de nuevo en mi sitio.

Si algo me ayudó a sobrevivir al efecto de la deshumanizante encarcelación fue mi tiempo en el servicio militar. No solo era el uniforme carcelario, esos monos de color naranja y esas sandalias claras que parecen de gelatina, sino el control total y la reglamentación, la dieta que consistía en más mortadela intragable y asqueroso café, y la aclimatación a un lugar que parecía un horno. No había brisa del océano Pacífico ni de Santa Ana. Calor. Calor. Calor. Era la receta perfecta para que entrara en discusión con uno de los guardas cuando me di cuenta de que mis lentes de contacto nuevos se me estaban endureciendo en los ojos como escamas de pescado, ya que no había solución salina por ninguna parte. Convencido de que me iba a quedar ciego, exigí ver a un doctor, y cuando el guardia no me respondió, murmuré algo tan brillante como: «¡Jódanse!».

Me recompensaron con un rápido viaje al aislamiento, que resultó ser una choza de ladrillos sin techo del tamaño de un cuarto de baño, ni siquiera lo suficiente ancha para acostarme en el suelo, y a la que le llamaban «la caja caliente», donde me encontraba solo y de repente echaba de menos las conversaciones de la misma prisión que un rato antes me volvían loco. Menos mal que me había pasado la mayor parte de mi vida hablando conmigo mismo, así que empecé una conversación en dos sentidos, diciendo en voz alta: «Vaya, esto ha ido de mal en peor, hermano».

«No jodas, amigo», me conmiseré lo mejor que pude.

«¿Por qué dicen entonces que tienen que calmarte en la caja caliente? Es una especie de contrasentido». Con el sol abrasando, hacía más calor que en el infierno. Por otra parte, tal vez lloviera, y no podías hacer nada más que quedarte empapado.

Cuando me quedaba sin conversación conmigo mismo, empezaba a cantar, y finalmente solo hacía ruido, todo con tal de bloquear el temor: ¿Cómo ha ocurrido esto? ¿Qué pasaría ahora?

La caja caliente solo me calmó hasta el punto de que intentara pedir algo razonable, una vista para poder asistir al funeral de Sebastian, sabiendo lo que ello significaría para Latrell. Sin embargo, tras hacer mi petición con tranquilidad y calma, la rechazaron.

Cumplidos los diez días en vez de pagar, las multas de estacionamiento ya dejaron de ser un problema. Ahora, mientras esperaba cansado que me devolvieran a la prisión de Berkeley, donde podría tener mi vista para saber si había algún cargo por la denuncia de Jackie, me enfrenté al que consideré el mayor problema en todo este suplicio. La entrevista en Dean Witter estaba programada para la mañana siguiente. Todos aquellos meses y meses de esfuerzo se habían reducido a mi última oportunidad con el tipo que podía decirle sí o no a mi futuro como corredor de bolsa. No obstante, al llegar a la prisión de Berkeley, me enteré de que no podría ver al juez hasta la mañana siguiente. ¿Qué podía hacer? ¿Cómo podía comparecer en Dean Witter si seguía en prisión?

La respuesta me llegó en la forma de un guarda, un hermano latino que debió haberse levantado con buen pie aquella mañana y me permitió hacer una llamada telefónica para intentar volver a programar mi reunión. Tal vez fuera mi forma de suplicarle. Quizá sería mi explicación de que tenía una verdadera oportunidad con este trabajo y en verdad lo necesitaba.

Cualquiera que fuera la razón, él marcó el número y me entregó el receptor a través de los barrotes de la celda. Allí estaba yo, entre rejas, llamando al señor Albanese de Dean Witter. Cuando respondió, lo saludé cálidamente:

—Hola, ¿señor Albanese? Soy Chris Gardner, ¿qué tal está?

—Bien —respondió.

—Tengo una cita con usted mañana, pero ha surgido un inconveniente. Necesito saber si podemos pasarla al día siguiente —le dije, yendo por todo.

El cielo me sonrió cuando me contestó:

—Muy bien, no hay problema. Esté aquí a las seis y media de la mañana.

Gracias, Señor, oré allí delante del guardia. El señor Albanese había dicho que esperaba mi visita. Le aseguré que lo vería en dos días.

Mi difícil situación legal con Jackie prosiguió a la mañana siguiente, cuando tuvimos que vernos las caras en el tribunal. Mi intención era seguir el camino de la ética, disculparme y encontrar una forma justa de compartir igual responsabilidad en el cuidado de Christopher. Resultaba obvio que nuestra relación había acabado. Mi plan era dirigirme a casa, recoger mis cosas y encontrar un lugar donde quedarme. Sin embargo, al parecer Jackie venía armada del deseo de castigarme, de modo que se fijó una fecha posterior para volver a comparecer en el tribunal varias semanas después. Cuando la vi marcharse aquel día, a pesar de lo que percibí como un comportamiento frío como el hielo de su parte, seguía teniendo la esperanza de que esa reunión en el juzgado no fuera necesaria.

Mi otro consuelo era la perspectiva que tenía por delante, la posibilidad de que la entrevista fuera la puerta abierta a mi futuro. Para cuando tomé el tren a fin de regresar a nuestra casa, donde planeaba recoger rápidamente, pasar algún tiempo jugando con Christopher y resolver cómo podía hacer que se quedara conmigo dondequiera que me alojara, me sentía lo bastante animado como para estar dispuesto a hacer a un lado mi temor sobre la forma en que Jackie se había portado conmigo aquel día, como si todavía fuera a suceder algo más. No obstante, después de todo lo que ya me había hecho pasar, no parecía plausible, así que no seguí pensando en ello.

No había nada fuera de lo corriente cuando caminé por la senda que llevaba a la casa y subí los escalones hasta la puerta principal. Fue solo entonces que miré la ventana y me resultó extraño, ya que no había cortinas. *¿Hmmm?* ¿Qué chocaba en esa imagen? La bomba estalló cuando miré por la venta y vi que la casa estaba vacía. Desolada. Jackie no estaba. Christopher tampoco. No había muebles, estéreo, utensilios de cocina, ropa. El coche no estaba en la calle. Habían cambiado las cerraduras.

Frenético, angustiado, aturdido, caminé dando tumbos por la acera, acercándome a cualquiera que me hablara. «¿Dónde está mi hijo?», les pregunté a vecinos y extraños por igual. «¿Dónde está Jackie?».

Una mujer, amiga cercana suya y semicasera, no quería decirme nada. «No deberías haberle pegado», me regañó. «No me preguntes, que yo no sé nada».

Era obvio que lo sabía todo. En realidad, me sentía doblemente mortificado, porque todos parecían saber lo que ocurría menos yo. Era demasiado tarde para defenderme contra cualquier cosa que Jackie hubiera contado sobre mí. Lo único que importaba es que ella y Christopher parecían haber sido borrados de la faz de la tierra y tenía que hallarlos.

Y lo primero de todo, necesitaba encontrar algún lugar donde dormir aquella noche, y tendría que presentarme a la entrevista de trabajo a la mañana siguiente con unos pantalones vaqueros acampanados, camiseta, una chaqueta granate con la inscripción Solo Miembros (a juego con el coche deportivo granate que tenía) y las zapatillas Adidas salpicadas de pintura que se habían convertido en mis zapatos de trabajo para las tareas esporádicas, la misma indumentaria con la que había ido a la cárcel y que vistiera la mayor parte del tiempo aparte del mono naranja de la prisión y las sandalias de gelatina.

Días después de haber enterrado a su hijo, una apagada Latrell Hammonds contestó a mi llamada telefónica y dijo que no había problema en que pasara por su casa, lavara allí mi ropa y durmiera aquella noche en su sofá. Dormir era difícil, sobre todo porque me invadió el pensamiento de que aquellos días y noches desde que la policía me llevó a la comisaría habían constituido la primera vez en mi vida en que había estado físicamente separado de Christopher. Cuando por fin me pude dormir, no soñé en absoluto, porque una pregunta consciente insistió toda la noche en mi cerebro: *¿dónde está mi hijo?*

CAPÍTULO 10

Sueños de California

«Las entregas, por la puerta de atrás», indicó el señor Albanese de Dean Witter, mirándome por encima de su taza de café y su *Wall Street Journal* cuando me acerqué a su escritorio a las seis y cuarto de la mañana siguiente.

Afortunadamente, no hay nadie más en la empresa todavía, al menos en esa parte de la oficina, de modo que no tengo que soportar ninguna reacción de vergüenza por mi atuendo de la cárcel. Es cierto que mis pantalones vaqueros están lavados y mi cazadora «Solo Miembros» no se ve demasiado arrugada. Sin embargo, mis zapatillas manchadas de pintura me dan el aspecto exacto de lo que el señor Albanese cree que soy: un chico de reparto o algún vagabundo que se ha colado desde la calle.

—Señor Albanese —le digo, dando un paso adelante y presentándome—, soy Chris Gardner. Tenemos una cita esta mañana a las seis y media, y siento haber llegado demasiado pronto.

—Está bien —responde—. Soy madrugador.

—Yo también.

Asiento con la cabeza, ansioso como estoy. Ahora noto que está mirándome más de cerca, y eso me da pie a salir con una explicación ingeniosa por mi falta de atuendo profesional.

—Hoy podría ser el día más importante de mi carrera, y debo admitir que no vengo vestido para la ocasión —empiezo después de un instante.

Al parecer, mi intento con la ironía no le asombra en absoluto, y concuerda:

—Sí, ya veo. ¿Qué ha ocurrido?

Ninguna de las mentiras que puedo conjurar en ese instante son o bien lo bastante estrafalarias o plausibles para responderle. De modo que le cuento la verdad, excepto la parte de la prisión, pero incluyendo gran parte de todo lo que ha sucedido recientemente: que Jackie ha vaciado la casa llevándoselo todo, incluido mi auto, y sobre todo que tiene a mi hijo y desconozco dónde se encuentran.

Escuchando atentamente, el señor Albanese me interrumpe antes de que pueda pronunciar mi última frase:

—¿Cree que lo que le está ocurriendo es duro? ¡Pruebe lo que es tener que aguantar a tres mujeres distintas tirando todas ellas de la misma cosa!

Resulta que ha estado casado tres veces, las tres se ha divorciado, y en cada una de las ocasiones lo han desplumado, así que en ese momento se lanza a contarme una serie de historias sobre sus mujeres anteriores. Durante veinte minutos, despotrica y desvaría. Justo cuando pienso que podemos volver a la cuestión principal de mi futuro, me recuerda otra cosa:

—Y luego esa chica a la que estaba viendo, déjeme decirle lo que hizo.

La verdad es que me encuentro aquí para decirle por qué voy a ser un activo para Dean Witter en el programa de formación de la empresa y no estoy tan interesado en compadecerme. No obstante, resulta obvio que es un tipo agradable, de modo que escucho, asiento y digo en los momentos adecuados: «¡Oh, Dios mío!».

Finalmente, su repertorio se agota. En lugar de dejarme acabar de hablar o hacerme preguntas, se pone de pie, toma un sorbo de café y me dice:

—Esté aquí el lunes por la mañana, que yo mismo lo acompañaré personalmente a la sesión de formación.

Así sin más. Las puertas de Wall Street, que hasta aquí habían estado cerradas para mí, de pronto se habían abierto. ¡Estaba dentro! No tenía un millón de dólares en el bolsillo ni las llaves de mi

propio Ferrari rojo, pero esto resultaba una validación. Lo divertido era que después de preocuparme por mi ropa —sin saber
hasta más tarde que Jackie había aprendido sola a conducir el
coche automático para hacerse con nuestro coche, que no volví a
ver jamás, y llevarse a Christopher a la costa este, junto con la
llave del almacén donde puso todas mis cosas— la historia de por
qué no iba bien vestido me permitió establecer un vínculo con
Albanese. Esto solo servía para demostrar que Dios obra de formas
misteriosas.

Por supuesto, no había garantías. Durante mi período de
aprendizaje cobraría un estipendio de mil dólares al mes, y entre
el tiempo de las horas reales de formación, prestarles asistencia a
los corredores de la oficina más adelante durante el día, y estudiar
alguna que otra hora del tiempo que estuviera despierto, no quedaba ni un solo momento para conseguir ningún ingreso adicional. Eso iba a significar vivir de forma muy austera. También
quería decir que hasta que llegara el cheque del primer estipendio, al final del primer mes, tendría importantes problemas a los
que enfrentarme.

Para el lunes siguiente, había podido asegurarme algunas
noches en el sofá de algunos amigos, hacer cola para algunas
comidas, tomar prestado bastante dinero para el viaje hasta el trabajo en BART (el transporte por tren de tránsito rápido de la zona
de la bahía), y encontrar a un colega dispuesto a prestarme un
traje y un par de zapatos que pudiera usar hasta ese primer cheque.
El traje era dos tallas más pequeñas y los zapatos dos tallas más
grandes. Aun así, entré erguido y con orgullo al trabajo aquel
primer día, sorprendido de distinguir un rostro que había visto
por primera vez allí varios meses antes. Un hermano llamado Bob
—o «Bow Tie Bob» [Bob Corbatín] que era el mote que yo le
había puesto por su siempre presente corbatín y sus gafas con
montura de carey, así como su conducta tímida de club de campo— era un graduado de Stanford y el primer afroamericano que
entró en el programa de formación. Después de reencontrarnos,
cuando empecé a pasar por allí, me sentía ansioso de hablar con
cualquiera y ver a otro hermano en el lugar. Presentándome, le

comenté: «¿Vaya, estás aquí? ¡Qué bien! ¿Cómo hiciste para entrar? ¿Qué necesito para conseguirlo? ¿Qué hiciste?».

En el momento de aquellas primeras conversaciones, Bob Corbatín había empezado recientemente el programa de formación y parecía más interesado en hablar de cómo se había graduado en Stanford, donde jugaba en el equipo de golf, que de la forma en que había roto la barrera del color en el mundo financiero. Como era obvio, yo no tenía credenciales, ni siquiera había ido a la universidad, no pertenecía a ningún club y no jugaba al golf. No tenía muchas razones para hablar conmigo en absoluto, aunque las miradas que me lanzaba eran bastante expresivas, como diciendo: *¿de dónde has salido tú?*

Hasta donde yo sabía, Bob podría haber crecido en Watts. Sin embargo, había ido a Stanford —algo que yo no criticaba en lo más mínimo— donde pareció haber empezado y acabado toda la historia de su vida, y donde se había moldeado como el más blanco de los chicos negros que conocí jamás. Al menos esa había sido anteriormente mi opinión.

En un giro interesante, descubrí que Bob seguía en el nivel más bajo, en el mismo programa de formación, porque todavía tenía que pasar el examen... después de tres intentos. Durante ese proceso, el pijo Bob Corbatín se había convertido en un Bobby Seale radical. En lugar de darme la bienvenida al programa, me saludó comunicándome tan solo cuáles eran los desafíos y haciéndome saber que el examen era culturalmente partidista.

«¿De verdad?», le dije, preguntándome si sería verdad.

«Ese examen te va a vencer, amigo», me advirtió. «Te vencerá, ya lo verás».

Desde el primer día tuve claro que tenía que hacerlo bien y superar el examen. El negocio era el negocio, e independientemente de la forma en que la compañía quisiera fomentar una oportunidad equitativa, estaba seguro de que no había modo de que tuvieran en nómina a dos personas de color que hubieran suspendido el examen. En vista de las circunstancias, tendría una oportunidad. Por ese motivo evité relacionarme con Bob como si su problema, cualquiera que fuese, pudiera contagiarse. Después que se enfrascara de lleno demasiadas veces en su queja por la parcialidad cultural, acabé enfrentándome a él bromeando: «Bob, ¿acaso no fuiste a Stanford? ¿Parcialidad cultural? ¿De qué demonios hablas? Tú más que ningún otro debería conocer ese rollo, porque es allí donde lo enseñan». Ese fue casi todo el contacto que tuvimos desde aquel momento en adelante.

En mi costumbre de localizar a individuos de los que pudiera aprender, hice buenas migas con Andy Cooper, un ejecutivo, uno de los máximos productores de la compañía que vendía exenciones de impuestos antes de que cambiara la ley de derechos tributarios en esta época. Aquellos tratos —por lo general en bienes inmuebles, petróleo o gas natural— podían producir enormes cancelaciones, desde un dos a uno hasta un cuatro a uno. La forma básica de vender aquellos incentivos fiscales era llamar e invitar a los posibles inversores a un seminario. A partir del consejo que me dio Bob Bridges, establecí principios de disciplina en cuanto a la cantidad de llamadas telefónicas que hacía cada día, estableciendo como mi requisito diario doscientas llamadas, independientemente de lo desalentadoras que fueran las respuestas. Como Cooper había visto que yo era bastante disciplinado en el teléfono, me encomendó el trabajo de llamar a los líderes de los incentivos fiscales y conseguir que fueran en persona a donde él daba su discurso, cerraba los tratos y se embolsaba todas las comisiones. Como aprendiz, yo estaba haciendo el trabajo duro gratis, algo que no entendí del todo hasta más tarde. No obstante, a mí no me importaba en realidad. Lo único que me interesaba era tener éxito en este negocio, aprender todo lo que pudiera y conseguir la máxima experiencia.

Cuando no estaba en el programa de formación, trabajando o estudiando, solo me importaba descubrir dónde se encontraba Christopher y reunirme con él. Sin embargo, aquella inquietud suscitaba el constante problema de que no tenía otro lugar donde vivir que con Latrell, en la casa de atrás de la propiedad de su madre, donde tenía una habitación para mí solo; en el domicilio de Leon Webb, donde dormía en el suelo; unas pocas veces en el apartamento de Garvin, mi amigo de la infancia; o de vez en cuando con un par de mujeres distintas a las que no les importaba compartir su cama y su comida, aunque yo no tenía mucho que ofrecer a cambio más que mi aprecio eterno.

Sin saberlo, estaba afinando la capacidad de moverme con frecuencia, incluso de forma constante, inconsciente de lo críticas que esas aptitudes llegarían a ser. Después de que llegara el primer estipendio, fui de inmediato a comprarme un traje mejor. Con el que llevaba puesto y el que colgaba de una percha en un portatrajes sobre el hombro, unos pocos artículos de aseo personal y mis libros, era autosuficiente. En lugar de dejar mis cosas en casa de nadie, adopté la costumbre de llevarlo todo conmigo. Una tarde, en el trabajo, cuando no había hecho cola para pernoctar en un albergue, se me ocurrió que como habitualmente yo era el último en marcharme por la noche, nadie se enteraría si dormía debajo de mi escritorio. Después de todo, también solía ser yo el primero en llegar por la mañana.

Aquella primera noche fue extraña, como si alguien me fuera a descubrir. El problema no era que me vieran durmiendo en el trabajo, sino que supieran que no tenía ningún lugar donde quedarme. Sin embargo, yo no era como Bob Corbatín, que siguió teniendo más oportunidades, ni como Donald Turner que estaba conmigo en el programa de formación y cuyo hermano mayor era un alto productor de la compañía. Verdad o no, los demás tipos tenían infraestructuras en su vida con las que yo no contaba. Donald era muy nervioso y estaba resuelto a pasar, pero si no lo hacía, su hermano lo respaldaría sin duda. No es que sintiera lástima de mí mismo, porque eso no me iba a ayudar. No obstante, tenía que enfrentarme a los hechos: no había plan de apoyo ni red de seguridad, nadie que necesitara que yo tuviera éxito para darle una mejor imagen. Todo tenía que ver conmigo mismo. Si tenía que dormir debajo de mi escritorio, sería lo que haría.

Tras un par de noches descubrí que dormir en el trabajo no solo era conveniente, sino que reducía el gasto del tren y no había que hacer ninguna cama. Solo me acostaba, dormía y me levantaba antes de que llegara alguien, me lavaba la cara, me refrescaba lo mejor que podía, me cepillaba los dientes y el pelo, me echaba agua del lavabo en el cuerpo, me secaba con toallas de papel y me ponía desodorante de acción prolongada. A veces llevaba la misma ropa, otras me cambiaba de traje y de camisa, los cuales llevaba en el portatrajes. Para cuando entraban los demás, yo ya estaba al teléfono, adelantando así los dos centenares de llamadas al día. Por la tarde acababa relativamente temprano y me aseguraba de no hacer llamadas demasiado tarde. Luego volvía al estudio.

Durante las semanas siguientes, cuando me vencía la inquietud por aquello que no podía controlar, mi concentración me salvaba. Si solo ponía mi cabeza mentalmente en la llamada —siendo positivo y cordial, pero ciñéndome al negocio de un modo eficaz y productivo— y creaba esa disciplina de seguir adelante, continuar marcando números, continuar colgando y descolgando el teléfono, entonces podría sobrevivir hasta la noche, cuando me dedicara a los libros realmente complejos por lo técnicos, pero según me convencí tan fascinantes como las mayores historias jamás contadas. Todos aquellos años de escuchar a mamá diciéndome que la biblioteca pública era el lugar más peligroso del mundo, porque podías entrar allí e imaginar cómo hacer cualquier cosa *si* sabías leer, también me convencieron de que toda esta información que estaba aprendiendo al prepararme para mi examen me proporcionaría la ventaja competitiva a fin de poderlo aprobar la primera vez.

Cuando mi cerebro quería rendirse, mi actitud era que tenía que estudiar como si estuviera en la cárcel, porque el conocimiento era poder y libertad. Me acompañaba la imagen de Malcolm X en prisión, aprendiendo él solo mediante el estudio del diccionario, empezando por la primera palabra.

Sin embargo, con todo esto moviéndose en torno a mí no había tenido fortuna a la hora de localizar a Jackie y a mi bebé. En realidad, fue ella quien se las ingenió para dar conmigo e iniciar una serie de llamadas torturadoras. En casa de Latrell, a donde llamó primero y preguntó por mí, me puse al teléfono y del otro lado solo tuve el silencio de Jackie y el sonido de Christopher llorando en un segundo plano. De modo que respondí con silencio y un nudo en el estómago. Fue la primera vez que llamó, pero no la última, y no sé si fue coincidencia o no, pero cada vez que llamaba, dondequiera que me encontró, Christopher lloraba en el fondo. En cada ocasión, sentía una total angustia, pero ni formación en la Marina y la quietud que vi en mi madre cuando estaba bajo ataque me impidió decir una sola palabra. Por fin, incapaz de provocarme, colgaba. Y el *clic* seguía resonando dentro de mí después de soltar el teléfono.

Cada una de las veces necesitaba atravesar el proceso de cambiar mentalmente de canal, marcando la frecuencia que me hacía sintonizar con lo que estaba estudiando. A veces, pensar en Bob Corbatín me ayudaba a ponerme a trabajar a toda marcha, recordándome los requisitos del examen. Con un porcentaje de fallos del sesenta por ciento o más, este cubría la gama de Wall Street —instrumentos financieros, productos, acciones, bonos, obligaciones municipales y corporativas, bonos convertibles, acciones preferentes y normas— con una profundidad que rara vez se alcanzaba en los cursos de negocios e incluso en algunos programas de MBA (Maestría en Administración de Negocios). Conteniendo doscientas cincuenta preguntas con múltiples alternativas como respuesta, el examen contaba con varias secciones, y yo tendría que superar el setenta por ciento global: opciones, acciones, deuda, financiación municipal, financiación empresarial, reglamentos y normas. Fallar en una sección solamente suponía suspender todo el examen.

Con bastante dinero de los estipendios, encontré una pensión barata en Oakland, no muy lejos del centro y el lago Merritt. A todos los efectos era un refugio nocturno, pero lo mantenían decentemente e incluía tres comidas al día o lo que pudiera comer mientras estuviera allí. Era un mundo diferente a todo lo que había vivido antes, con personas que sobrevivían a duras penas, algunos con problemas mentales o adicciones, gente sin ayuda de nadie. No es que los juzgara, pero no podía relacionarme con ellos. La pensión era una opción barata temporal, donde podía dormir, estudiar y comer en las ocasiones en que volvía a tiempo para la cena.

Durante un tiempo pude comer de día cuando me encomendaban trabajos de mensajero a fin de instalar la sala de conferencia para Andy Cooper. Como aprendices, Donald Turner y yo éramos responsables no solo de hacer las llamadas iniciales a los clientes potenciales, el seguimiento por correo y más llamadas telefónicas, sino también de preparar los sándwiches y otros refrigerios ligeros antes de que empezara el seminario. Si la gente no se presentaba, los sándwiches no se tiraban. Constantemente hambriento, no me importaba en absoluto hacer ese trabajo.

Al mismo tiempo, había empezado a mirar más allá de mi examen, a ascender por la escala de Dean Witter, y no estaba seguro de que fuera tan buena idea pasar demasiado tiempo en el equipo de Andy Cooper. Para Donald Turner, cuyo hermano ya estaba establecido y alineado con Cooper, no había mucha elección. Parte de la razón de que estuviera tan nervioso era la cantidad de presión real que había sobre él para que viviera al nivel de las expectativas basadas en la actuación estelar de su hermano.

Tenía que producir, sobre todo cuando ya estaba comiendo del negocio —no todo el tiempo, pero sí con la suficiente frecuencia— debido a los contactos de su hermano. Esto solo parecía hacer que Donald, que ya era pálido de por sí, se pusiera más blanco todavía. Más o menos de mi edad, bien rasurado, de cabello pelirrojo peinado como un estudiante, con la raya a un lado, tenía una vocecita fina y una forma de acabar sus discursos y llamadas telefónicas diciendo. «Muy bien, adiós, adiós».

Me entraban ganas de inclinarme sobre su mesa y preguntarle: «¿A quién demonios le estás diciendo adiós, adiós?».

Y él tenía a los buenos clientes potenciales. Yo llamaba a los más indiferentes. No los conocía, ellos tampoco a mí, pero sí les sonaba el nombre de la compañía y atendían mi llamada. La formación sobre la marcha, en la práctica, me permitía desarrollar tres habilidades importantes. Primero, tenía que cumplir mi cuota de llamadas. Segundo, tenía que aprender a valorar con rapidez si estaba hablando con alguien a quien le gustaba conversar o si merecía la pena continuar. Finalmente, tenía que saber cuándo era el momento de terminar. Esto se convirtió en un juego para mí: saber si el posible cliente se estaba preparando para decir que no o me colgaría el teléfono. Mi mantra interno era: *voy a colgarte el teléfono antes de que tú me lo cuelgues a mí*. Sin embargo, al cliente potencial le decía: «MuchasgraciasQuetengaunbuendía», como si fuera una sola palabra larga.

De este modo, independientemente del resultado, podía ganar. Para no parecer maleducado, siempre decía lo mismo, y de la forma más clara y rápida que podía: «Muchas gracias, que tenga un buen día». Siendo cortés y formal, no tenía que escuchar un «no» ni el sonido del teléfono al ser colgado con enojo, la llamada no se reflejaba de mala manera en mí ni en la compañía, y podía pasar a la siguiente llamada, marcando el número en la rueda del teléfono antiguo como quien hace girar el bombo de la lotería.

Cuando me detenía, sin tener en qué concentrarme, no había más nada en mi cabeza excepto mi impotencia para encontrar y ver a Christopher.

Los demás aprendices sabían que yo era apasionado, obviamente. Sin embargo, no veía razón para confiarle a nadie donde vivía o qué drama se estaba desarrollando en mi vida personal. Me ayudaba reflexionar en algo que mamá me había dicho cuando tenía ilusiones de convertirme en actor, aquella vez que le pedí cinco dólares y en vez de dármelos me sugirió que actuara como si los tuviera. Eso me quitó rápidamente las ganas de ser actor, pero en su mensaje había otra cosa que ahora adquiría relevancia. Independientemente de lo que tuviera en el bolsillo, de lo que costara mi traje, nadie me impediría actuar *como si* fuera un ganador. Nadie me impediría que actuara *como si* mis problemas estuvieran todos en el proceso de resolverse. Muy pronto, actuar *como si* algo fuera realidad llegó a ser tan convincente que empecé a creer en mí mismo. Empecé a pensar de manera futurista, *como si* ya hubiera pasado el examen, sopesando lo que ocurriría a continuación.

Esto era lo que iba dándome vueltas en la cabeza mientras viajaba en el BART desde Oakland y de vuelta, cada día, cada noche. El sistema de apoyo de los favores hechos en devolución de los favores recibidos había empezado a hacerme más cauteloso. Tomé conciencia de que pegándome a Andy Cooper acabaría más o menos trabajando para él y quedándome con lo que no pudiera abarcar. Era un camino posible, la senda del trampolín, tal vez más segura, pero en última instancia menos lucrativa. El método más arriesgado era labrarme mi propio camino, construir mi propia base desde cero. Para un tipo novato que ni siquiera había pasado todavía el examen, decidir adoptar este enfoque representaría un par de grados más que ser un engreído y justo un poco menos que ser un temerario. Aun así, por lo que estaba aprendiendo en la oficina, los jugadores principales eran los pocos corredores que hacían las cosas a su manera: dedicaban tiempo a la investigación y combinaban las formas tradicionales y no tradicionales de conseguir la mejor operación para el dinero de sus clientes y de ellos mismos.

Dave Terrace era uno de los tipos a los que yo le tenía echado el ojo. Con una de las mayores oficinas en la compañía, hacía sus tratos en la parte trasera, donde se sentaban los rivales fuertes, detrás de la planta donde estábamos los recién llegados, así que cada vez que podía me daba la vuelta para verlo actuar. Puro negocio, sin sensaciones súbitas, sólido, coherente. Es posible que no estuviera ganando más que Andy Cooper, pero volaba solo. Eso me atraía. Mi elección estaba hecha. Como resultó más tarde, haberme dejado llevar por la bonanza de la exención de impuestos de la que Andy y sus chicos disfrutaban habría hecho que me estrellara igual que ellos cuando cambiaron las leyes del derecho tributario.

Llegó el día del examen. Donald Turner estaba más tenso que nunca, y parecía tan estresado que pensé que se suicidaría si no aprobaba. Bob Corbatín no se volvería a presentar esta vez al examen, posiblemente porque estaba demasiado ocupado rellenando formularios de queja por su parcialidad cultural. Tal vez para Donald y otros de los aprendices yo estaba demasiado relajado. No era así. Adentro escondía una adrenalina a tope y la tensión del guerrero que va a la batalla, del gladiador listo para enfrentarse a su oponente más letal si fuera necesario. Nada me dejó perplejo, pues no había trucos. Tampoco parcialidad cultural. Conocía las respuestas. El examen era fácil. En realidad, hice la primera mitad de un tirón, reservando tiempo, tomé el receso, y actué del mismo modo cuando volvimos para la segunda mitad de la prueba.

Tuvimos que esperar tres días para conocer los resultados. Era justo el tiempo necesario para que se apoderara de mí la reacción atrasada de perder los estribos. ¿Qué ocurriría si solo me había parecido fácil sin serlo? ¿Y si no había detectado las preguntas capciosas o la parcialidad cultural? ¿Y si después de todo la prueba solo pretendía dejarme fuera a mí? Regañándome a mí mismo, repetí mi mantra de que no había nada en ella que no hubiera visto antes y traté de mantener la calma.

La llamada telefónica no tardó en llegar. Uno de los directores adjuntos de la sucursal estaba al otro lado de la línea cuando descolgué el aparato en mi habitación.

«El suspense ha terminado», empezó diciendo, y esperó mi reacción.

Yo también aguardé, sin decir palabra.

«Lo ha conseguido, Gardner, ha aprobado», se rió entre dientes, probablemente consciente del enorme suspiro de alivio y liberación que surgió de mis pulmones. «En conjunto, ha conseguido un ochenta por ciento», prosiguió. «Ha hecho un excelente trabajo».

Ni sorprendido ni eufórico, me sentía agradecido. Sentado en el borde de mi cama, en la pensión, dejé que mi mente se quedara en blanco y solo me permití respirar. No había nadie con quien ir a celebrar, nadie que entendiera lo que aquello significaba. Nunca supe si Donald Turner aprobó o no. Sin embargo, de una cosa sí estaba seguro: mi colega Bob Corbatín no se entusiasmaría.

¿Qué significaba esto? Que había superado la prueba, pero solo era una de ellas. Como si hubiera ganado una carrera clasificatoria para las Olimpiadas. Mi formación había acabado y estaba preparado para competir. Ahora volvía a empezar de cero, regresaba a las llamadas iniciales sacadas de los directorios telefónicos. Iba a componer mi propio libro, costara lo que costara, a realizar con esfuerzo las llamadas posteriores a mis presentaciones y cerrar operaciones, hallando así mi lugar. En cierta forma, el listón había sido colocado más alto que antes, cuando la compañía invertía en mi formación. Aquello había acabado. Ahora tenía que producir. No obstante, algo había cambiado. Ya no tenía que demostrar nada. Mi confianza era tan inmensa como el océano Pacífico. Había aprobado. Por fin era legal. Tenía mis papeles.

———

Jackie está sentada frente a mí en una cafetería de Berkeley un viernes por la tarde, aproximadamente un mes más tarde, mientras yo intento con todas mis fuerzas no perder la calma, independientemente de lo que me tire a la cara.

Habían transcurrido cuatro meses desde que se marchó con mi hijo y nuestro coche, que no volví a ver jamás, dejándome en la calle en medio del frío. Esto había sido grotesco, pero también es verdad que acabamos de llegar del tribunal, donde las cosas han dado un raro giro adicional.

En los días que nos llevaron a la fecha del juicio, ella me había hecho unas pocas llamadas, y esta vez había conversado conmigo, negándose a permitirme hablar con Christopher o darme cualquier información sobre su paradero, pero utilizando algunos detalles a modo de cebo, como que había aprendido sola a conducir un coche con palanca de cambios manual para conducir por todo el país y que tenía un abogado con mucho poder. Este letrado era un «hermano», alguien a quien yo llegaría a referirme como un idiota, un eunuco seco, insulso y que no suponía una amenaza para nadie. Aunque sospeché que ella se refería a su hermano el abogado, cuando entré a la vista con mi letrado —cuyos honorarios me costaban más que mi sueldo del primer mes como corredor— vi que su poder de representación consistía en alguien de la oficina local del fiscal del distrito, en nombre del estado, y el agente de policía que me había arrestado.

La siguiente sorpresa fue que Jackie decidió no presentar cargos. Así como así. Según mi análisis, justo o erróneo, parecía que todo aquello había sido la forma que Jackie encontró para tener contacto conmigo. Esto se vio respaldado por su sugerencia de que fuéramos a algún lugar y conversáramos.

Muy bien. Aquí estamos. Parece saber dónde vivo, como si hubiera estado siguiéndome de cerca, y esto indica que está al corriente de que he superado el examen. Sin embargo, no tiene nada que decir al respecto. Es verdad que tal vez sienta cierta envidia. Después de todo, nunca creyó que yo pudiera lograrlo sin un título universitario, o también es posible que esté proyectando sus propias inseguridades, o quizá tenga a otras personas a su alrededor que le estén diciendo que no ha conseguido su sueño, mientras que yo persigo el mío. Cualquiera que sea el caso, no me felicita, claro está, por haber conseguido la licencia y el trabajo. No obstante, pensándolo bien, ella tiene algo que yo no poseo: nuestro hijo. Ah sí, y también se ha quedado con todas mis cosas. No es que sean cosas que en su mayor parte pudiera usar en esos momentos dado mi alojamiento temporal, que en un futuro inmediato no está a punto de cambiar.

Mi decisión de no formar parte del clan Cooper no fue la más práctica en un principio. En términos de comisiones, yo hacía ahora alrededor de mil doscientos dólares al mes, aunque habría podido ganar más de haber estado dispuesto a colaborar en el establecimiento de tratos mayores para Andy y que la comisión fuera para él a cambio de quedarme con algunas de sus operaciones menores conforme estuvieran disponibles. En vez de esto, yo quería acaparar tanto las operaciones grandes como las más pequeñas para mí, aunque no tuviera la promesa de conseguir unas u otras. Esa era mi elección: picaba muy alto, pero no tenía base. Me planteé el juego de los números con los ojos bien abiertos, sabiendo perfectamente que X número de llamadas era igual a X número de posibles clientes, igual a X número de ventas, igual a X número de clientes, igual a X número de comisiones brutas o dólares en mi bolsillo. De doscientas llamadas, la estadística era de diez clientes nuevos, y la mitad de ellos se convertían en clientes repetidores. Ahí era donde ganabas dinero. Hacer las cosas a mi manera suponía que yo mismo constituía la cadena de montaje, arrancaba la operación, marcaba el número de teléfono y sonreía. Y era bueno, tanto que varios de los corredores veteranos me hicieron propuestas de colaboración para ayudar a incrementar sus números. Cuando se acercaban a mí, respondía típicamente, sin ser desagradecido: «No, no creo que pueda aceptar. Lo que quiero es crear mi propio libro. Pero gracias por pensar en mí».

Esto me dio derecho a ser nombrado, casi de continuo, el «corredor de bolsa del día». Al principio, esto sonaba como un honor, un paso hacia arriba. El corredor del día era el hombre clave para los clientes que entraban por primera vez a cualquier oficina, que no tuvieran aún un corredor ni una cuenta en la compañía. Por lo general, este tipo de cliente quería información específica o ya tenían una cierta idea de lo que podrían querer comprar. En San Francisco, donde la paz y el amor libre habían gobernado no hacía muchos años, en 1982 todavía existían los prejuicios raciales, y pronto quedó claro que aquellos clientes potenciales que entraban por la puerta no esperaban ver a un hombre de color como corredor de bolsa. Esto añadía otra capa de reto, pero yo actuaba como si no fuera un problema y les ofrecía toda mi ayuda. «Hola, ¿qué tal? Imagino que desea comprar un Ginnie Mae (Government National Mortgage Association [Asociación Nacional Gubernamental de Hipotecas; N.T.]), ¿no es así?». Y entrábamos en detalles. O les decía: «¿Quiere ahorrar dinero para sus nietos? Sí, tengo algunas sugerencias».

En unas pocas ocasiones, después de haber hecho todo el trabajo preliminar y rellenado el registro de entrada, posteriormente me enteraba de que no había conseguido la comisión. ¿Por qué? «Bueno», decía el director de la sucursal en esos casos, «querían a alguien con más experiencia».

La primera vez que ocurrió me enfadé. La segunda, me enfrenté a mi jefe. «A ver si lo he entendido bien. Básicamente están comprando acciones en Commonwealth Edison, ¿correcto? Conseguir el rendimiento, las ganancias, no va a cambiar por quién se gane la comisión. Son las mismas acciones, la misma compañía. Sin embargo, querían a alguien con un poco más de experiencia. ¿Y esa persona se queda con la comisión que yo he trabajado?».

No se trataba de ciencia espacial. La realidad es que esa gente no había tratado nunca antes con alguien de color y no quería hacerlo, aunque yo hubiera realizado un trabajo extraordinario y les hubiera hecho ganar dinero. Sin embargo, estaba aprendiendo que podía rechazar ser el corredor del día. Volví a la sonrisa y a realizar llamadas. La lección no se aplicaría aquí necesariamente a otros tipos, pero para mí era evidente que yo lo hacía mejor por teléfono. Si podía conseguir que alguien se entusiasmara ante la oportunidad de ganar dinero, si podíamos establecer la conexión, ese era el camino que debía seguir. Además, aunque pudiera recurrir a la lengua vernácula en cualquier momento, cualquier día, por teléfono no reculaba evidente que era negro. Tal vez esto se debía al talento de aprender otros lenguajes: musical, médico, financiero, anglosajón, el que fuera. ¿Y el nombre de Chris Gardner? No revelaba una etnia concreta. Yo podía haber sido cualquiera, de cualquier origen.

Así que el teléfono se convirtió en el escudo de mi color. En realidad, hacía desistir a los nuevos clientes de venir a la oficina en persona, que era una de las maneras preferidas por los demás corredores de cerrar sus operaciones. «Muy bien, esto es lo que haremos», les decía una vez establecido que íbamos a hacer negocio. «Abramos la cuenta, usted me envía el cheque y la compañía le enviará sus confirmaciones, y empezamos a funcionar. ¿Enviará hoy el cheque por correo o prefiere hacer una transferencia bancaria?».

Cuando la gente quería venir personalmente, tenía una forma muy hábil de decir: «No, no es necesario. Esto es un caos y una locura. Hagámoslo por teléfono».

Transcurridos los cuatro meses desde que Jackie se había largado con Christopher, la bola había empezado sin duda a rodar, pero todavía no se había traducido en un gran cambio en mis ingresos. Hasta el momento no había un símbolo externo de mi éxito, algo que pudiera agitar delante de ella como una bandera.

En vez de eso, le proporciono tan poca información de en qué estoy metido como ella me da sobre mi hijo. Finalmente, Jackie desliza una llave hacia mí y me dice dónde está el almacén que contiene mis cosas. Sin embargo, se niega a ofrecerme lo que más quiero: mi niño. Con la menor reacción que soy capaz de mostrar, me meto la llave en el bolsillo y me marcho, sufriendo por dentro.

Antes de regresar a Oakland, reflexiono y pienso que no tengo aún donde poner mis cosas, pero al menos puedo sacar un par de prendas de vestir y mi leal maletín que compré hacía casi un año, cuando empecé mi primera incursión en el mundo de los negocios.

Más tarde aquella misma noche en la pensión, al airear el traje y sacarles brillo a los zapatos que había tomado del almacén, hago una pausa para admirar mi elegante maletín Hartman, de cuero marrón, en el que gasté lo que parece una cantidad exorbitante:

cien dólares. Justo en ese momento me sobresalta el sonido de unos golpes firmes en la puerta. El ritmo de los tres toques —corto, corto, *largo*— me recuerda la forma de llamar de Jackie. No obstante, por otra parte, es altamente improbable que sea ella.

En efecto, cuando abro la puerta, allí está. Y no viene sola. En sus brazos está Christopher. ¡Mi hijo, mi bebé! Ahora tiene diecinueve o veinte meses, aunque su aspecto es más bien de tres años, y está más hermoso de lo que recordaba cada vez que me despertaba o cuando dormía. Entre la conmoción y la euforia no sé qué decir.

Y aún experimento más conmoción y más euforia, pues al entregármelo Jackie dice: «Toma». De detrás de ella me tiende un inmenso y sobrecargado bolso de lona y su pequeño carrito azul. De nuevo me dice: «Toma».

Tengo a Christopher en mis brazos, abrazándolo con fuerza contra mí y sin entender todavía lo que está sucediendo.

Lentamente voy comprendiendo que esta no es una visita, sino que en realidad lo está dejando a mi cuidado. Aunque no dice apenas nada, la conozco lo suficiente como para entender que eso es todo y que sencillamente no puede seguir ocupándose de él.

Por nuestro breve intercambio de palabras resulta evidente que está sintiendo la presión de criar a un niño como madre soltera a la vez que se establece profesionalmente. También puedo sentir que lamenta haberlo sacado del estado y no haber buscado antes un arreglo conjunto. Sin embargo, nada de esto se expresa exactamente en palabras. Lo que sí me indica es lo que contiene el bolso de lona, incluido el monstruoso paquete de pañales, lo que el niño necesita comer y la frecuencia, así como lo que no debe comer —«nada de caramelos»— y a continuación le dice adiós a Christopher y se va.

«Christopher», le digo una y otra vez. «¡Te he echado de menos! ¡Te he echado de menos!».

«Yo también te he echado de menos, papá», me responde, con una frase completa y una de esas expresiones de sabiduría, como si ya fuera un veterano del cambio y supiera que tal vez tengamos por delante un camino difícil.

O quizá eso solo sea lo que yo estoy pensando en ese momento. Ocurra lo que ocurra, sé que dos cosas son ciertas. En primer lugar, tengo a mi hijo de nuevo junto a mí y nadie en esta tierra me lo va a volver a quitar. Ahora esto se ha convertido en un principio del universo. En segundo lugar —y ya sé que es un hecho— nos acabamos de convertir instantáneamente en unos jodidos sin hogar.

―――――

El tiempo cambia cuando no tienes hogar. Las estaciones pasan sin orden, todo en el transcurso de un solo día. Sobre todo en San Francisco que tiene las cuatro estaciones juntas todo el año. Durante las horas de luz de la semana laboral, parece que el tiempo pasa volando, demasiado rápido. Las noches y los fines de semana son otra historia. Todo se ralentiza hasta convertirse en un arrastrarse ominoso.

Tu memoria cambia cuando eres un sin techo. Siempre moviéndote, una geografía cambiante, sin dirección, sin ancla a la que atarte cuando se producen los acontecimientos. Cuesta mucho recordar si algo sucedió hace una semana o un mes, si fue ayer o hace tres días.

¿Cómo me convertí de la noche en la mañana en un sin hogar, sobre todo ahora que era un corredor de bolsa que trabajaba para Dean Witter? Porque en la pensión no se permitían niños. Sin excepciones. También se habían acabado los días en que aterrizaba en el sofá en casa de mis amigos. Ya me había impuesto demasiadas veces cuando hacía el programa de formación, pero pedir quedarme unas cuantas noches y añadir: «Ah, por cierto, mi bebé también», no funcionaría. Tal vez a las mujeres con las que me veía les gustaba tenerme en su cama, pero no les complacería que apareciera con un niño curioso y activo.

El único golpe de suerte que tuve al intentar resolver cómo navegar por un terreno completamente nuevo fue que, al ser viernes cuando Jackie se apareció con Christopher, esto me proporcionó al menos aquella noche en la pensión antes de que me echaran al día siguiente. Eso también me permitió tener el fin de semana para encontrar un lugar donde quedarnos y una guardería para que el niño empezara el lunes.

El sábado zapateamos las calles con todos nuestros bártulos, él en su carrito, mientras yo practico el nuevo acto de equilibrio, que se convertirá en algo demasiado familiar, y nos dirigimos hacia el «hotel de las prostitutas» para comprobar el precio de las habitaciones. Dentro de mí se produce un importante debate interno con relación a las preguntas: ¿*qué* voy a hacer? ¿*Cómo* voy a hacer esto? Una línea de pensamiento afirma: *tengo a mi bebé, no voy a abandonarlo, esa no es una opción.* Otra voz me recuerda: *no tienes ningún respaldo aquí, no hay caballería que venga en tu apoyo.*

La guardería de San Francisco, a cuatrocientos dólares el mes, es impensable. Con un alquiler de al menos seiscientos dólares, se llevaría lo que gano una vez pagados los impuestos y no quedaría nada para comida, transporte y pañales. Desde un teléfono público llamo a unos cuantos amigos para ver si tienen alguna información sobre las guarderías en la Zona de la Bahía. Uno de los lugares parece maravilloso. Resulta estar por encima de mi presupuesto; además, no aceptan a niños que siguen llevando pañales.

«Está bien, Christopher», le digo cuando empezamos a marcharnos, «ya nos ocuparemos de eso. ¿De acuerdo, cariño?».

Conforme voy mirando a mi alrededor, esperando que no pasará mucho tiempo antes de poderme permitir que él vaya allí, noto que la administración del centro ha puesto un cartel en el muro donde se afirma que es un lugar de «FELYCIDAD».

Durante un minuto, empiezo a cuestionarme en mi mente lo buena que puede ser una guardería infantil si ni siquiera son capaces de escribir correctamente «felicidad». De todas las cosas de las que me tengo que preocupar, esa no es una de ellas. Aun así, de regreso a la calle, siento la necesidad de asegurarme de que mi hijo sepa que la palabra se escribe con I y no con Y. F-E-L-I-C-I-D-A-D.

«Está bien, papi», asiente Christopher, repitiendo la palabra. «Felicidad».

«Es una palabra importante», replico con aprobación, deseando poder asegurar la felicidad de Chris y la mía en un futuro inmediato.

La ortografía no es mi principal inquietud cuando marco los números que me han dado, uno de la casa de la señorita Luellen, otro de la señorita Bessie, y de un tercer lugar en la Treinta y tres; son personas que cuidan niños con regularidad, pero no son la clase de guardería con licencias y registros. La mujer de la Treinta y tres me dice que le lleve a Christopher el lunes temprano y me asegura que puedo pagarle a la semana. Cien dólares. En realidad no me estoy ahorrando dinero, pero puedo pagarlo sobre la marcha. Aunque esto no contribuye en gran medida a que me sienta seguro de que recibirá el mejor cuidado posible, es mejor que nada.

Para quedarnos esa noche, consigo una habitación en West Oakland, sobre la Calle West, en The Palms [Las palmeras], un lugar llamado así por la única palmera que hay en el patio y otra en un rincón a sesenta metros. Por lo que se ve, las únicas residentes aparte de nosotros son las prostitutas. Más tarde, esto no me molestará, pero en ese momento lo único que puedo hacer es entrar en nuestra habitación tan rápido como podemos, cerrar la puerta con doble llave, y subir el sonido del televisor para asegurarme de que no tendremos que escuchar los efectos sonoros de ningún cliente descontrolado.

La habitación me cuesta veinticinco dólares al día, con televisor a color, una cama, un escritorio, una silla y cuarto de baño. Pero, bueno, estamos aquí. Esa es mi nueva filosofía: dondequiera que estemos, estamos, y aquí es donde nos encontramos ahora, y sacaremos el mejor provecho de ello. Por el momento.

Cuando me las arreglé para salir de la borrosidad del espacio y el tiempo a fin de contemplar la imagen panorámica, la realidad era que tenía el trabajo y la oportunidad que iba a cambiar nuestras circunstancias y vidas para siempre. Nada iba a sacudir mi convicción, ni siquiera los cálculos mentales y reales de lo que me quedaba después de pagar The Palms y la guardería, ni tampoco los gritos y gemidos de Christopher en el momento de entrar en el lugar donde lo cuidarían.

Aquello me mató. Es muy probable que él sintiera mi renuncia a dejarlo con extraños, pero no tenía elección. Lo único que pude hacer fue tranquilizarlo: «Volveré. Volveré». Mientras retrocedía para salir, casi llorando yo también, seguí repitiendo: «Volveré».

Cuando fui a recogerlo aquella tarde, corrió hacia mí y casi salta en mis brazos. «¿Lo ves? Te lo dije», le recordé.

Sin embargo, a la mañana siguiente fue peor. Sacarlo del hotel y meterlo en su carrito fue una lucha, y empezó a llorar en cuanto volvimos la esquina para entrar en la Treinta y cinco, mientras yo repetía el sonsonete todo el camino hasta la puerta y al salir: «Volveré, volveré, volveré».

Los días y las imágenes empezaron a pasar mientras las noches se hacían más largas y el aire se volvía más frío y húmedo. Tras recogerlo, por lo general lo llevaba a comer algo, a un sitio calentito y barato, donde compartía mis preocupaciones con mi pequeño secuaz, comentándole: «No, esto no va a funcionar. The Palms es demasiado caro, amigo. ¿Te acuerdas de la casa? Sí, en Berkeley, nuestra casita. Era nuestra. Este rollo transitorio no es bueno».

Christopher me respondía con una de esas expresiones de ceño fruncido.

¿Cómo puedo explicárselo a él o a mí mismo? No solo son las prostitutas, los porreros, los borrachos y la escoria de las calles, es el sentimiento de no estar asentados, de no tener un domicilio o un grupo de apoyo. Se trata del ruido y las luces constantemente encendidas en el exterior, porque The Palms está justo en plena avenida, los paseos de las prostitutas, las bocinas de los autos sonando, la música a todo volumen y las personas gritando. La televisión ayuda a ahogar algo de todos esos sonidos, lo suficiente para que pueda rumiar todas y cada unas de las opciones a fin de enfocarme en qué hacer y cómo llevarlo a cabo.

De vez en cuando, la bondad surgía de la nada y en los lugares más inesperados, como una noche cuando regresamos a The Palms y una de las hermanas que trabajaba en las calles se acercó a nosotros. Ella y sus colegas me habían visto con Christopher en el carrito, mañana y noche, y probablemente se imaginaron nuestra situación. Un hombre negro con un niño pequeño en un carrito... un padre soltero... no era algo que hubieran visto antes.

«Oye, pequeño galán, mi pequeño alcahuete», dijo al acercarse, con una barrita de caramelo en su mano para dársela a Christopher. «Aquí tienes».

«No, no», insistí, manteniendo la norma de Jackie contra el azúcar. «No necesita caramelos».

Lamentablemente, Christopher se sintió decepcionado y empezó a llorar. «No llores», le dijo ella, y metiendo la mano en su mágico escote, sacó un billete de cinco dólares y se lo entregó.

¿Crees que puse alguna objeción? No. Christopher estaba tan feliz que parecía preferir el dinero al caramelo. Un chico listo.

«Bueno, gracias», murmuré, desconociendo si ella imaginaba que su billete de cinco dólares pagaría nuestra cena a la vuelta de la esquina, en Mosell's, un lugar donde hacían comida negra del sur, que a mi hijo y a mí nos gustaba.

La misma hermana y un par más de otras damas de la noche empezaron a darle a Christopher billetes de cinco dólares con regularidad. En realidad, algunos días no habríamos podido comer sin su ayuda. En los momentos en que más hambriento estábamos, cuando no teníamos nada que comer, salía a propósito con el carrito por la parte de la acera donde ellas se paraban, caminando verdaderamente despacio por si acaso ninguno de los rostros familiares estaba trabajando aún en la calle. Había pureza en la ayuda que esas mujeres nos prestaron sin pedir nada a cambio. Bondad, pura y simple. En los días inciertos, pensaba que vagábamos por el desierto, sabiendo que éramos guiados a una tierra prometida y que Dios estaba enviando su maná para alimentarnos de una forma única.

Desde ese momento en adelante, nadie podía degradar a una ramera en mi presencia. Es evidente que no abogo por la prostitución, pero eso es cosa de ellas y no mía.

Mi asunto era Wall Street, nada más.

Marcando números de teléfono y sonriendo, pronto me convierto en el trabajo en «el amo del teléfono», el máximo vendedor por medio de llamadas iniciales. Esa es mi fuerza vital. Mi escapatoria. Con cada una de esas doscientas llamadas, voy cavando el boquete, tal vez con una cucharilla de té, pero poco a poco. La urgencia aumenta, dándome más empuje, cuando miro a mi hijo y tengo que dejarlo cada día, sabiendo que no puedo permitirme el lujo de limitarme a ser positivo y perseverar. No, tengo que conseguirlo *hoy*. No se trata de mantener la velocidad hoy y redoblar esfuerzos mañana. ¡No, maldita sea! Tiene que ser *ahora*. Nadie me da negocios, yo no soy Donald Turner con un hermano en la planta superior; tampoco soy uno de los veteranos que ya tienen libros y solo le dan servicio a los clientes. Todo depende de mí. Cada llamada telefónica es una ocasión, una oportunidad de acercarme más a nuestro propia casa, a la vida mejor que quiero vivir, una vida de felicidad para mí y mi hijo.

Sin ofrecer una explicación, en varias ocasiones me llevo a Christopher al trabajo conmigo, otra señal de mi diligencia para mis compañeros de trabajo. Después que todos se marchen, por lo general en torno a las cinco de la tarde en punto, cinco y media a lo máximo, me quedo y sigo llamando, de modo que podamos echarnos luego debajo del escritorio y dormir. El resto de la oficina estaba acostumbrado a que me quedara hasta tarde, y nunca parecieron sospechar nada. A algunos les divertía, y la mayoría de ellos me animaba con sus habituales palabras de despedida: «¡Ve por ellos, ve por ellos»!

Por la mañana reaccionaban del mismo modo, cuando la mayor parte de ellos llegaba alrededor de las siete y media u ocho, y yo ya estaba en mi escritorio haciendo llamadas, mientras Christopher se mantenía ocupado con un libro de imágenes o garabateando en un papel. Para no tener aún dos años, poseía un extraño talento para jugar solo y no distraerme del trabajo.

La única persona que parecía desconcertada era el director de la sucursal, que por regla general llegaba primero a la oficina cada día. Nunca dijo una palabra, pero estoy seguro de que se preguntaba cómo me las arreglaba para llegar antes que él en aquellos días, y además con mi bebé a cuestas.

Que yo supiera, nadie estaba al tanto de que yo dormía debajo del escritorio con Christopher aquellas noches en que no tenía a dónde ir, ya fuera que lo llevara a la guardería muy temprano por la mañana y lo recogiera en la tarde, regresando de nuevo a la oficina aquella misma noche, o que se quedara conmigo en la oficina aquel día. Lo que sí sabían era que yo estaba hambriento de éxito. Lo que no se imaginaban era lo literalmente hambriento que estaba.

Parte de lo que me empujaba eran mis circunstancias. Al haber tomado la decisión de construir mi propio libro, tardaría más en ver los dólares en mi bolsillo. Estaba empezando poco a poco, creando confianza, desarrollando relaciones; era como plantar semillas, regarlas y dejarlas crecer hasta el momento de la cosecha. Era un proceso que tenía su propio ciclo, en ocasiones de cuatro a seis meses, otras veces más. Aquella metáfora agrícola me llevó directamente al invierno, cuando yo sabía que lo pasaríamos realmente mal hasta la primavera. Así que recorté gastos todo lo que pude, asegurándome de llevar siempre conmigo todas nuestras pertenencias cada día, haciendo malabarismos con el bolso de lona, el maletín, mi bolso colgante, la caja de pañales y un paraguas, dirigiéndonos río abajo desde The Palms, donde una habitación con televisor a color costaba veinticinco dólares, hasta un motel de camioneros que nos proporcionó una habitación con televisor en blanco y negro por diez dólares al día. Ahora los vecinos eran principalmente camioneros y las prostitutas que le ofrecían sus servicios a esa clientela, justo en la salida de la autopista. Fue un cambio duro. Después de comer, íbamos a casa cada noche y nos encerrábamos, negándonos a salir incluso cuando hacía buen tiempo.

Los fines de semana en que no llovía, aprovechamos los muchos parques públicos de San Francisco y las oportunidades de entretenernos gratis. Una de nuestras paradas favoritas es el área de juegos para niños del parque Golden Gate, donde Christopher puede jugar en el cajón de arena o escalar el armazón de barras mientras yo me siento en un columpio, meditando sobre cómo vivir de hoy a mañana. Un día solo tenía suficiente dinero para volver de Oakland en el BART y quedarnos en el motel de camioneros o comprar una bebida y un tentempié en el puesto de refrescos.

«Hoy no hay bebida, Christopher». Intento calmarlo cuando empieza a llorar. «La próxima vez tomaremos un refresco y palomitas de maíz». Esto me mata.

A la siguiente vez tenemos el mismo dilema, y le compro lo que quiere, incapaz de decirle que no en esta ocasión. Es una de esas noches lo bastante cálidas en que dormimos, o mejor dicho intentamos dormir, en un rincón de césped de Union Square, no lejos del lugar donde el tipo que intentó ligarme aquel día le llamó a San Francisco «el París del Pacífico».

Dormimos cerca del lado del parque que está debajo del Hotel Hyatt que da a Union Square, no tan lujoso como algunos de los hoteles del barrio, pero limpio y moderno, un faro de seguridad y consuelo que, en cierto modo, hace que me sienta mejor aun durmiendo a su sombra. Al otro lado de nuestro rincón, en diagonal, se encuentra el territorio realmente peligroso de la ciudad, sobre todo de noche, rodeado por el Tenderloin, la parte donde viví primeramente, cuando era fácil vivir sin comodidades.

No obstante, ese «vivir sin comodidades» ha adquirido un significado totalmente nuevo ahora, durante este período. Tras pensar que realmente conozco San Francisco, ahora llego a conocer la ciudad de una manera mucho más íntima, no solo donde hay o no cuestas, sino el grado de su ángulo y su pendiente, el número de pasos necesarios para empujar el carrito al subirlas, cuantas manzanas hay que caminar por el lado más largo para evitar una cuesta, y hasta dónde están las grietas en las aceras de hormigón. Grietas en el hormigón. Familiarizarse con estas no es una búsqueda obsesiva compulsiva, sino una cuestión de supervivencia para desenvolverse con un niño en un carrito endeble y todo lo que poseo sobre mi persona, bajo la restricción del tiempo y el clima.

Este invierno de 1982 y principios de 1983 las lluvias llegan con fuerza, eliminando las opciones de tener actividades al aire libre o dormir en el parque. Aunque he evitado las colas de comida, no puedo seguir haciéndolo, no con un niño pequeño hambriento, y muy pronto empezamos a caminar hasta la iglesia Glide Memorial, en el Tenderloin, donde el reverendo Cecil Williams y los activistas de la comunidad han estado alimentando a los sin hogar y los hambrientos abajo en el sótano de la iglesia, en la Cocina de Moe, tres veces al día, siete días a la semana, los trescientos sesenta y cinco días del año.

Para mí, la mejor parte es que los domingos, después de los cultos en la iglesia, en vez de tener que hacer una cola que ocupa toda la calle y le da vuelta a la esquina, podemos tomar una ruta diferente a través del edificio y bajar hasta Moe. No obstante, independientemente de cómo lleguemos hasta allí, cuando tomo una bandeja y empiezo la cola de la cafetería, solo veo dignidad —por frágil que sea— en todos los rostros que hacen fila conmigo, todos ellos adultos, ninguno con niños, algunos que parecen trabajar como yo, otros que están indudablemente desempleados.

Nunca sentías que eras menos por haber ido a comer allí. Hacías la fila con hombres, mujeres, negros, blancos, latinos, chinos, como en las Naciones Unidas, muchos en fases distintas de algún tipo de problema: drogas, alcohol, violencia, pobreza, o estando al límite de la locura, medicados o pasando dificultades. Sin embargo, solo nos encontrábamos allí para comer.

No hay preguntas ni interrogantes, ni se precisan credenciales para estar necesitado. No me sentía como si me dieran una limosna. Era algo más parecido a que la madre de otro quisiera alimentarte: *chico, siéntate y come algo.* Y cuando llegábamos a la comida, era abundante, no escasa, copiosa y sabrosa. Comida estadounidense. Más maná.

En los años posteriores tendría que decirle a todos los de Glide que les advirtieran a las personas lo que les puede ocurrir a los niños cuando empiezan comiendo en la Cocina de Moe. En realidad, más adelante Christopher alcanzó una estatura de dos metros tres centímetros y un peso de ciento treinta kilos. Podía comer bien en Moe, incluso siendo un niñito. Cuando salías de allí, nunca tenías hambre, y no solo eso, sino que te sentías mejor. Y esto era así porque no podías olvidar la bienvenida que te daban en Glide, la que recibías en la Cocina de Moe.

Los sermones del reverendo también alimentaban mi alma, recordándome lo que seguía olvidando: que los pasos pequeños contaban, aunque las cosas no ocurrieran tan rápido como yo deseaba. Después del culto, sin falta, el reverendo se paraba fuera del santuario, en el vestíbulo, o en los escalones exteriores, abrazando a cada persona antes de que se fuera. Todas las personas que necesitaban un abrazo lo tenían. La primera vez que fui a recibir uno, sentí como si Cecil Williams me conociera desde antes. Con lo que parecía ser una sonrisa permanentemente grabada en su rostro sabio, redondo, siempre joven y atractivo, y con su estatura más grande que la vida y que me convenció de ser más alto de lo que era en realidad, me extendió los brazos y me dio un fuerte abrazo, diciéndome: «Recorre ese camino».

Le devolví el abrazo bendiciéndolo con mi agradecimiento y diciéndole que recorrería ese camino y no me limitaría a hablar, que seguiría adelante.

Más tarde, el reverendo admitió que había reparado en mí por lo inusual que resultaba ver a un hombre en una fila de comida con un bebé. No tuve que explicar nada sobre mi situación. Parecía saberlo todo. No era tan solo que pudiera ver que era padre soltero, sino que veía quién era yo, que tenía el diploma de Dios, como habría dicho mamá, mi nobleza, mi alma, mi potencial. Tal vez fuera esa la razón por la que cuando tuve noticias del hotel para los sin hogar que él había comenzado calle abajo, estuvo de acuerdo en que me quedara allí.

Era la bondad personificada. El primer hotel para desamparados del país, situado en Concord Plaza, en O'Farrell y Powell, fue iniciado por Cecil con la ambiciosa idea de darles a las mujeres y los niños sin hogar un sitio que les sirviera de transición, donde empezar de nuevo, donde fortalecerse. Finalmente, muchos siguieron trabajando en el hotel, el restaurante o uno de los muchos y distintos programas en expansión que Glide ofrecía. Aunque había habitaciones libres para la noche, por razones de seguridad, justicia y eficacia, existían normas de conducta que se debían seguir de manera explícita.

Cuando hablé con el reverendo, reconocí que obviamente no era una mujer, pero que no contaba con un hogar y tenía un niño. Más importante aún es que tenía trabajo. Solo necesitaba algún lugar donde vivir hasta poder reunir el dinero para conseguir un apartamento.

«Muy bien», me contestó sin pensarlo dos veces. Me había estado observando con Christopher. Confiaba en mí. «Ve allá abajo», me tranquilizó, y me indicó a quién debía ver y qué tenía que decir.

Cuando entré allí por primera vez, me vi inmerso en un mar verde guisante descolorido: alfombra verde guisante y papel pintado verde guisante, despegado por algunas partes. Siendo muy parecido a cualquier hotel de los barrios bajos de Tenderloin, Glide había tomado las riendas del mismo y solo necesitaba un poco de trabajo, un poco de atención, un poco de tiempo. No obstante, a mí me pareció igual de hermoso. El trato era el siguiente: no se admitía a nadie en el hotel antes de las seis de la tarde, y todos tenían que estar fuera sobre las ocho de la mañana. Nadie recibía una llave. Una vez que entrabas para pasar la noche ya no podías salir, tampoco se podían dejar las pertenencias en la habitación, porque habrían desaparecido cuando volvieras. Al salir del cuarto tenías que llevar contigo todo lo que tenías. A nadie se le asignaba nunca la misma habitación dos noches seguidas.

Era un «sálvese quien pueda». Si no llegabas temprano, antes de que se llenara el hotel, mala suerte. No había reservas ni nadie que te diera un trato especial y te dijera: «Sabíamos que vendrían y les hemos guardado un sitio».

Las habitaciones eran todas distintas, la mayoría de ellas solo tenían lo básico: una cama y un baño. Algunas tenían televisión. En realidad, a Christopher y a mí nos importaba más alimentarnos en Glide y poder registrarnos por la noche, sabiendo que estábamos acomodados hasta el día siguiente, que contar con un televisor.

Durante el resto de mi vida, nunca haré lo suficiente por Cecil Williams y Glide. Fue muy bueno conmigo, con mi hijo y las generaciones de sanfranciscanos de todos los rincones de la comunidad. Cada domingo por la mañana, en la iglesia, cuando oraba para encontrar la salida a los problemas de ese período, solo sabía que si podía aguantar, todo iría tan bien que jamás volvería a tener un problema después de aquello.

Bueno, por supuesto, como llegaría a saberlo después, las cosas no funcionan así. Cualquiera que crea que el dinero lo salva todo, no ha tenido nunca dinero... como yo en aquel tiempo. El fallecido gran rapero Notorious B.I.G. lo expresaba mejor cuando afirmaba: «Más dinero, más problemas». Lo que descubriría más tarde es que aunque es mejor tener que no tener, no solo no soluciona todos los

problemas, sino que trae consigo otras dificultades que Chris Gardner, casi a principios de la década de 1980, no podría haber imaginado. La única luz trémula sobre el futuro de que disponía y que
resultaba correcta era la idea de que cualquier éxito que fuera capaz
de lograr, lo compartiría en parte con Glide, para ponerlo de nuevo
en las manos de Cecil, aunque aún no sabía cómo.

Ni en mis visiones más absurdas, o confiadas, pude haber imaginado que ayudaría a financiar un proyecto de cincuenta millones
que Cecil Williams y Glide emprenderían veinticinco años después, a fin de comprar una manzana entera de bienes inmuebles
para fabricar casas asequibles destinadas a familias de bajos ingresos,
así como un complejo de negocios y tiendas minoristas para crear
oportunidad de empleo justo ahí, en el Tenderloin, donde yo solía
contar las grietas en la acera, a una manzana de Union Square y los
hoteles de quinientos dólares la noche, por no mencionar las tiendas más caras de la ciudad como Neiman Marcus y Gucci. Ni por
un solo instante.

Lo único que sabía era que si el reverendo no hubiera estado
ahí, tal vez mis sueños no se habrían materializado jamás. Quizá
hubiera ocurrido otra cosa, o alguna otra persona habría dado el
paso adelante. Aun así, resulta difícil concebir tener la misma increíble buena fortuna de ser capaz de caminar junto a una grandeza
como la suya. Casado posteriormente con la poetisa japonesa-esta-
dounidense Janice Murikatani, Cecil fue siempre un destacado
líder social, alguien que parecía sintonizado a un nivel más alto que
la mayoría de los seres humanos. Lo importante es que él estaba allí,
y que lo estaría mucho después de que yo tuviera la bendición de
recibir su ayuda, no solo hablando con brillante oratoria, sino
andando el camino: alimentando, enseñando, ayudando, provocando milagros a diario.

Para mí se obró un milagro instantáneo una vez que Cecil nos
acogió. Sin tener que gastar de trescientos a seiscientos dólares al
mes en algún sitio donde dormir, pude volver a dejar a Christopher
en la guardería de Hayes Valley, en San Francisco, que ahora costaba
quinientos dólares, pero que era un lugar donde sabía que recibía
grandes cuidados. Cada mañana, mucho antes de las ocho,

empaquetaba todos nuestros bártulos mientras representaba mi pobre imitación de un hombre que aparenta tener ocho brazos, sosteniendo de algún modo el paraguas sobre mi cabeza después de montar la tienda sobre el carrito, acomodar a Christopher con las sábanas de plástico de la lavandería e irnos.

Subir al autobús ni siquiera merecía la pena, porque desequilibrar mi bolso colgante, el paraguas, el maletín, el bolso de lona y la caja de pañales, e intentar plegar el carrito, era más complicado que caminar los quince minutos extra. Incluso bajo la lluvia. Es decir, siempre que pudiera evitar las cuestas. La buena noticia era que podía estacionar nuestro auto (el carrito) en la guardería, guardar en él nuestras cosas, y a continuación subir de un salto al autobús del centro hasta la oficina.

Los fines de semana teníamos que estar fuera de Concord Plaza durante el día. Esas normas eran rigurosas. Uno no se podía quedar sencillamente acostado. O ibas al trabajo o a buscar empleo. Christopher y yo ya teníamos la rutina de aprovechar cada entretenimiento gratis de la ciudad. Íbamos al parque, al museo, al parque, al museo, al parque, al museo, y después quizá pasábamos a ver a los amigos, o si teníamos un par de dólares extra, tomábamos el tren hasta Oakland, hacíamos algunas visitas, conseguíamos algo de comer, y volvíamos a tiempo para estar seguros de tener una habitación.

Mientras pudiera permanecer en la luz, en sentido figurado, manteniendo mi concentración en lo que pudiera controlar, la inquietud y el temor se mantenían a raya. Por esta razón me enfocaba en las tareas que tenía delante de mí, sin dejar que me angustiara el grado de la cuesta que tenía que subir con tanta dificultad, sino estudiando cada grieta y hendidura en la acera de hormigón, analizando los sonidos de las ruedas del carrito, dándome cuenta de que podía moverme a ese ritmo sincopado. A veces, el esfuerzo me hacía feliz, me permitía bailar, incluso cuando algunos podrían haber dicho que no tenía ningún motivo para hacerlo. Me alegraba apartar un poco de dinero, pequeñas cantidades de cien o cincuenta dólares, solo para depositarlo y no tocarlo, sin pensar siquiera en ello, sino más bien para saber que estaba haciendo algo que nos llevaría más cerca del objetivo de tener nuestro propio hogar.

Para no tocar mi reserva oculta, había ocasiones en las que vendía sangre, jurándome cada vez que no volvería a hacerlo. No era la vergüenza de tener que ir allí lo que me carcomía, aunque no me sentía orgulloso de escoger el menor de dos males: vender sangre para poder permitirme una habitación si no llegábamos a tiempo al refugio o dormir en el parque. Lo que me obsesionaba era los sin techos que veía en la clínica; algunos habían hecho una mala elección y otros habían llegado allí por decisiones que ellos mismos no habían tomado.

Una tarde lluviosa, después de salir volando de la agencia Dean Witter quince minutos más tarde, atravesé la ciudad a toda prisa en el autobús y corrí la distancia que me separaba de la clase de Christopher en la guardería, recogí las cosas y moví mi trasero a la máxima velocidad hasta Tenderloin, pero llegamos tarde a Concord Plaza por diez minutos.

Enojado, cansado y mojado, me dirigí a Union Square, llevando a Christopher por debajo de las marquesinas de los hoteles y tiendas. A una semana de cobrar el sueldo, tengo suficiente dinero para que podamos cenar y tomar el tren, algo que ya he hecho antes, solo para viajar durante toda la noche hasta que ambos dormimos un poco y llega la mañana. Vaya, hombre, me doy cuenta de que por cinco dólares más podría conseguir una habitación en el hotel de camioneros por una noche. Tenso y cansado, aspiro ese olorcillo a humo de cigarrillo que huele tan bien. Entre todas las cosas en las que no voy a gastar dinero están los cigarrillos. Sin embargo, un Kool mentolado justo ahora me calmaría de verdad.

«Papi», dice Christopher al pasar por la entrada del Embarcadero de Hyatt, «necesito ir al baño».

«¿De verdad?», le pregunto entusiasmado, ya que hemos estado trabajando para conseguir que deje los pañales. «Está bien, aguanta un poquito que vamos a buscar un baño», así que entro justo en el vestíbulo del Hyatt, sigo las indicaciones hasta el fondo y bajo las escaleras hasta el baño de caballeros. Cuando él acaba de hacer sus necesidades con el mayor éxito, salimos del baño y observo a un huésped del hotel, un tipo con traje y corbata, junto a la máquina expendedora de cigarrillos, introduciendo sus monedas de veinticinco céntimos —diez monedas— pero sin tener suerte, pues la máquina no le da su paquete de cigarrillos. Poco dispuesto a marcharse, empieza a golpear la máquina, sacudiéndola y levantándola, al parecer para que caigan los cigarrillos.

«Señor», le indica un botones que viene a ver qué es ese alboroto, «está bien, debe de estar averiada. Diríjase al mostrador principal y dígales que ha perdido su dinero. Se lo rembolsarán».

El cliente del hotel sube las escaleras y yo lo sigo con la mirada, observando cómo se abre camino entre la multitud que hay en vestíbulo y se acerca al mostrador principal, recibiendo enseguida la devolución.

Dos dólares y cincuenta céntimos así como así. Resulta muy fácil, tengo que intentarlo. Sin embargo, en vez de saltar sobre la máquina de inmediato, Christopher y yo damos vueltas por allí, actuando *como si* fuéramos clientes. Luego me acerco a la señorita del mostrador principal y le digo que he perdido mi cambio en la máquina de cigarrillos.

«Lo siento mucho», asiente con la cabeza y abre la caja registradora, «otras personas también han perdido antes su dinero. Tenemos que colocar una nota en esa máquina».

«Buena idea», le digo aceptando con elegancia mi «reembolso» de dos dólares y cincuenta céntimos.

Ese pequeño timo ha funcionado tan bien que lo intento en el St. Francis, en el Hyatt Union Square y en un par más de hoteles aquella misma noche. Con veinticinco o más hoteles en las proximidades, en los días siguientes conseguí hacerlo en diez hoteles a la vez, y logré veinticinco dólares extras al día. Con gran habilidad, me aseguraba de deslizarme en el interior después de un cambio de turno, para que nadie me reconociera de una vez anterior.

Después de dos semanas haciendo esto, me rendí antes de que mi suerte se acabara. Más tarde, cuando retomé mi hábito de fumar y me lo pude permitir, imaginaba que se lo estaba devolviendo con creces a las compañías de tabaco. En cuanto a los hoteles, en los años siguientes pagué mis deudas a muchos de ellos multiplicadas, aunque a principios de 1983, poco después del segundo cumpleaños de Christopher, ese no era un futuro que yo pudiera ver.

Aunque en el futuro abstracto todavía existía aquel millón de dólares y el Ferrari rojo que conduciría un día, llegó un punto en el que ya no parecía poder alargar la mano y casi tocarlos. Me dolían los pies y el cuerpo. Una oscuridad empezó a inundar los días, no solo afuera, debido al clima, sino en mi cabeza. En la oficina no, allí era donde brillaba el sol, donde la claridad de mi potencial mantenía mi espíritu a flote, donde la cosecha que había estado plantando empezaba a brotar por todas partes. Sin embargo, en el segundo en que abandonaba el trabajo, mi espíritu se hundía, porque siempre en el fondo de mi mente sabía que si el autobús llegaba tarde, o si no le ponía a Christopher su ropa abrigada con la rapidez suficiente, o si llegábamos tarde al refugio, o si no me daba tiempo de agarrar algo para comer antes de subir a la habitación y encerrarnos en ella, tenía que improvisar un plan B al momento.

Tener que compartimentar y organizar todos nuestros bártulos para mantenerlos bien recogidos, como en el servicio militar, estaba resultando difícil para mí. Todo tenía que estar enrollado y preparado a fin de salir enseguida, y era necesario poder localizar cualquier cosa en todo momento, lo que necesitaras en el instante en que lo precisaras: un calcetín, un pañal, una camisa, un cepillo de dientes, la ropa de Christopher, un cepillo del pelo, un libro que alguien hubiera dejado en el tren y que yo estuviera leyendo, un juguete favorito. Empezaba a resultarme una carga enorme toda la mierda que transportaba y el peso del estrés y el miedo.

Los fines de semana, cuando intentaba hacer cosas divertidas para Christopher y proporcionarle una sensación de normalidad, todavía tenía que llevar encima todas las cosas. En los parques, los museos. En la iglesia.

Lo peor de este período tiene lugar aproximadamente en marzo, justo cuando sé que las cosas están a punto de florecer en el trabajo y me dirijo esa noche al mostrador del albergue, donde todos me conocen, solo para escuchar: «Vaya, Chris, estamos completos, lo siento».

¿Qué puedo hacer? Ya en la calle me dirijo a la estación del BART y le pregunto a Christopher: «¿Quieres ir a ver los aviones al aeropuerto de Oakland?».

Ya hemos hecho esto antes, tomar el transporte público hasta uno de los dos aeropuertos y encontrar una zona de espera con bancos semicómodos, donde al menos parecemos viajeros. Conforme vamos hacia Oakland y nos acercamos a la estación del BART de MacArthur, Christopher me dice que tiene que ir al baño, así que nos bajamos del tren y nos dirigimos a un cuarto de baño individual que he usado allí antes, donde recuerdo que se puede cerrar la puerta desde adentro. Tan pronto como estamos allí, me doy cuenta de que no tenemos por qué irnos de inmediato. Podemos descansar, lavarnos, tomarnos nuestro tiempo y hasta dormir.

«Vamos a esperar», le explico a Christopher, «porque es hora pico. Aguardaremos aquí y nos quedaremos callados, ¿está bien?». Invento un juego llamado «*¡Shhh!*», explicándole que por fuerte que alguien llame a la puerta, el objetivo consiste en no decir palabra. Pase lo que pase.

MacArthur, un importante punto de transbordo en Oakland, es probablemente la mayor estación del sistema BART, por la que pasan todos los trenes subterráneos. Con tanta actividad, mantienen los baños muy limpios, pero también hay mucha demanda. Enseguida empiezan a golpear la puerta, resultando obvio que la gente no quiere esperar. No obstante, por fin podemos oír llegar el tren y esa ola se va, ya que aquellos viajeros probablemente se dan cuenta de que pueden usar el baño de su propia casa. Al hacerse más tarde, los toques en la puerta se hacen mucho más esporádicos.

Sin ventanas, ventilación, ni luz natural, el baño estaba alicatado desde el suelo hasta el techo y no medía más de tres metros por uno y medio, con un inodoro, un pequeño lavabo y un espejo hecho de acero inoxidable reflectante. Al apagar la luz, la oscuridad era completa, la suficiente para poder dormir si estuviera realmente cansado. Christopher tenía el don de dormir en todas partes y en cualquier sitio. Yo no resistía estar allí por mucho tiempo, y solo una o dos veces pasé la noche. Sin embargo, durante un corto período, tal vez un poco más de dos semanas, la bendita misericordia de las instalaciones públicas del BART me proporcionó el refugio que necesité durante la parte más negra del tiempo en que no tuve hogar.

Tal vez la razón por la que fui capaz de verlo de ese modo se debía a la vida dual que llevaba. De noche, los fines de semana y fuera de horario, era el lado oscuro del sueño de California: tener que quedarnos fuera, entrar a hurtadillas en los vestíbulos de hotel para resguardarnos de la lluvia, deseando estar en cualquier otro sitio, excepto en aquel baño de la estación del BART. Con el día llegaba la redención a partir del hecho de que estaba viviendo el gran sueño americano, buscando oportunidades, esforzándome hasta los límites de mis capacidades y amando cada minuto de trabajo. Mi conocimiento íntimo del BART se convirtió en una bendición de otras formas. Muchos años después, mi empresa fue seleccionada para ser gerente superior de centenares de millones de dólares en emisiones de bonos del BART. Creo firmemente que lo que marcó la diferencia fue poder decirle con toda sinceridad a la junta de directores: «Miren, conozco este sistema mejor que ninguno de los tipos de Merrill Lynch o Solomon Brothers, porque yo solía vivir en BART».

Aunque Glide fue mi gracia salvadora entonces, me marqué un límite de tiempo para dejar de ir allí, sabiendo que tenía algunos ahorros y que el momento de que mis comisiones empezaran a sumar se encontraba a la vuelta de la esquina. Nadie estaba detrás de mí con un cronómetro o un calendario, por supuesto. Aun así, creía que si podía conseguir unas pocas horas de descanso durante la hora pico o detenerme en aquel baño del BART después de dormir en el aeropuerto o el tren, al menos con el tiempo justo para lavarme e ir a trabajar, otra persona podría tener una habitación esa noche en Concord Plaza. O al menos así lo razonaba yo.

La ventaja del baño de la estación de BART era que, al parecer, nadie más pensó nunca en ella, de manera que no había cola para entrar, por no mencionar que no tenía que correr como un loco al final del día para estar seguro de llegar a tiempo y no había más normas que respetar que las mías propias. Si conseguía llegar a Glide y tener una habitación en el hotel, perfecto. Si conseguía una taquilla en la estación del BART en San Francisco y no tenía que cargar con los bártulos una noche, mejor todavía.

Ahora bien, una pregunta latía como loca en mi cerebro. ¿Por qué me hacía pasar por esto a mí y a mi hijo? ¿Por qué no podía bajar un poco el ritmo, tomar más tiempo para salir del atolladero, echar mano a mis ahorros y volver a The Palms? ¿Por qué me negaba a estrenar el billete de veinte dólares que podía pagarnos una noche en el hotel de camioneros? Seguí mi instinto que me decía que emplear esos veinte dólares significaba que quizá no podríamos comer. Veinte dólares era y es dinero real, pero cuando son quince, doce, siete, cuatro, se gasta enseguida. Tener un billete de veinte prístino, entero, en mi cartera me daba tranquilidad de espíritu, una sensación de seguridad.

Sin embargo, no solo era una lucha interna sobre todos y cada uno de los gastos lo que rugía dentro de mí. También era una pelea de una magnitud mucho más grande y diferente, una batalla real entre las fuerzas que querían controlar mi destino y yo. Eran las mismas fuerzas que le robaron a mi madre todos sus sueños, desde su padre y su madrastra que no la ayudaron a ir a la universidad, mi propio padre que le dio un hijo para que lo criara sola, Freddie que la maltrataba física y psicológicamente, hasta un sistema de justicia que la encerró cuando ella intentó romper su esclavitud. A lo largo de los seis, siete, ocho meses que había permanecido sin hogar, una voz burlona había estado al acecho en el fondo de mi mente, la cual parecía recobrar fuerzas ahora de repente, justo en el momento en que podía ver la línea de meta. La voz que se burlaba de mí sonaba muy parecida a la de Freddie, diciéndome: *tú, escurridizo hijo de puta, te crees muy listo porque sabes leer y has superado ese examen, pero no eres más que una mierda, tú, orejón hijo de puta, ¿QUIÉN TE CREES QUE ERES?* A veces sonaba como un condenado sociólogo, citando estadísticas, indicándome: *lamentablemente tu crianza socioeconómica ha predeterminado que salir del ciclo de pobreza y ser padre soltero es altamente improbable, dado que te encuentras entre el doce y el quince por ciento de gente sin hogar que en realidad está trabajando, pero que aun así no puede conseguir un sueldo para poder vivir.*

La voz me enfurecía y me hacía luchar más fuerte. ¿Quién creía yo que era? Era Chris Gardner, padre de un hijo que merecía algo mejor que lo que mi papá pudo hacer por mí, hijo de Bettye Jean Gardner, que declaró que si yo quería ganar, podía hacerlo. Tenía que triunfar, lo hiciera como lo hiciera. Cualquier cosa adicional que necesitara hacer, cualquier carga que tuviera que soportar, me levantaría y vencería. Sin embargo, mientras más rápido era mi ritmo y más duro me esforzaba, más fuerte se hacía la voz que me hacía dudar de mí. *¿Estás loco? ¡Te estás engañando a ti mismo!* En el punto más bajo cuando por fin quería abandonar, tirar la toalla, rendirme, gastar el dinero que tuviera acumulado y hacer autoestop para irme hacia otro lugar, recibía un segundo soplo —un estallido de confianza— cuando un sentimiento de gracia me inundaba. *Resiste,* decía ese sentimiento, *resiste.* Y lo hacía.

Llega el principio de la primavera y trae más lluvias, pero fuera la temperatura es más cálida, los cheques de mi sueldo empiezan a aumentar, y el saldo de mi cuenta de ahorro me dice que tengo suficiente para permitirme un alquiler barato. Los apartamentos de San Francisco son demasiado caros, y eso me limita a Oakland, donde empiezo a buscar los fines de semana. Hay montones de preguntas: «¿Y cuánto tiempo lleva en su trabajo? ¿No está casado? ¿Tiene un bebé? ¿Qué ocurre? ¿Qué hace un hombre con un bebé?».

Algunas de las preguntas son francas, otras no. No obstante, el proceso se vuelve un tanto desalentador conforme sigo bajando muesca a muesca, tanto en cuanto a los barrios en los que estoy buscando como en lo que respecta a mis expectativas. En realidad, como último recurso, un sábado en que el tiempo está dando un respiro —no llueve y hasta unos rayos de sol irrumpen a través de la niebla— decido ir a ver en las proximidades de The Palms, allá en el paseo de las prostitutas.

Al pasar por un lugar en la Veintitrés con West, me fijo en un anciano que barre un patio delantero, o más bien un pedazo de lo que podría llamarse un patio delantero, ahora cubierto de hormigón con briznas de hierba rebelde que brotan entre las grietas. Sin embargo, no es la grama lo que me asombra, sino lo que veo delante de la casita: un rosal. Con todas las veces que pude pasar por ese lugar, nunca había visto esa casa, y desde luego tampoco ese rosal. Pensándolo bien, nunca vi un rosal por ningún sitio en una parte tan áspera y urbana de una ciudad como esta. Estoy fascinado. ¿Cómo se consiguen rosas en el gueto?

Entablo conversación con el anciano, cuyo nombre es Jackson. Por el número de arrugas en su cara morena y curtida, o de verdad tiene muchos años o ha tenido una vida dura. Tras una charla cordial sobre el tiempo y mi guapo hijo, justo cuando me dispongo a seguir empujando el carrito, observo que las ventanas delanteras de la casa están cubiertas de papel.

—¿Vive alguien ahí? —le pregunto al señor Jackson haciendo un gesto con la cabeza hacia la casa.

—No, no vive nadie —me responde, explicando que él y su familia son los propietarios del edificio, pero viven en el piso superior. La han estado usando como almacén durante casi tres años.

—¿Se alquila?

—Podría ser —señala encogiéndose de hombros, luego me ofrece ver la casa y el trabajo que habría que hacerle.

En el minuto en que entramos, justo cuando me inunda un olor extraño a humedad, típico de un lugar que no ha tenido luz ni aire durante mucho, mucho tiempo, veo todo ese espacio inferior que cubre la largura total del edificio, y de repente aquel tufo se minimiza. Es tan hermoso, incluso bajo aquella tenue luz, que me quedo sin palabras. Hay una habitación delantera, un dormitorio enorme perfecto para Christopher, un cuarto de baño, por aquí una cocina, junto a ella una zona de comedor y una pequeña entrada a otra habitación que podría ser mi dormitorio.

Y ahora llega la prueba.

—¿Puedo alquilarlo? —es lo primero que le digo, y antes de que pueda contestar que no o empiece con las preguntas eliminatorias, le cuento todo desde el principio—. Mire, soy bastante nuevo en mi trabajo. Tengo aquí a mi bebé y no hay esposa en la fotografía, pero...

—Hijo —me interrumpe—, puedes dejar de hablar ya. Me has dicho todo lo que necesito saber. Puedes mudarte.

Por unos momentos no confío en que todo ha acabado, que la larga noche de no tener hogar se ha terminado, que he ganado. El señor Jackson me lo confirma diciéndome que solo necesito entregarle la renta del primer mes y cien dólares como depósito de limpieza.

—¿Y si lo limpio yo y me ahorro los cien dólares? —es mi con-
traoferta.

Me estudia durante una fracción o dos de segundos; mi corazón
late a toda velocidad, porque me inquieta que pueda cambiar de
opinión.

—Está bien, hijo —me dice entonces.

Y eso fue todo. Era el sitio más hermoso del mundo para mí, un
lugar al que poder llamarle hogar para mí y mi hijo. No hay sentimiento en todo el espectro emocional de la felicidad que pueda
acercarse a lo que siento en esos momentos y en ese bonito día de
primavera, y en todos los días que siguen cada vez que volvía a ver
en mi mente aquel rosal en el gueto, que me conducía a nuestro
primer hogar fuera del camino de los desamparados.

Fue en un momento adecuado, no mucho antes de la Pascua,
una celebración de renacimiento y resurrección, un tiempo de
nuevos comienzos, nuevos caminos. Para recordar ese momento,
desde aquellos días en adelante procuré volver a Glide para el
domingo de Pascua todos y cada uno de los años —independientemente de lo lejos o lo ocupado que estuviera— no para aliviar los
dolorosos recuerdos de donde había estado antes, sino para celebrar
los milagros que ocurrieron a continuación.

TERCERA PARTE

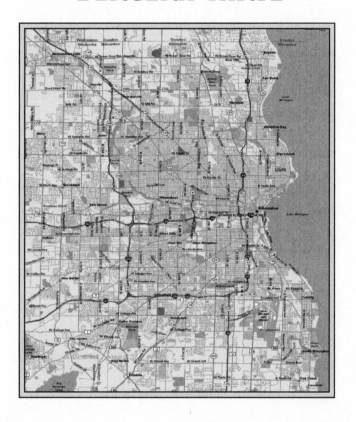

CAPÍTULO 11

Rosas en el gueto

Cuando comenzamos nuestra vida en nuestro nuevo hogar, en nuestro Oakland, la versión suburbios de Kansas, todos querían ayudar. En el instante en que llamamos a los amigos que no habían sabido nada de mí desde hacía algún tiempo, los ofrecimientos empezaron a llegar en tromba. La mesa de juegos que un amigo tenía en su sótano y que nos podía regalar, una cama de verdad y un colchón que otra persona ofreció, juegos de toallas y platos que no se estaban usando. Mientras pudiera encontrar la forma de pasar a recogerlas, todas aquellas cosas eran nuestras.

Mi buena amiga Latrell Hammond insistió en que pasara a recoger dos kilos y medio de huesos de cuello de cerdo que acababa de comprar ese día. ¡Maldita sea! Yo no los había cocinado jamás, pero fui y los recogí de todos modos, imaginando que tendría un aprendizaje culinario sobre la marcha, y luego fuimos a comprar un frigorífico de segunda mano. En el supermercado, donde la señorita Tookie, la carnicera, sentía debilidad por mí, conseguí algunos consejos útiles sobre los principios básicos de la receta. Y cuando me abrumó la perspectiva de asumir otra tarea doméstica, ver a una madre soltera con bolsas del supermercado y dos niños, además de su maletín, me hizo rectificar. Si ella podía hacerlo, yo también.

Amigos de los distintos barrios y etapas de mis andanzas por la Zona de la Bahía vinieron a ayudarme a deshacerme de la basura que había en la casa y limpiar el lugar, el cual se vio de inmediato mejorado sencillamente por el aire y la luz del sol que erradicó la mayor parte del olor a humedad. Se veía genial. ¡Demonios, era el Taj Mahal comparado con los lugares donde nos habíamos estado quedando!

Christopher era mi ayudante número uno, no solo con la descomunal tarea de limpiar aquel sitio, sino también colaborando en la organización de nuestro trabajo y recordándome lo que teníamos que hacer.

—Papi —me preguntó antes de mudarnos—, ¿podemos arreglar el patio trasero?

Fui a comprobar los tres años de crecimiento al estilo selva de la parte de atrás y le contesté:

—No, hijo. Necesitaremos un machete y todavía no lo tengo.

No obstante, paso a paso, todo tomó forma rápidamente en el interior.

Tras nuestra primera noche en la casa nueva, cuando nos preparábamos para salir temprano a la mañana siguiente a fin de poder llevar a Christopher a la guardería y tomar el tren de regreso para llegar a tiempo a la oficina, a él le preocupó que no nos lleváramos todos nuestros bártulos.

—No pasa nada —le expliqué, y saqué la única llave de la casa para mostrarle por qué no teníamos que cargar con todo—. Tenemos una llave, ¿la ves, Christopher?

Él miró aquella sencilla llave en la palma abierta de mi mano y no lo entendió.

—Papi —prosiguió, señalando el bolso de lona con todas nuestras pertenencias y mi portatrajes con mi segunda vestimenta— tenemos que llevarnos esto.

—No, hijo —le repliqué—, no tienes que cargar con nada. Tenemos una llave. Dejemos todo esto aquí y ya podemos irnos. ¿De acuerdo?

—¿Podemos dejarlo aquí? —preguntó con una sonrisa desconcertada, asegurándose de haber entendido bien.

Inclinándome y poniendo mi cara muy cerca de la suya, sonriendo con mi propia sensación de milagro y alivio, repetí lo que le había dicho.

—Sí, podemos dejar todo esto aquí.

Juntos usamos la llave para cerrar, casi riéndonos tontamente, y luego nos dimos la vuelta para ir a la estación del BART, casi brincando por todo el camino.

Todavía me resultaba extraño haber recorrido un círculo completo desde la primera vez que encontré una habitación para nosotros en The Palms. ¿Por qué no había visto nunca ese lugar? El mundo había cambiado para nosotros desde entonces, y todavía nuestro viaje diario de cuatro horas, ida y vuelta, nos llevaba justo a donde estaban las prostitutas a la vuelta de la esquina, las cuales nos recordaban de antes.

«Hola, pequeño galán», le seguían diciendo a Christopher, aunque ya no iba en su carrito azul, que había dejado atrás, sino que caminaba ahora agarrado de mi mano y jugando a un pequeño juego al que nos gustaba jugar para pasar el tiempo hasta llegar a la estación del BART y al volver de allí: le íbamos dando patadas a una botella de zumo de naranja plástica y vacía. «Hola, pequeño alcahuete», lo llamaban, y a veces le entregaban un billete de cinco dólares, igual que antes.

Eso seguía siendo maná para nosotros. En primer lugar, solían ser las nueve de la noche cuando regresábamos de la ciudad, de modo que no me moría de ganas de ponerme a cocinar al llegar, por no hablar de que todavía no estaba muy ducho en la materia. Por otra parte, el dinero seguía estando justo, incluso con la modesta renta que estaba pagando. Por tanto, cinco dólares equivalía a cenar a la vuelta de la esquina, en Mossell's, donde la máquina de discos hacía sonar la canción favorita de Christopher «Rocket Love» de Stevie Wonder. Cada vez que entrábamos allí, de alguna manera siempre estaba puesta, y esto hacía que él me avisara: «Papi, es Stevie. ¡Stevie!». Ya tenía mucho gusto para la música y la comida.

Después de pedir, él hurgaba primero en el plato y después yo me comía lo que dejaba. A medida que iban creciendo su apetito y él, me aseguraba de pedir el plato que pudiera estirar mejor, como las judías rojas y arroz con pan de maíz. Nos hicimos clientes tan habituales, que después de un tiempo los propietarios me permitieron un plan de pago, abriéndonos una cuenta que pagaría cada dos semanas cuando recibiera mi sueldo. Aun así, nos seguimos ciñendo a nuestro plato único. Los hábitos de supervivencia eran difíciles de romper, y yo seguía buscando cada oportunidad para ahorrar dinero.

Sin embargo, cuando llegaban el arroz y las judías, tenía que derrochar en la máquina de discos para que el pequeño Chris pudiera escuchar de nuevo «Rocket Love». ¡Qué imagen tan gozosa: mi hijo comiendo y disfrutando de su canción, cantando y asintiendo con la cabeza! Las punzadas del hambre y la salivación no eran necesariamente alegres, sobre todo una noche cuando observé cómo daba cuentas con entusiasmo de esa única comida. Me sorprendió mirándolo, soltó su tenedor y me preguntó: «¿Por qué no comes?».

«No, sigue comiendo tú, hijo», fue lo que dije, pero francamente lo que estaba pensando era: *¡maldita sea! ¿Te vas a comer toda esa comida?* A sus casi dos años y medio ya podía comer como un caballito. Al parecer, desde su más tierna edad había aprendido que se come cuando se puede.

Ese también era el caso durante la fiesta de la pizza en los seminarios organizados por Dean Witter, siguiendo la recomendación de un asesor llamado Bill Goode, cuya pericia consistía en capacitar a los individuos como posibles inversores por teléfono. A mí las llamadas se me daban bastante bien, pero siempre estaba dispuesto a aprender de los tipos grandes. La idea era que tras el trabajo, unos seis de nosotros se quedaran hasta más tarde y llamáramos a cada una de las personas que teníamos en nuestro libro y les hiciéramos saber, por ejemplo, que había una nueva oferta de acciones de empresas como Pacific Gas & Electric. Entre sonrisa y llamada, podíamos disfrutar de comer pizza por cortesía de Dean Witter. Me daba tiempo de ir a recoger al pequeño Chris a la guardería y llevarlo conmigo. Mientras tuviera un poco de pizza, estaba seguro de que se portaría bien.

—Mira hijo —le pedí en la primera fiesta de la pizza, al volver al trabajo justo a tiempo de que llegara la comida y empezáramos a llamar—, tú te sientas aquí con tu pizza. Papi tiene que hablar por teléfono, ¿de acuerdo?

—Papi, ¿otra vez vas a hablar por teléfono?

—Sí, voy a hablar de nuevo por teléfono.

—Papi, ¿otra vez vas a hablar?

—Sí, todavía estoy hablando.

—Papi, ¿te gusta hablar?

—Sí, hijo. Me gusta hablar. Cómete otro pedazo de pizza.

Enseguida me reía y marcaba otro número, y el resto de la oficina también.

Como Christopher estaba tan ansioso por ayudar, cualquiera que fuera la tarea, se me ocurrió que debería aprovechar su ayuda para lograr que lo admitieran en la guardería de Oakland, en aquel sitio donde tenían el letrero con la palabra «felycidad» mal escrita. Si pudiéramos hacerlo, nuestros largos días de salir a las cinco de la mañana de casa y no regresar hasta las nueve de la noche serían mucho más manejables. El único impedimento era acostumbrarlo a hacer sus necesidades en un orinal. De vez en cuando me avisaba cuando tenía que ir al retrete, pero la mayoría de las veces no lo hacía.

Regresando en el tren, después de la fiesta de la pizza, le hice una proposición:

—Mira, hijo, ¿quieres ayudar a papá?

—¡Sí!

—La forma en que puedes ayudarme —le expliqué— es levantando una vez la mano cuando creas que puedes querer ir al baño a hacer pis. Cuando creas que tienes ganas de hacer popó, levanta la mano dos veces, ¿de acuerdo?

—De acuerdo, respondió con una sonrisa radiante, como si se alegrara de tener un trabajo que fuera solo suyo.

Lo convertimos en un juego. No hay ni que decir que a las dos semanas estaba acostumbrado al orinal e ingresó en la guardería justo al lado de la estación del BART. A esas alturas, nuestra nueva rutina era para nosotros lo más parecido a unas vacaciones. A las siete de la mañana lo dejaba en la guardería, tomaba mi tren y llegaba pronto al trabajo. Por la tarde, regresaba a tiempo para recogerlo a las seis, cenábamos nuestra grasienta comida al estilo negro del sur, y después pasábamos a visitar a TV Joe, que tenía una tienda del mismo nombre donde vendía y arreglaba televisores.

Joe era un tipo simpático y listo al que no le molestaba que nos detuviéramos allí para charlar o que nos sentáramos un rato a ver la televisión. Lo más probable es que imaginara que no teníamos televisor, pero nunca lo mencionó. En realidad, cuando televisaban algún acontecimiento deportivo importante, como la pelea de Muhammad Ali que vi una vez, lo programábamos de tal forma que aparecíamos por allí para ver la emisión de la que se tratara.

Después de cenar, un poco de televisión y una visita a TV Joe, nuestra última parada antes de dirigirnos a casa era cerca de The Palms, cuando las damas de la noche se reunían en su puesto y varias de ellas nos llamaban a mi hijo y a mí: «¡Hola Chris! ¡Hola, pequeño alcahuete!».

Para Christopher, ellas ya eran como de la familia. «¡Hola!», les devolvía el saludo agitando su manita, sabiendo que aunque ya hubiéramos cenado, podría tener la suerte de que le dieran uno de esos billetes de cinco dólares que se había acostumbrado a recibir.

Luego seguíamos calle abajo y llegábamos a nuestra casa. Una cuadra antes ya tenía la mano en el bolsillo, asegurándome de que la llave seguía allí. Eso me recordaba el momento en que crucé el país con la sortija de diamantes para Sherry en el bolsillo. No obstante, la llave valía diez veces más que el diamante Esperanza para mí. No sé qué era lo que yo amaba tanto de ella. No la tenía atada a una cadena ni en un llavero. Solo poseía esa pequeña llave suelta, sin nada más. Sin embargo, era nuestra.

Y el sentimiento de júbilo que me inundaba cada vez que veía florecer las rosas en el gueto, delante de nuestra casa, y cuando ponía el pie en el escalón, ese primer escalón, no disminuía jamás. Resulta imposible explicar lo que suponía para mí poner el pie en el escalón con la llave en la mano y abrir la puerta para entrar por fin en la casa. Era lo contrario a la impotencia; era el antídoto del temor a no saber qué ocurriría aquella noche, adónde iríamos, cómo nos las apañaríamos. La llave era como la llave del reino, un símbolo de haber llegado hasta aquí, de haber recorrido todo el camino desde donde había estado, en el fondo más absoluto del abismo, hasta llegar a donde me encontraba ahora: una transición increíble.

¿Seguíamos teniendo dificultades? Por supuesto que sí. Sin embargo, eran manejables. Ahora que podíamos guarecernos teniendo una casa, la guardería, transporte y comida, sentía que podía organizar mi cabeza, como lo habíamos hecho con la vivienda, y a continuación avanzar a mayor velocidad en el trabajo. No quiero decir con esto que hubiéramos dejado atrás todas nuestras inquietudes, pues esta era una realidad a la que me enfrenté un poco antes en la nueva casa cuando no pude pagar un par de facturas de electricidad y nos cortaron la luz.

Encendí velas y le dije a Christopher: «Vamos, hoy te bañarás a la luz de las velas», intentando que él no notara lo triste o lo extremadamente frustrado que me sentía por algo que no era más que un contratiempo menor en el esquema de las cosas.

Aun así, froté al pequeño Chris en la bañera, sin poder evitar preocuparme por la forma en que podría llevar a cabo la gran visión si tantas minucias diarias seguían arrastrándome hacia abajo. Sí, por supuesto que veía el progreso, pero el lugar donde yo quería estar me parecía todavía demasiado lejos en la distancia. Mi pensamiento más claro era: *¡no soy superman!*

En ese mismo momento, inesperadamente, mi hijo se puso de pie en la bañera y me dijo con una mirada seria en su rostro iluminado por la luz de la vela: «Papi, ¿sabes una cosa? Eres un buen papá».

Ay, amigo, me derretí, olvidé las preocupaciones, las minucias, y supe que todo estaría bien. Esas palabras, pronunciadas por aquel niñito, eran todo lo que necesitaba. Christopher siempre conseguía alegrarme o proporcionarme la chispa de la que carecía en ese momento.

Poco después de que me hiciera ese comentario, nos tomamos una foto juntos que resumía todo ese período. Yo la llamaba «la foto de los dos leones». En ella, Christopher y yo estamos sentados el uno junto al otro, delante de nuestra casa, justo en ese primer escalón. Yo estoy mirando por encima del lente de la cámara, como si tuviera la mirada perdida en el horizonte, con la cara de un altivo y decidido papá león y una expresión del rey del orgullo, como diciendo: *¿de dónde viene la siguiente comida?* Y en el rostro de mi hijo, el cachorro de león, hay una mirada que dice: *tengo hambre. Tengo hambre.*

La foto de los dos leones lo enmarcaba todo, borrando toda duda de mi mente en cuanto a si estaba haciendo lo correcto. No mirábamos atrás. Nunca. Mi enfoque estaba en aquel horizonte. ¿Qué venía después? ¿Cómo lucharía por ello? ¿Qué necesitaba saber para hacer que ocurriera?

————

Mi curva de aprendizaje volvió a activarse cuando Dean Witter trajo a uno de los productores estrellas de la compañía, un puntal superinteligente que no hablaba tonterías y respondía al nombre de Gary Abraham, de Las Vegas, Nevada. Su tarea consistía en visitar las distintas sucursales y ayudar a los tipos más inexpertos a construir su negocio. Gary y yo conectamos de inmediato.

En persona o por teléfono, cuando lo llamaba para pedirle consejo o tener un contacto personal, siempre estaba enfocado y disponible. Me preguntaba: «Oye, ¿cómo te va? ¿Qué me cuentas?».

A pesar de ser de trato fácil, era agudo y perspicaz, un genio, rebosante de un conocimiento profundo sobre lo que estaba haciendo y cómo había construido su negocio. Uno de los conceptos que me ayudó a comprender —algo que yo no dominaría de verdad hasta más tarde— fue la idea de que en lugar de decirle a alguien lo que debería hacer y por qué tendría que comprarlo, el planteamiento mucho más estratégico y productivo consistía en descubrir lo que el cliente quería adquirir. Según mi forma de entender la oferta y la demanda, este método tenía mucho sentido, aunque aplicarlo en la práctica tomaría tiempo.

Cuando Gary estaba empezando en Las Vegas, donde siempre hay un influjo de dinero nuevo, siempre en auge, en lugar de dedicarse a llamar por teléfono, salía a explorar ubicaciones de nuevas urbanizaciones donde estuvieran edificando casas de un millón de dólares en varias fases de construcción.

«¿Los visitabas personalmente?», le pregunté intentando verme haciendo algo así.

Gary recordaba: «Puedes apostar a que sí. Vestía mi mejor traje azul, iba y llamaba a la puerta de todas y cada una de aquellas casas, sin cita, y me presentaba».

Amigo, yo quería conocer su guión, su fórmula. Lo que él había hecho y cómo lo había llevado a cabo.

Según insistió, no había nada brillante en ello. «Yo solo decía: "Hola, soy Gary Abraham y trabajo para Dean Witter aquí en Las Vegas, y me gustaría saber si hay algo que podamos hacer para ayudarlo a instalarse aquí. Por cierto, ¿está usted involucrado en el mercado de valores?"».

Este tipo de enfoque inconformista era exactamente lo que me había llevado a tomar el camino más largo, construyendo mi propio libro en vez de ceñirme al programa de la compañía como la mayoría de los tipos que trabajaban a mi alrededor. Miré a Gary y supe que aquello era lo que yo quería hacer y la forma en que quería llevar el juego.

A mis veintinueve años tomé conciencia de que había tenido la tremenda suerte de haber contado con mentores —directa o indirectamente— que eran individuos extraordinarios, verdaderos modelos de conducta. Tenía a todo un elenco de individuos motivándome a seguir hacia delante, ya fuera por medio de la temprana inspiración de Miles Davis, que fue el primero en fomentar en mí el deseo de alcanzar la grandeza; o la determinación de estar en la vanguardia en todo lo que hiciera que inspiró en mí el doctor Robert Ellis; o la ambición de alcanzar los números de Bob Russel cuando me dediqué a los negocios; o la fe y la pasión de llegar a Wall Street que encendió en mí por primera vez Bob Bridges y su Ferrari rojo; o la apreciación de los distintos estilos de estrellas de Dean Witter como Andy Cooper, Dave Terrace y ahora Gary Abraham.

En mi interior nunca existió la sensación de que esos modelos de conducta me ayudaran más o menos por ser negro, o que esperarán más o menos de mí por el mismo motivo. Si lo hicieron, yo no me di cuenta. Más tarde leí una cita de Berry Gordy sobre cómo logró la gran fusión de géneros de Motown y por qué estaba seguro de que sus discos se venderían a niños blancos y negros por igual. Su idea —en cuanto a que el éxito de su negocio musical no era algo negro o blanco, sino más bien verde— resonaba dentro de mí. En el ámbito financiero en el que me encontraba, mis mentores y los ejemplos de los que estaba aprendiendo podían proceder de cualquier trasfondo. Daba la casualidad de que la mayoría de ellos eran blancos, pero también eran italianos, judíos, extranjeros, blancos anglosajones protestantes, de todos los niveles de la escala socioeconómica. El éxito en este campo no tenía que ver con ser blanco o negro, sino con algo verde. Esa era la medida: cuánto verde movías y cuánto estabas ganando.

Tal vez sin intentarlo a conciencia, Gary Abraham me ayudó a identificar cuáles de mis fuerzas me ayudarían a llegar al siguiente nivel. Al principio de esa lista se encontraba probablemente la capacidad de manejar la volatilidad, una experiencia que surgía de mi propia vida. Este hecho sobre mí mismo me sorprendió un día en el trabajo cuando el índice Dow empezó a volverse loco y superó los mil puntos, lanzando emocionantes impactos por todo el mercado. Sin embargo, uno de los corredores mayores estaba fuera de sí. «¿Ves eso, hijo?», le dijo a uno de los nuevos. «Todo se ha acabado. Vende todo».

Lo habíamos estado observando subir poco a poco, en torno a los ochocientos cincuenta, luego los novecientos y sus alrededores. Y cuando sobrepasó los mil aquel día, él pensó de verdad que era el fin del mundo, lo que para un corredor de bolsa quiere decir: «Vende todo».

La volatilidad y el cambio habían sido los lemas de mi vida. Si algo había aprendido era que nunca es el fin del mundo, independientemente de lo sombrías que puedan ser las cosas. Lo que esto también mostraba en ese momento era que apenas había alguien a mi alrededor que de verdad supiera algo. Resultaba sorprendente. Hablaban con aires de superioridad, como si lo supieran todo, pero a fin de cuentas nadie tenía una pista en cuanto a lo que el mercado iba a hacer en realidad. De hecho, en el negocio del corretaje son muy pocos los que tienen este don. Tampoco yo lo tenía, aunque me aseguraría de conocer a los mejores analistas y prestaría atención a lo que estuvieran diciendo. ¡Vaya si lo iba a hacer! Con todo, predecir las subidas y bajadas del mercado y las permutas no era lo que me preocupaba.

Lo que sí sabía era que el mercado iba a abrir. Luego tendría dos opciones: subir o bajar. Podías apostar a ello. Esa toma de conciencia me permitía no alterarme y tranquilizar a los clientes haciéndoles saber que no estábamos mal. De todo lo que saqué de mi período de iniciación en Wall Street, donde todo consistía en rellenar boletos de compra, el principio más importante que adopté fue el compromiso de que si hacía algún negocio, sería con honestidad.

Gary Abraham lo explicaba de este modo: «Rellena un boleto que dé lugar al siguiente. No metas a nadie en algo solo para sacar tajada. Porque si lo haces, será el último negocio que consigas de esa persona».

Gary era un recurso fenomenal cuyo consejo no solo intenté seguir, sino que procuré no olvidar jamás, y nunca parecía carecer de información o sabiduría cuando recurría a él. En cierto momento miré atrás y pude ver que fue en San Francisco donde aprendí a vender, aunque fue en Nueva York donde me instruí en el negocio. Poco sabía yo en aquel tiempo que conocer el negocio y vender son dos cosas muy diferentes. Gary Abraham vendía al estilo de los grandes cantantes que parecen alcanzar una nota sin esfuerzo. La gente quería trabajar con él, aunque no presionaba nunca, sino dejaba que fueran los clientes los que se vendieran a sí mismos.

Él me explicó lo efectivo que resultaba no intentar venderte lo que tengo, sino descubrir qué te gustaría comprar o qué comprarás, lo que ya posees. Básicamente, la pregunta se reducía a: *¿qué puedo mostrarte que sea similar a lo que ya posees y supla tus objetivos presentes?*

Esa era la dirección que yo quería seguir, apartarme del pensamiento: *tengo este producto y estas cosas que necesito mover, y no me importa lo que quieras ni lo que tengas ya.* Lamentablemente, Dean Witter era una red de oficinas conectadas a la bolsa, como cualquier otra similar: una sociedad enorme con unas prioridades que no siempre coincidían con las de sus clientes.

No obstante, a medida que mi salario fue mejorando y el pequeño Chris y yo nos aventurábamos a tener un poco más de vida social los fines de semana, empecé a preguntarme si debería investigar algunas opciones.

El pensamiento rondaba mi mente cuando pasamos por un club de *blues* de nuestro barrio, donde el grupo musical dirigido por Troyce Key, un chico blanco pequeñito que salía con la hermana más bonita que hubieras visto en tu vida, tocaba muy bien. La comida, a cinco dólares el plato, preparada por Shep, resultaba aún mejor. Christopher tuvo la suerte de criarse con una educación musical y culinaria, ya que nos sentábamos allí toda la noche, escuchando *blues*, y acabábamos probando todo lo que había en el menú. El bagre frito de Shep con arroz, judías, verdura y batata, costillas a la barbacoa, chuletas de cerdo y filetes, ambos bañados en salsa y servidos con montones de pan de maíz hecho con agua caliente. El pollo venía de todas las formas posibles: frito, empanado, relleno, a la barbacoa. Y tenía que romper la prohibición de azúcar para que el pequeño Chris y yo pudiéramos tomar té helado dulce. Lo mejor.

Después dábamos nuestro ahora familiar recorrido por el paseo de las rameras —o paseo de las prostitutas— y saludábamos a las mismas chicas de siempre, teníamos nuestro habitual intercambio, y por lo general nos dirigíamos luego a casa.

Durante el fin de semana, cuando llegó el verano, me sentaba en el primer escalón y sacaba al pequeño Chris al trozo de hormigón del patio delantero, haciéndole saber que estaba bien jugar con los demás niños del barrio que se acercaban, pero que se quedaran cerca de la casa y se alejaran de la calle. Con dos carriles en cada dirección, era una vía pública muy transitada, con estacionamiento y muchas calles que se cruzaban con la avenida principal. Los días pasaban con rapidez allí afuera, observando las idas y venidas.

Una parte de mi cerebro estaba descifrando cómo podría hacer más ventas del tipo de las de Gary Abraham, y la otra parte estaba aquí, en un día de verano, en el gueto, con toda clase de música a todo volumen en los autos y los radiocasetes. Puro gueto con una palmera más abajo en un rincón, y un rosal que, por casualidad, está en mi patio delantero.

Una de mis cosas favoritas, cuando nos apetecía salir, era sentar al pequeño Chris en el carrito de la compra que había llegado a sustituir su cochecito azul. Como no me encontraba ni por asomo en situación de comprar un automóvil, y no recuperaría jamás el que compartí con Jackie, ese carro se convirtió en nuestras únicas ruedas. Christopher se refería a él cariñosamente como nuestro auto, preguntándome si entrábamos a algún sitio: «Papi, ¿dónde vas a estacionar?».

En los días en que hacía buen tiempo, paseábamos por todo el barrio, derecho hacia Telégrafos, todo el camino hasta Berkeley, un recorrido bastante largo. Caminando me olvidaba de todo y me relajaba con la paz que había en todo aquello, sintiendo cómo las vibraciones y las sacudidas del carro subían por las ruedas y llegaban hasta mis manos. Emitiendo todo tipo de sonidos distintos, ejecutaba su propia música de gueto al rodar por la acera con un *cluclac, cluclac, cluclac*. En Berkeley nos deteníamos a veces en casa de la madre de mi amiga Latrell, agarrábamos un trozo de lo que hubiera en la barbacoa y dábamos la vuelta por el largo camino hasta nuestra casa.

Volvíamos de una de estas excursiones en nuestro «auto» cuando el sol desapareció de repente y el día se hizo frío y con mucho viento. De pronto, la lluvia empezó a caer a grandes goterones.

«Papi», me dijo Chris, mirando hacia arriba y parpadeando rápidamente por las gotas de lluvia, «¿cuándo tendremos un coche con techo?».

Debí reírme tan fuerte como los truenos. De todas las cosas que podría haber pedido para mejorar nuestro carro del supermercado, no fueron las puertas, ni el motor, ni asientos de cuero. No, él quería un techo.

Otro día de verano estoy empujando el auto hasta un parque de West Oakland y veo a una pareja anciana, negra, cargando comida y provisiones en una pequeña carretilla para llevarlas a un picnic, a una reunión familiar. Con todo el espacio que tenemos en nuestro carro, lo correcto es que les ofrezca ayuda.

El pequeño Chris empieza de inmediato a inspeccionar el contenido de sus bolsas y envases de comida.

«Christopher», le llamo la atención, intentando impedir que siga haciéndolo.

A la pareja de ancianos les parece tan gracioso y divertido que no les importa en absoluto. Cuando llegamos a la reunión, los empiezo a ayudar a sacar las cosas del carro cuando alguien grita: «¡Es el chico de Willie!». Me doy la vuelta lentamente y observo que todos me están mirando.

¿Qué puedo hacer? ¿Explicarles a todos que no soy el chico de Willie o seguir adelante con ello y comer algo con todos mis parientes? El olor de la barbacoa es tremendamente bueno. Hago mi mejor esfuerzo, así que me giro hacia el tipo que acaba de gritar y digo: «¿Qué están celebrando? ¿Cómo están todos?».

Al instante, nos encontramos sentados con una montaña de comida en nuestros platos. Nos tratan como si fuéramos de la realeza, comemos como verdaderos reyes mientras me enfrento a una avalancha de preguntas.

«¿Y bien? ¿Cómo está Willie?». «¿Sigue en la cárcel?». «¿Cuándo se supone que salga?».

Por supuesto, yo no sé nada sobre Willie, lo que ha hecho o por cuánto tiempo se ha ido, de modo que lo único que contesto es: «Bueno, ya conocen a Willie, está bien».

«Así es, cariño», dice una mujer con tipo de matrona, dirigiéndose a mí, «¿quieres un poco más de esto?». Luego nos sirve por tercera vez y añade: «Come ensalada de patata de esa de ahí».

¡Dios mío! Esto no es maná, es leche y miel rebosantes. La cosa se pone mejor cuando la fiesta llega a su fin y empiezan a repartir la comida, diciéndonos: «Llévense de esto, y de aquello, ese pastel, agárralo». Me estoy mordiendo el labio para que la sonrisa no me llegue de oreja a oreja. Tenemos comida para una semana empaquetada en nuestro carro de la compra. ¡Gracias a Dios!

Justo cuando empezamos a despedirnos, con todos diciéndonos que le transmita sus mejores deseos a Willie, me topo cara a cara con una joven y preciosa hermana, y ahí empieza la cosa.

Durante gran parte del tiempo que hemos estados solos mi hijo y yo, lo último que me ha venido a la mente es el vacío sexual y romántico que hay en mi vida. No quiero decir que cumpliera los requisitos para entrar en un monasterio, o que no hubiera potencial en la oficina o amigas de amigos, pero hasta hace muy poco, aunque hubiera tenido voluntad para ello, no había forma de que fuera posible.

Una vez instalados en la nueva casa, Jackie nos había hecho una incómoda visita, apareciéndose de repente para visitar a Christopher. Curiosamente, aunque el pequeño Chris había preguntado por su madre en una ocasión, no se aferró a ella ni reaccionó como yo lo había hecho durante y después de las separaciones de mi propia mamá. Tal vez fuera porque ya no la conocía tanto. O quizá se debiera tan solo a la forma en que ella se relacionaba con su hijo. En cualquier caso, mis sentimientos eran mucho más complicados, en parte por las señales variadas que ella me envió, pero principalmente por el mucho enojo residual que nunca le expresé. Bueno, desde luego esta vez nos enfrascamos en una buena bronca. Y después tuvimos relaciones sexuales. Ni siquiera lo hicimos por deporte, ni por el desahogo, sino más bien, desde mi punto de vista, solo quería literalmente «joderla». Si tenía alguna intención de volver con nosotros ahora que yo empezaba a despegar —no había llegado aún a eso, pero sí había pasado las puertas que ella estaba tan segura nunca podría atravesar— comprendió enseguida que aquello no iba a ocurrir y se largó a Los Ángeles tan de repente como había llegado.

El pequeño Chris preguntó adónde había ido, así que le expliqué: «Se está mudando a Los Ángeles. La volverás a ver pronto». Eso fue lo único que necesitaba saber.

Ahora la pizarra está limpia y estoy aquí, intentando conectar con esta hermosa belleza en una reunión familiar en el parque de Oakland, donde me enfrento al hecho de que estoy relacionado con alguien llamado Willie.

Justo cuando me preparo para conseguir su número de teléfono, uno de los caballeros mayores se aproxima y dice:

—Ya sabes, es tu prima.

Casi estoy jodido. Pienso con rapidez y exclamo:

—¡Vaya, no la he visto desde hace tanto tiempo que no la he reconocido!

Con su mano en mi hombro, como observándome, asiente con la cabeza y responde.

—Claro, lo entiendo. Además, es tan atractiva que quizá esperabas que no fuera pariente tuyo, ¿verdad?

—Así es. ¡Desde luego que ha crecido y se ha convertido en una preciosidad!

—Sí —repite él y mira a la joven hermana, que pone los ojos en blanco y se da la vuelta para marcharse—. ¡Desde luego que se ha convertido en una cosita preciosa!

¡Había escapado por los pelos! Es demasiado tarde para establecer mi verdadera identidad y demostrar que en realidad no tengo una verdadera relación familiar con ellos. Sin embargo, en vez de hacerlo, me vuelvo hacia él y le digo:

—Gracias por prevenirme.

—De nada —me responde.

Luego me dice adiós con la mano y el pequeño Chris y yo nos apresuramos a irnos.

Aunque me encantaba empujar un carrito tan pesado por toda la comida que llevaba y estaba asombrado por lo bien que había salido el caso de la identidad equivocada, ese día marcó otro punto de inflexión para mí. Cuando estábamos en medio de la tormenta, encontramos un lugar en el gueto en el que soltar el ancla el tiempo necesario hasta encontrar mi rumbo. Y ahora estaba acercándome poco a poco a los dos mil al mes. Mi siguiente movimiento, cualquiera que fuera, consistía en doblar esa cantidad, como mínimo. Con eso podría permitirme mudarnos de regreso a San Francisco, que era sin lugar a dudas el Paris del Pacífico.

Por primera vez en mucho tiempo, tal vez en toda mi vida, no me sentí como si todo recayera sobre mí, luchando, esforzándome contra todo pronóstico. Seguía siendo un soñador, aunque más realista que nunca antes, y sabía que ese era mi momento de navegar. En el horizonte veía el brillante futuro, como antes. La diferencia era que ahora sentía el viento a mis espaldas. Estaba preparado.

CAPÍTULO 12

Esfera de influencia

Cada día, cuando se acercaba la hora del almuerzo, un tipo delgado y pequeño, de mediana edad, aparecía y se sentaba en el cubículo siguiente al mío en el salón de transacciones de Dean Witter. Yo estaba en lo mío, al teléfono, en medio de otros cincuenta corredores que hablaban y realizando operaciones bursátiles, así que apenas le prestaba atención ni tenía en cuenta que la razón de su presencia fuera probablemente ver a Suzy, la hermosa corredora rubia a la que pertenecía el cubículo.

Cuando me fijé en él, pensé que era un cliente fiel que pasaba a ver a su corredora. Suzy estaba entre el final de la veintena y el principio de la treintena; era brillante, activa y atractiva con sus minifaldas y sus tacones altos, con un busto comprado o del que estaba muy orgullosa. Siendo muy buena en su trabajo, siempre le iría bien en el juego.

Si resultaba ser o no un cliente, no era asunto mío, de modo que no tenía ni idea de que estuviera allí sentado escuchándome. Para mí fue algo parecido a una conmoción que un día me hablara, como por arte de magia, diciéndome: «¿Qué está haciendo aquí? Usted no pertenece a este lugar. Aquí tiene mi tarjeta. Llámeme y venga a verme. Tomaremos un café».

Resultó que no era un tipo que viniera a ver a su corredora, sino más bien que ella era su novia. También dio la casualidad que este enjuto judío que se parecía a Sammy Davis Jr., y que hasta hablaba como él, era Gary Shemano, director general y socio de Bear Stearns en San Francisco.

¿Qué era Bear Stearns? Eso es exactamente lo que yo quería saber cuándo le eché un vistazo a su tarjeta. Pregunté por la oficina. La respuesta fue que en aquel momento Bear Stearns era una de las sociedades privadas más rentables en la historia de Wall Street. Yo conocía las grandes casas de bolsa como Dean Witter, Merrill Lynch, E. F. Hutton y Paine Webber. Esas redes de oficinas podían contar con diez, doce, quince mil corredores, y todas las transacciones y las comunicaciones se hacían en línea. Bear Stearns solo tenía entre seiscientos y setecientos corredores, y en lugar de ser un mercado público —inversores familiares, gente que querían IRAs (Individual Retirement Account [Cuenta individual de jubilación]) y servicios públicos, es decir, cosas básicas— esta sociedad iba tras peces más grandes en el negocio de la inversión institucional: bancos, fondos de pensiones, compañías de seguro, administradores de fondos, grandes empresas.

Vendiendo directamente a inversores individuales, puedes hablarles a los clientes sobre un nuevo producto que podría ser una gran idea e informarles sobre una nueva oferta de acciones. Moverás algunas acciones. Eso se debe a que, al menos en aquel tiempo, no había experiencia en los mercados y lo que había por ahí para comprar. Ellos confiaban en ti, el corredor, para que los tuvieras al tanto. Sin embargo, las grandes instituciones conocen realmente los mercados y no es para eso que necesitan a los corredores. Invierten sumas descomunales y no quieren un poco de esto o un poco de aquello, sino precisan que un corredor reúna un montón de esto y un montón de aquello de la forma más rentable posible. En la base de la venta del mercado público está el juego de números que consiste en hacer X cantidad de llamadas, que finalmente se convierten en X cantidad de cuentas y X cantidad de crecimiento. No juegas así en el gran negocio. En lugar de hacer doscientas llamadas a doscientos posibles clientes, haces quizá cien llamadas a un cliente potencial antes de conocerlo personalmente.

A ese nivel, en aquel momento —y ahora también— se trataba de construir relaciones. A ese nivel, según la forma en que Bear

Stearns hacía negocios, se trataba de la esfera de influencia, algo que yo llegaría a entender infinitamente mejor en los meses y años que tenía por delante.

Sin estar aún tan al día en lo que a esa compañía respecta, paso a ver a mi director de sucursal para hablarle de que necesito conseguir más dinero, no mucho después de que Gary Shemano me dé su tarjeta. Básicamente, esto es algo sencillo en lo que a mí concierne. En el pasado, cada vez que he pedido más dinero que las comisiones más pequeñas que estoy ganando, la actitud ha sido: «No te preocupes por los dólares de la comisión bruta, llegarán después que abras las cuentas».

Esta vez entro a pedir más dinero porque me lo he ganado: estoy abriendo nuevas cuentas y haciendo el programa de Dean Witter, lo cual significa que estoy vendiendo lo que la compañía quiere que venda y produciendo al mismo tiempo, así que me siento confiado al respecto. Mientras estoy allí, por casualidad le hago la pregunta, ya que estoy planeando reunirme con Gary Shemano.

—¿Quién es Bear Stearns?

—¿Por qué me preguntas esto? —mi director de sucursal me interroga entrecerrando los ojos.

—Ese tipo llamado Gary Shemano me acaba de dar su tarjeta. ¿Podemos hacer algún negocio por esa parte?

Tal vez soy ingenuo, pensando que es un nuevo contacto de negocio que acabo de hacer, porque no veo que sea un conflicto.

No obstante, el director de la sucursal sí lo ve así. También sabe mucho más que yo sobre Bear Stearns. Al parecer, sabe que ellos no tienen un programa de formación para corredores, y al estar desarrollando su operación minorista, se están acostumbrando a buscar talentos en otras compañías, sacando corredores que ya han sido formados y autorizados por otras firmas y atrayéndolos a su lado de la calle. Eso es lo que sabe mi director de sucursal.

Sin embargo, yo no. Lo único que estoy haciendo es pedir más dinero.

—No —me responde, sin lugar alguno a la discusión—. No has hecho lo suficiente para merecer más dinero.

Aquello era empujarme hacia la puerta. Me molestó tanto su actitud como lo hizo que me nombraran constantemente corredor del día solo para empezar un negocio que le daban rápidamente a un corredor blanco, porque el cliente quería «a alguien con más experiencia».

Con todo, el trato quedó verdaderamente cerrado en el instante en que entré en las oficinas de Bear Stearns para tomar un café con Gary Shemano. Experimenté la misma sacudida que sintiera la primera vez que entré en una casa de corretaje, solo que más fuerte, y mi reacción instintiva, exactamente como antes, fue: *oh sí, aquí es donde se supone que debo estar.*

En Dean Witter, yo era el único tipo que estaba en la parte superior de los gráficos con doscientas llamadas al día. Aquí todos estaban en mi misma onda, haciendo todas aquellas llamadas en busca de un par de posibles clientes de alto perfil. Importantes VIPs a nivel institucional o individuos con un patrimonio neto relevante, administradores de carteras de acciones, asesores de inversiones, empresas, banqueros, ejecutivos de compañías de seguro, el oficial jefe de inversiones del Estado de California, la ciudad de San Francisco o la ciudad de Los Ángeles. Ellos no tenían que contestarle a nadie que los llamara. Por lo tanto, para lograr que te devolvieran la llamada, necesitabas tener éxito.

Y estos tipos de Bear Stearns lo tenían. Aquella primera vez me sentí anonadado por la intensidad de lo que estaban haciendo. Pensé que yo era el único que podía enfocarse así. Una vez más, me sentí como si volviera a casa, a un lugar al que pertenecía, a la vez que entraba en una nueva dimensión completamente alucinante. Se podía sentir la energía, como si aquellos tipos en Bear Stearns tomaran esteroides o algo por el estilo. En Dean Willer, el entorno parecía sereno, muy oficioso, casi formal. Los tipos se sentaban tras su escritorio, con frecuencia sin quitarse la americana, sobre todo si un cliente entraba. En Bear Stearns, llevaban las mangas remangadas, la corbata floja, algunos de ellos con un puro en la boca o entre los dedos, todos conectados, al teléfono, negociando con esfuerzo una operación, intentando conseguir un precio mejor para su cliente, rastreando información sobre un valor que nadie más tiene. La adrenalina fluía. Se podía sentir, saborear y palpar. Era imposible no notarla. ¡Hasta Stevie Wonder lo habría podido ver!

El momento no podía haber sido más perfecto. Resulta que Bear Stearns quería aprovechar el crecimiento que la compañía ya había logrado en el negocio institucional haciendo más negocios con individuos bien respaldados que ahora empezaban a aparecer a medida que Silicon Valley estaba preparada para explotar. Aunque el gran auge de los noventas estaba aún por venir, había algunas lumbreras que ya habían encontrado petróleo en el mundo de la alta tecnología, y Bear Stearns iba por un gran pedazo de la acción. Este fue el principio de los días felices de las ventas restringidas de acciones, que prometían OPIs [Ofertas Públicas Iniciales], y los nuevos clientes que ayer eran ingenieros y ganaban cincuenta de los grandes al año, pero que hoy tenían de repente un par de millones.

Bear Stearns quería tomar la delantera y hacerles a estos nuevos millonarios preguntas relevantes: «¿Quiere poner su dinero en una sola cosa o diversificarlo? ¿Quiere pensar en apartar algún dinero para la universidad de su hijo? ¿Quiere comprar algunos bonos exentos de impuestos?».

Gary Shemano, que no es ni por asomo un tipo tímido ni tolerante, me invita a un café y me dice que piensa que soy el tipo perfecto para ayudar a Bear Stearns a conseguir afianzarse en esta rama del negocio, y para ello se basa en lo que ha observado de mí en Dean Witter.

Descendiente de muchas generaciones de shemanos de San Francisco, Gary tiene conexiones de todo tipo por toda la ciudad, además de ser un buen golfista. Apasionado y nervioso, también suele aporrear la mesa, y es lo que hace mientras me dice:

—Está perdiendo el tiempo allí, ¿sabe? Necesita estar aquí. Aquí es donde tiene que estar. ¡Aquí!

—¡Sí! Quiero estar aquí —respondo dando también un golpe en la mesa.

—De acuerdo —me contesta Gary, sin inmutarse—, ¿qué necesita para ir tirando? ¿Qué sueldo?

Voy con la verdad por delante y le pido lo que necesito para que Christopher y yo consigamos un bonito sitio donde vivir en San Francisco.

—Cinco mil —digo.

Es cinco veces el sueldo que he estado cobrando en Dean Witter.

—Muy bien —accede, otra vez sin inmutarse—. Y añadiré una comisión del cincuenta por ciento. Preséntese en dos semanas, vamos a trabajar.

¡Vaya! Durante un segundo me pregunto si debería haber pedido más. Sin embargo, lo que se me ofrece es la estructura ideal: seis meses garantizados con un sueldo de cinco de los grandes al mes, con un requisito de ganar el doble de esa cantidad para la empresa en los seis meses siguientes con el fin de mantenerlo, y un cincuenta por ciento de comisión sobre cada dólar que gane por encima de esto. Es seguridad, presión e incentivo. ¡Vaya!

Dejar Dean Witter no fue difícil para ninguna de las dos partes. Si sentí que les debía algo por haberme dado mi oportunidad, mi deuda quedó más que saldada cuando me informaron que se quedaban con todas mis cuentas. Todas mis notas detalladas sobre las acciones que poseían mis clientes, dónde trabajaban, cuál era su historia familiar, y el nombre de sus mascotas y secretarias. Todas aquellas cuentas y la impagable información que había reunido durante meses y meses, entregada de cualquier manera a unos patanes que nunca habían llamado a nadie.

El primer día de trabajo en Bear tengo que reunir el valor para admitir que he llegado sin ninguna de mis cuentas anteriores. Cuando lo hago, Gary hace una mueca: «No te preocupes por eso. De todos modos, no queremos a ninguna de esa gente».

La filosofía de Bear es: «Ninguna operación es demasiado grande. Ninguna operación es demasiado pequeña. Queremos tener una oportunidad en todas ellas». No obstante, llego a descubrir que en realidad prefieren las primeras y no las últimas. Esta es una buena noticia para mí. Estoy dentro.

El primer día también tengo la oportunidad de conocer a algunos de los chicos que estarán trabajando conmigo en la nueva sala de operaciones minoristas que Bear está empezando. Uno es un tipo llamado Jerry Donnelly, el cual tiene su propio especialista en llamadas iniciales, cuyo nombre es John Asher, al que se le conoce afectuosamente como «Asher Basher». Luego está Bob Edgar, un jugador de póquer que no llama a nadie, pero cuyo teléfono no deja de sonar. En un grupo de ocho tipos para encabezar este nuevo negocio, entro como el primero de la clase. Una vez más soy el único hermano negro de la empresa, y esto no es un problema ni para mí ni para mis nuevos colegas, por lo que se ve.

Con una combinación de nerviosismo y entusiasmo, arreglo mi nuevo escritorio, intentando ordenar mis lápices, cuando escucho que una recepcionista me llama desde la sala contigua: «Chris, tiene una llamada, conteste el teléfono».

Sin saber quién puede ser, ya que nadie me conoce aquí, levanto el auricular y pregunto: «¿Quién es?».

La recepcionista me dice: «Es Ace Greenberg».

Para mis adentros repito: *¿Ace Greenberg?* Y en voz alta le pregunto: «¿Ace Greenberg?».

No conozco a ningún Ace Greenberg, pero todos los que están en aquella habitación me dicen al unísono: «¡Responde la llamada, responde la llamada!».

Me pasan la comunicación. «¿Sí, dígame?», digo sin ser consciente de que Ace Greenberg es el socio mayoritario y director general de Bear Stearns, responsable de levantar la compañía hasta donde se encuentra en esos momentos.

Su llamada es para darme la bienvenida, a lo que añade: «Queremos que sepa una cosa, Chris Gardner. Bear Stearns no ha sido creada por personas que tienen MBAs [Maestría en Administración de Negocios]. ¡Bear Stearns fue construida por personas con PLDs!».

¿PLDs? Me quedo totalmente perplejo.

Sin embargo, antes de que pueda preguntar, Ace Greenberg explica: «PLDs son personas Pobres, Listas y Deseosas de convertirse en ricos. Los llamamos PLDs. Bienvenido a la empresa, Chris».

Y el teléfono hace *clic.* ¡Me he muerto y he ido al cielo! Pobre, Listo, Deseoso de hacerse rico. Ese soy yo por completo, un PLD.

Esa llamada telefónica da comienzo a todo. Estaba *en marcha*.

A lo largo del año siguiente, a medida que mi estrella sube en Bear Stearns, me encuentro recorriendo otro círculo completo cuando Christopher y yo volvemos a mudarnos a la ciudad, a un hermoso apartamento en una segunda planta, en un gran edificio victoriano que hace esquina en Mason con Hays, en Hays Valley. Habíamos vuelto al barrio, a una corta distancia a pie de nuestra guardería regular, viviendo la vida de San Francisco, sin lujos, pero con seguridad y estabilidad.

Lleno de muebles alquilados, el apartamento tiene pisos de madera, dos dormitorios, un gran salón y chimenea. Una de sus ventajas poco habituales es que tiene la parada del autobús justo delante de la puerta principal: si tuviéramos las ventanas o las persianas abiertas, al detenerse el autobús y bajarse la gente, era como si fueran a entrar en nuestra sala de estar.

Este era el sueño americano, la década de los ochenta al estilo de San Francisco. Podíamos elegir. Si necesitábamos algo, lo podíamos comprar. Podíamos quedarnos en casa y yo cocinaba, hacía un sándwich o calentaba un poco de sopa, o salíamos a comer fuera. La diferencia de no tener que viajar todos los días para ir a trabajar era impactante. Mi mayor permisividad era tomar un taxi a diario para que me llevara al trabajo. Ahora bien, eso era un lujo. Costaba seis dólares más un dólar y medio de propina, y yo me sentaba en el asiento trasero y apreciaba cada segundo, como cuando me senté en el asiento trasero de una limusina en una época ligeramente posterior.

Habiendo observado que cada vez que me veía yo llevaba los mismos trajes —o el azul o el gris, con mi camisa blanca y una de las dos corbatas que tenía— Gary Shemano incluso me dio un anticipo para que pudiera comprarme un traje nuevo.

Gary siempre era perspicaz. Tenía debilidad por los trajes Brioni, zapatos de cocodrilo mocasines, gemelos, hermosas corbatas y el siempre presente pañuelo de bolsillo. El dinero no me cambio a mí por dentro, pero decididamente me permitió satisfacer mis gustos en cuanto a mi forma de vestir. A medida que pasaban los meses y mi poder adquisitivo aumentaba, no solo tuve los recursos para vestir el tipo de traje elegante que siempre me había gustado, sino que pude añadir sutiles toques de color y estilo que otros tipos tal vez no serían capaces de llevar. Uno de los tipos de más antigüedad en Bear Stearns, Dave «Calcetines» Cranston, con su distintiva elección de accesorios, quedó extremadamente impresionado más tarde cuando me dio por llevar calcetines color rojo fuego con cualquier cosa que llevara puesta. Un elegante traje de color azul con una camisa blanca almidonada y calcetines rojo fuego. Sutil, pero fuerte. Mi primer derroche real fue uno que apenas podía creer haber hecho: comprar mi primer cinturón de anaconda en Neiman Marcus. ¿Cuatrocientos dólares por un cinturón? Me costó muchos meses sentirme bien por haberme permitido algo así.

Sin embargo, no había derroche demasiado grande para el pequeño Chris en lo que a mí respectaba. Con dos años y medio, tres, tres y medio, hasta él entendía lo que significaba tener cosas nuevas. Una nueva cama, nueva ropa, nuevos juguetes. Estaba entusiasmado. Y lo que es más, estábamos tan conectados emocionalmente que él podía sentir mi paz de espíritu. Podíamos ir a hacer cosas divertidas en San Francisco, no porque no tuviéramos donde vivir, sino porque nos apetecía ir al parque Golden Gate y hacer volar una cometa o subir juntos en un monopatín que yo había fabricado en vez de comprarlo, porque podía haberlo hecho. Ahora, a diferencia de los días en que él y yo teníamos que encontrar un refugio donde poder dormir o escapar de la lluvia, pasábamos los fines de semana lluviosos yendo al cine, viendo en ocasiones hasta tres y cuatro películas, y algunas veces el mismo filme.

La vez que fuimos a ver *Cazafantasmas,* Christopher se asustó mucho cuando vio al monstruo Pillsbury Doughboy gritando calle abajo. «Papi», me susurró, «quiero que me pongas el cinturón del asiento».

Durante uno de nuestros muchos viajes para ver *Purple Rain* [Lluvia púrpura] de Prince, Christopher tuvo un accidente y se hizo pis encima, probablemente fue porque había estado demasiado tiempo en el cine, pero solté un chasquido y le dije: «¡Lo único que tienes que hacer es decir: "Quiero hacer pis"!».

Subimos al cuarto de baño para poder lavarlo y el vio que yo seguía molesto, queriendo que las cosas fueran siempre más fáciles, y me dijo muy serio: «Papi, no quiero enfadarte. Quiero hacerte feliz».

Después de eso, todas las veces me parecieron pocas para decirle: «¡Tú me haces feliz, pequeño Chris, me haces el más feliz de los hombres!».

Si algo había aprendido era que justo ahí está la lección más importante, tal como mi hijo lo expresó: los niños no desean enfadarnos, quieren hacernos felices.

Fue increíble la cantidad de veces que fuimos a ver *Purple Rain,* no solo porque era entretenida, sino porque nos mantenía a cubierto de la maldita lluvia. La vimos tan a menudo que era inevitable no encontrarse con alguien a quien conocíamos, y en realidad, poco después de empezar en Bear Stearns, me encontré sentado junto a otro de los nuevos en una de las representaciones.

Se llamaba Mike Connors, uno de los tipos más listos de la empresa y que estaba destinado a ser uno de mis mejores amigos, así como alguien con quien poder lanzar un negocio un día. En términos de Wall Street, aunque él fuera blanco y yo negro, y a pesar de venir de distintos trasfondos, éramos colegas.

El ambiente de Bar Stearns, que condujo a la época de la avalancha de las gigantescas fusiones de empresas, también llevó a que cada uno encontrara su propio campo de trabajo, ese producto o segmento del mercado que de verdad conoces por dentro y por fuera, tu propio pequeño grupo especial de instituciones por el que luchar. Un tipo se ocupaba solo de ahorros. Otro manejaba los departamentos fiduciarios de los bancos. Otro solo hablaba con las compañías de seguro. Mientras yo buscaba cuál podría ser mi especialidad, así como había sido una completa esponja en el campo médico, aprendiendo de Rip Jackson y Gary Campagna, quería asimilar todos los conocimientos que pudiera de los mejores y dominarlos, pero enseguida.

Muy pronto ya lo estaba haciendo, no solo aprendiendo cómo conseguir que devolvieran mis llamadas, sino la forma de cultivar aquellas relaciones basadas en mi dominio de información que tal vez mis competidores desconocían. De modo que si Bill Anderson llamaba, podía decirle tranquilamente: «Entiendo que tiene un corredor. Muy bien, nosotros no estamos interesados en interferir en esa relación. Sin embargo, nos gustaría poder complementarla mostrándole una o dos situaciones especiales que tenemos aquí».

El inversor inteligente casi siempre estaba dispuesto a hacer esto.

«Perfecto. La próxima vez que los socios de Bear Stearns estén haciendo algo nos gustaría hacerle una llamada. ¿Le parece bien?».

La respuesta era casi siempre un sí, porque, ¿a quién le gustaría perderse la oportunidad de al menos escuchar qué oferta especial podría haber? Otro sí también solía seguir en respuesta a la interrogante de si podía enviarle algún material junto con mi tarjeta. De esta forma se establecía una relación, y cuando llevaba a cabo el seguimiento, no era para hacerle perder el tiempo, sino a fin de establecer una compenetración y un diálogo, descubrir qué quería comprar Bill Anderson, qué había estado comprando, si le gustaban o entendía las acciones de tecnología. ¿Buscaba acaso algunas oportunidades para aumentar el valor de su capital? Si era mayor, ¿buscaba formas de suplementar sus ingresos cuando se jubilara? ¿Qué ocurría con sus activos de fondos de pensiones si estaba próximo a la jubilación?

Tomando prestado quizá de mis antecedentes en la medicina y el cuidado sanitario, planteaba estas conversaciones exactamente del mismo modo en que podríamos haber conversado de algo tan vial y personal como su propia salud... su salud financiera personal. A mi manera me estaba convirtiendo, después de todo, en el doctor Chris Gardner.

Afortunadamente, a los jefazos de Bear Stearns les gustó desde el principio lo que me veían hacer. Gary fue un admirador mío desde el minuto uno, pero Marshall Geller era *el* tipo, y durante un tiempo el jurado se inclinó de su lado. Gary dirigía la oficina, Marshall dirigía a Gary. En realidad, Marshall dirigía simultáneamente las oficinas de Bear Stearns en San Francisco, Los Ángeles y Hong Kong. Marshall —o «la calavera gritona», como se le conocía popularmente a sus espaldas— medía un metro ochenta, llevaba lentes, tenía un cabello blanco y fino, ingeniándoselas para peinarlo al estilo afrojudío, como yo le llamaba, con los dos dientes frontales un poco sobresalidos, lo cual le daba un aspecto casi gracioso. En realidad, gran parte del tiempo era el tipo más encantador, amable y dulce. No obstante, en un abrir y cerrar de ojos podía soltar de repente: «¿Piensan ustedes alguna jodida vez? ¿De verdad piensan ustedes alguna jodida vez?».

Si Marshall trabajaba en tu caso, podías estar en su oficina con la puerta cerrada y todos los que estuvieran en esa planta sabrían que te estaba riñendo. Decididamente, intenté tenerlo siempre de buenas conmigo o evitarlo por completo.

Sin embargo, al final, cuando me vio un día repasar mi lista de llamadas y preparar las tarjetas de contacto para las doscientas llamadas que tenía que hacer, Marshall decidió que había llegado el momento de darme una conferencia.

«Oye, Gardnerberg», me llamó, usando el apodo que me convertía en parte del club de la empresa, formado casi enteramente por judíos, «ven aquí». Lo seguí a la sala de conferencias, donde me señaló el montón de tarjetas de contacto que seguía en mi mano. «Así no es como lo hacen los grandes tipos», me explicó, haciéndome saber que no le impresionaba la cantidad de números con la que me habían enseñado a trabajar.

Yo pensé: *bueno, a ver, ¿qué hacen los grandes tipos?* Sin embargo, no dije nada.

«Déjame mostrarte cómo lo hacemos aquí en Bear Stearns. Los grandes tipos lo hacen a través de una esfera de influencia». Viendo que yo no tenía la más mínima idea de lo que quería decir, me volvió a hacer una seña. «Ven conmigo».

Por el pasillo, nos detuvimos para observar a Phil Schaeffer, un chico que supuestamente no sabía ni atarse los zapatos y por eso llevaba mocasines. Su esfera de influencia incluía a Walter Mondale, el que llegaría a ser candidato demócrata a la presidencia. El mejor cliente de Phil era el fondo de pensiones del estado de Minnesota. Ah, qué sencillo, ¿verdad? Fantástico, ¿pero cómo podía yo llegar ahí?

«Esfera de influencia», repitió Marshall, indicándome de nuevo mi escritorio, sin una sugerencia práctica de cómo podía desarrollar la idea. La insinuación era que yo lo sabría cuando lo descubriera.

Aquello me llevaría otros veinte años, pero mientras tanto, con el fin de construir relaciones, todavía tenía que alcanzar los números. Aún tendría que obrar mi magia para sobrepasar a los guardianes, las secretarias a las que les gustaba mi voz suave como la de Barry White, y los proverbiales caimanes que me morderían la cabeza si llegaran a sospechar que estaba llamando a su jefe para que me diera una oportunidad de inversión. De vez en cuando, encontraba oro y el posible cliente contestaba al teléfono. Aquello fue exactamente lo que sucedió un día, después que decidiera llegar hasta algunos de los millonarios del petróleo de Texas mediante una llamada inicial.

Uno de esos vaqueros, con un apodo como J. R., no solo responde la llamada, sino que me escucha.

—J. R. —empiezo—, habla Chris Gardner de Bear Stearns, San Francisco.

—Sí, los conozco, ¿qué desea?

—Bueno, solo quería hablarle sobre...

—Está bien, solo una cosa, antes de que me diga nada, permítame decirle algo.

Y se lanza a contarme cada chiste sobre los negros, judíos y latinos del mundo. Sin saber si tengo que colgar o sacar un pasaje de avión para ir a patearle su trasero racista, me quedo callado y me limito a escuchar. Luego, respiro hondo y vuelvo a empezar por donde iba, soltándole el rollo acerca de mí y la empresa.

Es todo lo que necesita escuchar.

—Está bien —me contesta—, cómprame cincuenta mil acciones de lo que me pensabas ofrecer y veamos cómo funciona la cosa.

¡Cincuenta mil acciones a cincuenta céntimos cada una suponían una comisión de veinticinco mil! Por esa cantidad de dinero hasta puedo aguantar un chiste de negros, claro que sí. ¡Maldita sea! Y lo hago. Empiezo a llamarlo y me va lanzando negocios cada vez mayores, siempre contándome los chistes más racistas y degradantes que ha acumulado desde que hablamos por última vez, sin repetir ninguno. Para ampliar mi esfera de influencia, sigo riéndome también como un idiota. «¡Muy cómico!», le digo, aunque a veces hasta hay uno o dos chistes que me resultan divertidos. De vez en cuando me detengo a pensar: *qué tal si supiera que soy negro*. Obviamente, no tiene ni idea.

Para disgusto mío, me llama para decirme: «Oye, aquí J. R. Mi esposa va a China. Voy a llevar a mi novia al lago Tahoe, así que haremos una paradita en San Francisco para que pueda ver a ese corredor llamado Chris Gardner que me ha estado haciendo ganar tanto dinero».

¡Vaya, ya se enredó la cosa! Me entra el pánico y me remonto en retrospectiva a la época del corredor del día, cuando todos los clientes tenían un problema con el asunto del «más experimentado». Estoy viendo cómo todo su negocio se escapa por la ventana cuando se dé cuenta de que le ha estado contando chistes de negros a uno de ellos. Intento mantener la calma, recordándome a mí mismo que solo pueden ocurrir dos cosas. En el escenario A, él cierra su cuenta conmigo y será el final de nuestra relación. En el escenario B, si juego bien mis cartas, cerrará las cuentas que tenga en todos los demás sitios y me permitirá llevar todo su negocio. ¿Qué puedo hacer para jugar de la forma correcta?

Da la casualidad que Marshall «la calavera gritona» Geller está fuera de la oficina el día que J. R. y su novia van a venir. No hay nadie que me pueda decir que no puedo mudarme temporalmente a la inmensa oficina ejecutiva de Marshall. Tampoco tiene nada de malo que sustituya su nombre por el mío en la puerta. Pensando a toda velocidad, también retiro las fotografías de su agradable familia blanca de su mesa y las meto en el cajón.

Mi secretaria y colegas están de acuerdo en seguirme la corriente con esta ambientación temporal. Cuando llegan J. R. y su acompañante, mi secretaria les da la bienvenida y los conduce hasta donde yo estoy. Cuando J. R. entra, me encuentro sentado en la gran silla de Marshall, contemplando a través de su ventana la vista espectacular de San Francisco y fingiendo estar hablando por teléfono, regañando a alguien en un lenguaje vernáculo inédito y subido de tono.

Como si acabara de darme cuenta de que habían llegado mis visitantes tejanos, cuelgo, giro la silla y digo: «Hola, J. R. ¿Cómo está usted? Siéntense. ¿Desea una taza de café?».

Puedo ver cómo se retira literalmente la sangre del rostro de J. R. Está jodidamente conmocionado. No se trata solo de los chistes de negros y el color de mi piel, aunque con eso basta para producirle un infarto. También tiene que ver con que él sea un vaquero pequeño y ancho, completamente rasurado, de unos sesenta y cinco años, el pelo cortado al rape, gafas reflectantes de aviador, pantalón vaquero, unas botas de cuero sin curtir de una especie en extinción y una hebilla enorme como si acabara de ganar un rodeo, además de que tiene que mirar hacia arriba para estrecharme la mano. Su novia —que no es una jovencita, aunque sí más joven que J. R., también más alta que él, con una larga melena rubia y mucho pecho— se limita a mirar, sin estar segura de lo que está ocurriendo, pero aparentemente contenta de encontrarse en cualquier otro sitio distinto al lugar donde suele estar metida.

Y allá voy yo, dispersando el papeleo correspondiente al casi medio millón que ha invertido con Bear Stearns y un informe completo: cada posición, cada recomendación, cada acción que hemos añadido hasta ahora a su cartera de acciones, dónde las compramos, dónde las vendimos y el porcentaje ganado. Al mostrarle cuándo dinero le he hecho ganar hasta el momento, los números son buenos: entre un treinta y cuatro y un treinta y cinco por ciento de rendimiento. Es mi oportunidad de ir por el doble o nada. Directamente le digo: «Basándonos en estos números y lo que me ha hecho saber sobre las demás cuentas que tiene, tendríamos que hacer más negocio aquí, J. R. ¿Qué opina?».

Resultó que él pensaba que yo tenía razón. Parecía que había pasado por una epifanía y había visto la luz: no se trataba de algo blanco o negro, sino verde. Cerró sus cuentas en Goldman, Lehman y Morgan y en cualquier otro lugar donde tuviera invertido su dinero para que Bear Stearns y yo pudiéramos supervisar todo su negocio. Desde ese momento, solo con su cuenta llegué a hacer unos doscientos mil dólares al año. Curiosamente, después de aquella visita dejó de contarme chistes de negros. En todo el contacto que tuvimos, jamás pronunció la palabra «n» de nuevo. Todavía me contó un par de chistes de judíos y otro par sobre latinos, pero todo indicaba que en lo sucesivo estaba con sus hermanos negros.

Como me ocupaba de *todo* su negocio y él representaba mi cuenta más importante, era la primera llamada que hacía todos los días, y financieramente hablando, me compensaba de sobra por todos aquellos chistes de negros que había tenido que soportar al principio.

A diario, nuestra charla empezaba con mi informe sobre cómo se veía el mercado ese día y mis sugerencias en cuanto a si deberíamos quedarnos de brazos cruzados o negociar. Dadas las enormes cantidades de dinero que le estaba haciendo ganar, su respuesta siempre era: «Como tú lo veas, Chris».

Esto siguió así durante más de dos años, empezando allí en San Francisco y continuando después de que hiciera el inevitable traslado a la ciudad de Nueva York para trabajar en la oficina que Bear Stearns tenía allí, en la verdadera Wall Street, la empresa madre.

Aunque no todos los corredores tienen que ir a Nueva York para triunfar, desde el momento en que había fantaseado con estar en este negocio, aquello siempre fue mi sueño. Estaba incrustado en mi ADN, formaba parte de ser un PLD, y era tan inevitable como que un día me tenía que comprar aquel Ferrari, algo que por cierto hice después de mudarme a Chicago, a finales de los ochenta, para establecer mi propia empresa. Además, los sueños cambian. Aunque mi primer Ferrari fue rojo, el segundo que compré fue negro. En realidad, compré el Ferrari negro de Michael Jordan, como un gesto simbólico que solo mamá y yo comprendíamos, con mi placa de matrícula personalizada que decía: NO MJ.

Cuando tenía diecisiete años, mi madre me había puesto en el camino, haciéndome saber que en realidad no tenía que ser jugador de baloncesto para ganar un millón de dólares. Diecisiete años después, demostré que ella tenía razón cuando conseguí mi primer millón en un año. Para llegar a ese punto, una vez que me ganaba la vida como corredor de bolsa en San Francisco, siempre tuve en mente que tenía que ir a vivir a Nueva York. Aquel sería el terreno supremo de prueba: como dice la canción, si podías hacerlo aquí, podrías hacerlo en cualquier sitio.

Muchos compañeros de la oficina de San Francisco no se alegraron por mi decisión. Mi colega Dave «Calcetines» Cranston me advirtió en cuanto se enteró de que abandonaba la costa oeste: «¿Te has vuelto jodidamente loco? ¿Sabes que para vivir como un maldito perro en Nueva York vas a tener que ganar trescientos mil condenados dólares en tu primer año?».

«Sí, lo sé», le mentí.

Lo desconocía, y maldita sea si no tenía razón. Además, lo que él no sabía era que aparte de tener que mantenerme como un perro, mis ingresos tenían que sostener ahora a dos niños en vez de uno.

Sí, por sorprendente que pueda parecer, en 1985 fui el orgulloso padre de una niñita preciosa, brillante y asombrosa llamada Jacintha Gardner. Su madre era la mamá de Christopher, Jackie, mi ex. Fue concebida durante una visita que ella nos hizo para ver al pequeño Chris, y al igual que su hermano, siempre me tendría en su vida y yo estaría siempre ahí para ella. Y esto sería así independientemente de los problemas que tuviera con su madre. Durante las doce horas de aquella única noche cuando volví a entregarme a la tentación sexual que Jackie había supuesto en todo momento para mí, llegué a convencerme de que deberíamos volver a estar juntos. A pesar de todo lo que había sucedido antes, una parte de mí pensaba: *bueno, por el bien de Christopher.* Tal vez ahora que el dinero ya no estaba tan justo y me había establecido en el negocio, ella tendría la oportunidad de perseguir sus metas. Dios sabe lo que yo estaba pensando. A veces, parecía como si tuviera que meterme en el fuego a fin de descubrir cómo se quema uno. Necesité menos de veinticuatro horas para recuperar mi sentido común.

Cuando decidí mudarme a Nueva York, Jackie, que estaba embarazada, se esforzó mucho para que retomáramos nuestra relación. Aunque yo seguía firme en que esa posibilidad estaba fuera de cuestión, sí le propuse que, con mi ayuda económica, Christopher debería ir a Los Ángeles y vivir con ella y nuestra nueva hija. Era una elección práctica, considerando que lo más probable sería que yo tuviera que trabajar más horas y el pequeño Chris necesitara adaptarse a un sistema de guardería totalmente nuevo. Al final, ella accedió, y en última instancia pasar algún tiempo con su madre fue lo mejor para él, aunque las primeras semanas que no estuvimos juntos el dolor de la separación fue horrible.

Empezar en Nueva York resultó tan desalentador como todos me habían anunciado. Afortunadamente, acababa de conseguir una nueva cuenta que me ayudó a establecer mi escenario para causar sensación en la oficina de esa ciudad. De nuevo, como me había ocurrido con J. R., fue el resultado de una llamada inicial.

El tipo con el que contacté cuando marcaba números de Las Vegas se llama Ed Doumani, quien respondiendo a mi presentación me comenta:

—No, no compro demasiadas acciones, pero tal vez vendería alguna.

Sin estar muy seguro de adónde nos llevaba aquello, soy educado y le contesto:

—Muy bien, ¿de qué acciones estamos hablando?

—Poseo una parte de una pequeña empresa aquí en Las Vegas y estoy pensando en vender algunas acciones —me indica Ed de manera informal.

—¿Ah, sí? ¿Y de qué compañía se trata, señor Doumani?

—Del Golden Nugget —me contesta.

—Estupendo —le digo, y a continuación pregunto—, ¿a cuánto asciende su participación?

—A alrededor de seis millones de acciones.

Sin perder la oportunidad, le hago saber a Ed que Bear Stearns se especializa en la venta de acciones restringidas.

—Le ruego que nos haga saber cómo podemos ayudarle, y si le interesaría minimizar un poco los impuestos.

—Sí, eso me interesaría.

Después de colgar el receptor, como aturdido, tengo que pensar en la forma de jugar esta partida. Tardo un rato en hacer encajar todas las piezas: Ed y su hermano Fred son productores de la película *Cotton Club*, que se vio envuelta en un escándalo, junto con Bob Evans y algunos tipos más. Eso por no mencionar que los hermanos Doumani están teniendo algunos problemas con la comisión de juegos de New Jersey.

En vez de intentar quedarme con la negociación de los seis millones de acciones, pongo a Ed y a Fred en contacto con las personas adecuadas de Bear Stearns, que me convirtieron en una estrella de la noche a la mañana cuando llegué a Nueva York. Traerles esa cantidad de acciones, o alrededor de un seis por ciento de la propiedad del Golden Nugget, me proporcionó una credibilidad instantánea con los poderosos de la oficina de Bear Stearns en Nueva York. El rumor era: «¿Quién es este cabrón en San Francisco? ¿Cómo ha conseguido esto? ¿A quién conoce?».

No solo le estaba dando a su oficina lo que suponía potencialmente un negocio de diez millones de acciones, sino se trataba también de que Ed Doumani solo hablaría conmigo y no cruzaría palabra con nadie más en toda Nueva York si yo no estaba con él al teléfono.

De modo que, aunque me quedaba mucho por aprender para defenderme en medio de aquellos tipos, entré con algunas flechas en mi aljaba. De lo que me percaté de inmediato fue de que Bear Stearns, en el este o en el oeste, era un poco como los Oakland Raiders [los Saqueadores de Oakland; un equipo de fútbol americano profesional] de Wall Street. Todos sus empleados en ambas costas eran duros y tenían talento, muchos eran PLDs y muchos no fueron necesariamente a Harvard. Había varios personajes pintorescos, pero en conclusión, a pesar de la competencia, todos se preocupan los unos por los otros, y en determinado momento u ocasión estaban ahí para ayudarse. La diferencia entre las oficinas de Bear en San Francisco y Nueva York se parecía mucho a la discrepancia entre ambas ciudades. Bear Stearns de San Francisco contaba con energía, empuje, creatividad, oportunidad y gente superbrillante. ¡La oficina de Nueva York tenía todo eso, pero con esteroides! Todo se hacía a la enésima potencia. La intensidad añadida me iba bien y yo encajaba con ella. Además, había un nivel de desafío totalmente nuevo. En el lugar del que venía, escribíamos boletos, cobrando comisiones por todos los negocios que hacíamos. Un montón de tipos en Nueva York hablaban de establecer un negocio con un régimen de tarifas que eliminaría la necesidad de rellenar

boletos y pondría en marcha una corriente de ingresos de, digamos, unos tres millones de dólares al año.

Ese era el negocio en el que yo quería entrar. Sin embargo,
¿cómo lograrlo? Pues como siempre había hecho, formulando preguntas: «¿Cómo lo haces?». La respuesta era involucrándose en el
negocio de la gestión de activos para los clientes. Uno de los chicos
me lo explicó en detalle.

«A ver si lo he entendido. Alguien te da cien millones de dólares
al año para que los administres. ¿Entonces te pagan cincuenta puntos básicos, y tú sacas cinco millones de dólares al año?».

Esa era la esfera de influencia de la que Marshall Geller había
estado hablando. Mientras tanto, entre los hermanos Doumani, un
par de otras cuentas suculentas y J. R., no empecé mi aventura en
Bear Stearns de Nueva York con las manos vacías. No obstante, a
principio de 1986, la secretaria de J. R. me llamó para decirme:
«Chris, tengo malas noticias. J. R. murió la noche pasada mientras
dormía».

Desde luego que eran malas noticias. ¡Mi cuenta más importante había desaparecido! Con el tiempo esto no se notaría, sino era
un dolor inmediato. Y es que cuando una cuenta muere, el estado
detiene la negociación y luego procede al reparto entre toda la
multitud de buitres y beneficiarios. Curiosamente, en los últimos
días J. R. se había estado preocupando por el mercado y diciéndome que deberíamos deshacernos de todo y hacer efectivo. Para
honrar, pues, su última orden, levanté el teléfono y vendí hasta la
última acción de su cartera, quedándome con mi comisión de
sesenta mil dólares como reembolso por todos los chistes de negros.
El estado no tenía nada que decir al respecto, no después de todo
el dinero que yo había ganado para él y sus herederos.

Sin embargo, tras la partida del bueno de J. R., yo no buscaba
sustituirlo con un tipo de cuenta similar. Mi idea era darle una
oportunidad al negocio de la gestión de activos con un régimen de
tarifa. Una vez más, hice una llamada inicial, conectándome con
Bob, un ejecutivo a cargo de una cartera de ingresos fijos para una
empresa de Ohio llamada Great American Insurance Company.
Hicimos buenas migas y le interesó trabajar conmigo, pero había

un problema: resulta que al parecer su empresa ya estaba cubierta por Bear Stearns. Por si acaso, llamé a Ace Greenberg, el director general y socio mayoritario que me había introducido por primera vez al significado de los PLDs. Le pedí su autorización para ocuparme de Great American Insurance, y me sentí muy bien cuando Ace comprobó la situación y me dijo: «Esta es la situación, Chris. Puedes ocuparte de su cuenta, pero quiero que me informes semanalmente. Quiero saber cómo te va». *Clic.*

Transcurren dos semanas y estoy trabajando con Bob, mostrándole ideas, bonos y todo tipo de cosas, y a él le gusta lo que ve y me pasa su primera orden para empezar. Esta representa un boleto de veinticinco mil dólares. No está mal y yo estoy en el ámbito institucional. Emocionado, llamo a Ace y le digo: «Acabamos de hacer veinticinco mil dólares».

Silencio sepulcral. Tras una pausa, dice: «Gardner, estás despedido». Así, en el acto, se acabó. ¿Su razonamiento? «¿Has estado hablando con ese tipo dos semanas y lo único que le sacas son veinticinco de los grandes?».

Por segunda vez en mi vida sé lo que significa tener un músculo esfínter que funciona y me impide cagarme encima. Que Ace Greenberg me despida es el fin de mi carrera. No hay corte de apelación ni tribunal supremo.

Antes de poder pensar qué decir, a través de la línea retumba la mayor carcajada que he oído jamás. Ace vuelve a hablar: «Buen trabajo, Chris. Que tengas un buen día».

Era el rito de iniciación definitivo en el mundo de la inversión institucional y un ejemplo del perverso sentido del humor de Ace Greenberg. La experiencia también me abrió los ojos a la intensa competencia por el mercado institucional. A fin de tener ese amplio conocimiento y ser capaz de ofrecer algo único, desarrollé una innovadora estrategia en los meses siguientes para ir tras ese negocio de gestión de activos y del régimen de tarifa del que los demás chicos de Nueva York hablaban. Sin embargo, mi método era estrictamente mío. Se trataba de un proceso multipasos que implicaba contactar en primer lugar a la segunda persona en la jerarquía administrativa y ofrecerle algunas oportunidades especiales de inversión, y después, si no había un interés inmediato, rastrear en dólares reales lo que habían rechazado. Transcurridos tres meses, llamaría a la persona más importante de la empresa que había contactado anteriormente y le señalaría que ya los había llamado antes: «Los habría estado localizando ahora para enviarles un cheque por cien mil dólares, pero en aquel momento no les pareció interesante. Por esta razón me vuelvo a poner en contacto con ustedes...». Casi en todos los casos el interés era inmediato y a esto le seguía alguna operación posterior.

Conforme iba dominando esta estrategia, se me ocurrió por fin en qué negocio quería involucrarme, el mercado que Wall Street estaba manifiestamente ignorando, el campo que se me permitiría desarrollar en Nueva York y que pronto se convertiría en una parte clave de mi propio negocio cuando abriera mi oficina en Chicago.

Mi idea consistía en ir por ese mercado intacto y ofrecer las posibilidades del ámbito de productos y servicios de Bear Stearns, una de las empresas más rentables en la historia de Wall Street. ¿Cuál era ese mercado intacto? Bueno, yo quería empezar a llamar a los afroamericanos. Quería administrar el dinero de individuos en la esfera de influencia compartida por Quincy Jones, Stevie Wonder, Oprah, Michael Jordan. No solo quería invertir para artistas y atletas famosos, sino en nombre de instituciones negras, bancos negros, compañías de seguro negras, emprendedores y ejecutivos negros y fundaciones negras. Eso es lo que quería hacer. Aparte de que nadie más buscaba este mercado, me gustó la idea de fomentar la propiedad y la prosperidad de una minoría.

Con el apoyo de Ace Greenberg y mis otros jefes en Bear, fui a la ciudad, unas veces dando con las personas y otras sin conseguirlo. No obstante, a la larga, cuando las cosas empezaron a marchar de verdad, algo que sucedió a principios de 1987, hacía tantos negocios que nadie cuestionó mi decisión de dar el paso siguiente y abrir una oficina bajo mis propios auspicios.

Era un riesgo inmenso, tal vez el mayor de mi vida, y requeriría empezar absolutamente desde cero. También necesitaría alguna ayuda financiera y a alguien que creyera en la ambiciosa visión que tenía para mi empresa. La persona que dio un paso al frente dispuesto a invertir en mi sueño fue un caballero que respondía al nombre de W. J. Kennedy III, presidente de la North Carolina Mutual Life Insurance Company, la mayor compañía de seguros del país propiedad de una minoría.

Estaba avanzando. La visión se siguió expandiendo. Además del negocio de la minoría, quise honrar a mis tíos que tan duro habían trabajado y gestionar dinero para el mercado laboral. Quería invertir para educadores y defensores de la educación pública y la alfabetización. A fin de crear la asociación diversa con conocimientos especializados que tenía en mente, quería contratar a PLDs, tal vez no exactamente como yo, pero con habilidades similares de soñar a lo grande; deseaba asumir el mismo tipo de riesgo al que Dean Witter y Bear Stearns se habían enfrentado para cultivar un potencial como yo. Para hacer crecer mi negocio, quería explorar algunas ideas que tenía sobre lo que acabé llamando «capitalismo consciente», tanto por un interés filantrópico personal de devolverles un porcentaje de mis ganancias en los negocios a los sectores públicos de las zonas donde hice mi dinero, como por contar con una forma de inversión para alentar el potencial y las oportunidades a nivel global. Algunas de estas ideas habían sido moldeadas por el reverendo Cecil Williams y la iglesia Glide Memorial, y otras me fueron viniendo de algunas lecturas que había estado haciendo sobre economía avanzada. Siempre visité las bibliotecas públicas cada vez que había podido, solo para tranquilizar a mamá con respecto a que no había olvidado todos sus consejos.

Al escoger Chicago como la ciudad donde plantar Gardner Rich & Company, como le llamé a mi empresa, había vuelto a hacer un viaje en círculo, regresando a un lugar que no estaba lejos de Milwaukee ni de mamá, así como a una ciudad donde tenía muchísimos parientes. Este traslado tenía sentido, porque Chicago era una ciudad donde Christopher, de seis años, y Jacintha, de dos —que se habían mudado desde Los Ángeles a Chicago— podrían crecer y tener un lugar llamado hogar. Por lo tanto, en cierto sentido había recorrido un círculo hacia atrás. Sin embargo, también estaba haciendo algo nuevo: criando a mis niños, con lo que rompí el ciclo de niños sin padre que mi propio progenitor había comenzado.

A medida que mi compañía creció y mis sueños se materializaron, dándome la oportunidad de trabajar con acciones y fondos de pensiones institucionales por la bonita suma de varios miles de millones de dólares, así como de alimentar el crecimiento y la salud financiera de organizaciones como mi principal cliente, la Asociación Nacional de Educación, con sus millones de miembros, logré vivir ese otro sueño de viajar y ver el mundo. Las mujeres eran todo lo que tío Henry había descrito y más.

Tanto viajar resulta inevitablemente agotador, pero es algo que nunca se hace viejo. Llegar a la siguiente ciudad en busca de la próxima oportunidad siempre es emocionante. Por ocupado que esté, allí donde me encuentre intento salir y caminar por las calles, comprobar las aceras en busca de grietas para recordar lo lejos que he llegado y apreciar cada pequeño paso del camino, a fin de maravillarme y gozarme del hecho de que la búsqueda no acaba nunca.

Más bendecido de lo que mil hombres pudieran soñar

Abril 2004

Nada te puede preparar para la austera belleza de Johannesburgo, Sudáfrica, cuando desciendes atravesando las nubes y contemplas el perfil meridional de África que se extiende debajo de ti. Se trata en verdad de un mapa viviente.

Independientemente de las veces que he visitado Sudáfrica, cada vez que regreso experimento una intensidad emocional como ninguna otra que haya conocido. Esos sentimientos se intensifican aún más conforme mi avión aterriza para esta visita, en abril del año 2004, tras haber recibido una invitación de la jefatura de COSATU (Congress of South African Trade Unions [Congreso de Sindicatos de Comercio de Sudáfrica]) a fin de que sea uno de los doscientos observadores de todo el mundo que supervisarán las elecciones del 2004, un acontecimiento monumental que coincidirá con la celebración del décimo aniversario de la democracia y la libertad del pueblo de Sudáfrica.

Aunque había aceptado esta invitación —este honor— con gran orgullo, añadí una advertencia: «No abandonaré Sudáfrica sin tener una reunión individual con Nelson Mandela». Muy bien, me dijeron; si tenía paciencia, ellos harían que así fuera.

Entusiasmado por toda la experiencia, a mi llegada hago algo que no he hecho nunca en mi vida: salgo y compro una cámara con la intención de captar la realidad de lo que estoy a punto de presenciar, la culminación de diez años de democracia y libertad. Yo, como muchos millones de sudafricanos y personas por todo el mundo, me encuentro en un estado de asombro. ¿Quién hubiera pensado que esto ocurriría?

Durante mi primera visita a Sudáfrica, me acompañó un hombre al que he llegado a considerar un padre, Bill Lucy de AFSCME (American Federation of State County and Municipal Employees [Federación Americana de Empleados del Estado, el Condado y el Municipio]) y CBTU (Coalition of Black Trade Unionists [Asociación de Sindicalistas y Gremialistas Negros]), el cual me presentó al señor Mandela. Este gran hombre estrechó firmemente mi mano y me dijo palabras que nunca había oído decir a otro hombre en mi vida: «Bienvenido a casa, hijo».

Me vine abajo y lloré como un bebé. En esa época, tener cuarenta y seis años y que Nelson Mandela sea el primer hombre que me ha dicho jamás esas palabras me compensa todos y cada uno de los días del *blues* «Sin padre».

Ahora, cuatro años después, he vuelto. El 14 de abril, día de las elecciones, todos los observadores internacionales han sido organizados en pequeños grupos tras recibir las credenciales y las instrucciones el día anterior. Me sitúan con dos mujeres sudafricanas negras, ambas experimentadas observadoras y veteranas de la lucha contra el apartheid que han sufrido durante toda la vida. Con mi cámara preparada, empezamos nuestras rondas en East Rand, luego seguimos viaje hasta Alexandra, Orlando, y finalmente Soweto. Viendo las filas increíblemente largas de negros sudafricanos, todos de pie con esa elegancia, dignidad, humildad y paciencia, no saco ni una vez la cámara de mi bolsillo. Hacerlo sería una falta de respeto tan grande como tomar fotos en la iglesia.

Los rostros evocan un recuerdo antiguo y familiar, ya que podían ser personas que conozco en Chicago, Nueva York, Oakland, Milwaukee, o en casa, en Luisiana. No obstante, esta gente parece saber que no soy de Sudáfrica. Más tarde lo menciono y le pregunto a Jan Mahlangu de COSATU cómo es que todos saben que no soy sudafricano. Sonriendo, Jan me contesta: «Es por tu forma de caminar. Andas como si el espacio fuera tuyo. Tal vez se debe a todo el tiempo pasado en Wall Street».

No puedo evitar reírme.

La noche de las elecciones me encuentro en un colegio electoral convertido en una fortaleza. Nuestra tienda se encuentra en un estacionamiento, en el centro de Johannesburgo, no lejos del puente Nelson Mandela. Nuestras instrucciones son sencillas: entre otras, «que no entre ni salga nadie» hasta que todos estemos de acuerdo con el recuento final. Mi primer pensamiento es: *no más café ni líquidos.* No hay cuarto de baño en nuestra tienda. Por fin, tras algunas horas muy largas, tensas y en ocasiones angustiosas, hemos acabado. Como se esperaba, el ANC se alza con el ochenta y seis por ciento de los votos solo en nuestro conteo.

A mí me resulta muy interesante observar no solo el recuento, sino también la interacción entre los negros, mestizos e indios. Aunque las cadenas del apartheid se han roto, siguen siendo evidentes y psíquicamente funcionales.

Mientras continúo asimilando mucho de lo que ha sucedido durante mi visita hasta ese momento, el 15 de abril de 2004, mi espera para reunirme con el señor Mandela empieza oficialmente. Como me advirtieron, el aniversario de la democracia y la libertad sudafricanas se está celebrando por todo el mundo, y al parecer todos los países del planeta están enviando representantes, embajadores y jefes de estado. Aunque mi lugar en la fila es seguro, parece muy relativo. No importa, esperaré.

Durante ese tiempo de espera, la inauguración del segundo período de cinco años del Thabo Mbeki es otra experiencia sin precedentes en mi vida. La gente negra no ha parecido nunca tan buena, tan hermosa, tan real. Es casi como si la vida imitara el arte: en una escena sacada directamente de la película *El príncipe de Zamunda*, interpretada por Eddie Murphy, una procesión y una ceremonia tienen lugar en el Edificio Union, la Casa Blanca sudafricana, y en su parque de grama cerrado que equivale a nuestro Rose Garden. Las aclamaciones estallan mientras líder tras líder van haciendo su entrada. Los monitores Jumbotron muestran a la multitud que está frente a nosotros, unas cien mil personas que esperan la inauguración y la fiesta posterior. Finalmente resuena un rugido como no he oído otro. Solo puede significar una cosa: ¡Mandela ha llegado!

En esta etapa de mi vida he tenido el placer de sentarme al pie de la cancha en los juegos de las eliminatorias de la NBA, junto al ring en los combates de boxeo y en asientos de primera fila en los conciertos, pero nunca he experimentado un sonido como el que hacen cien mil almas gritando: «¡Mandela!». Una vez más, lloro, y los que me rodean me preguntan por qué. ¡No pueden entenderlo, pero a medida que me acerco a los cincuenta años de edad, es la primera vez que he visto a un presidente negro!

Mis sollozos quedan opacados por los sonidos de tres boings 747 de las Aerolíneas Sudafricanas que sobrevuelan nuestras cabezas dándole un saludo al presidente.

En los días que siguen, uso mi tiempo de espera para reunirme con el señor Mandela a fin de prepararme. Nelson Mandela se formó como el primer abogado negro de Sudáfrica y siguió adelante hasta formar la empresa Tambo y Mandela con Oliver Tambo, el líder del CNA [Consejo Nacional Africano], su querido amigo. Guardo esto en mi mente al prepararme para exponer un argumento: uno claro, conciso e irresistible.

Encuentro, asimismo, la empresa que fabrica las hermosas camisas de seda que lleva siempre Nelson Mandela: «Tengo una reunión con el señor Mandela», anuncio al entrar en sus oficinas principales, «tienen que hacerme una camisa. Quiero ir vestido de forma adecuada».

Mientras sigo aguardando, exploro Johannesburgo, Soweto y Ciudad del Cabo, mientras mis ojos permanecen abiertos como nunca antes. Solía pensar que sabía algo acerca de la pobreza. No has visto pobreza hasta que la has presenciado en África. Me duele el corazón a medida que observo y conozco más sobre las condiciones en que esos seres humanos están obligados a vivir. Con todo, a pesar de esta abyecta pobreza, existe una sensación de esperanza dondequiera que voy. El sentimiento entre los sudafricanos es que sí, las cosas son difíciles; sí, necesitamos trabajos; sí, necesitamos casas; sí tenemos que ocuparnos del VIH/SIDA; pero sí, también por primera vez en nuestra vida podemos soñar. Lo imposible ahora es sencillamente posible.

La espera no es estresante en absoluto. La sensación de lo que es posible facilita el paso del tiempo. También encuentro el lugar exacto donde viviré un día. La propiedad no está en venta, pero, sí, es posible.

De nuevo la preparación me consume. Tengo dos páginas de notas sobre las que hablar, las cuales resumo en dos sobres, por delante y por detrás, y luego reduzco ambos a uno solo, por los dos lados. Por fin, suena el teléfono: «El señor Mandela lo verá mañana a las once de la mañana», me dicen.

Estoy listo. He esperado veintisiete días, pero imagino que el señor Mandela esperó veintisiete años en la cárcel y yo he estado en un lugar mucho más bonito que él. Cuando llega la mañana, la única decisión que me queda por tomar es cuál de las fabulosas camisas de seda me pondré para la reunión. Hazel, mi empleada favorita en Park Hyatt, las mira y escoge la más regia de todas, explicándome: «Tiene que ser esta. ¡Te pareces a Madiba!». Usa el nombre del clan de Mandela para describir la camisa y la razón por la que debo ponérmela.

Me acompaña a la reunión uno de los principales hombres de negocios de Sudáfrica, Eric Molobi, que también estuvo durante un tiempo encarcelado en la Isla Robben con el señor Mandela.

En toda mi vida no he estado tan verdaderamente tenso. He asistido a grandes reuniones con personas sin duda muy importantes, pero esto es mítico, supera el ámbito de cualquier cosa que me haya ocurrido hasta ese momento o desde entonces. Solo unos pocos héroes de verdad me han importado: mi madre, Miles Davis, Muhammad Ali. Que esté a punto de conocer a Nelson Mandela, un héroe personificado, hace que comprenda lo que es tener una experiencia extracorporal.

Finalmente, Zelda, la asistenta personal del señor Mandela, viene a escoltarme y me informa que se me han programado quince minutos con Madiba.

Cruzo la puerta y allí está, derecho como una vela, con un aspecto totalmente regio y una de sus fabulosas camisas «Madiba». Sintiendo mi tensión, declara con una voz absolutamente majestuosa: «Chris, ¿por qué llevas mi camisa?».

Me relajo por completo y me siento frente a él, como me indican. Tiene ochenta y seis años y se mueve con paso decidido, pero con cautela. Sin embargo, sus ojos me analizan. Son los ojos de un luchador por la libertad de ochenta y seis años, quien a lo largo de la mayor parte de ese tiempo ha tenido que mirar a alguien y tomar una decisión instantánea. *¿Puedo confiar en esta persona? ¿Es correcta esta información? ¿Merece esto que le dedique mi tiempo?*

Empiezo a exponer mi argumento. Los fondos públicos estadounidenses han aumentado sus asignaciones a los mercados emergentes de todo el mundo, pero no han regresado a Sudáfrica. Un número muy significativo de los «jóvenes turcos» del movimiento laborista de los Estados Unidos, que dirigieron el movimiento para despojar a las empresas estadounidenses de las inversiones sudafricanas, son ahora presidentes, secretarios-tesoreros y fideicomisarios de sus fondos de pensiones. Como tales, están en una posición de influenciar, controlar o dirigir miles de millones de dólares de capital. En una base comparativa, Sudáfrica ha brindado mayores beneficios que todos los demás mercados emergentes. Recientemente se ha celebrado el décimo aniversario de la democracia y la libertad. Así como se utilizó una vez el capital como herramienta para ayudar a crear el cambio en Sudáfrica, se puede usar de nuevo para sostener el crecimiento y el desarrollo de este país.

Zelda entra y le hace una señal de que el tiempo ha acabado y le dice: «Señor Mandela, el embajador está aquí para su cita».

El señor Mandela habla de nuevo con su rica y majestuosa voz: «Dile al embajador que haga el favor de esperar».

Ahora sí que estoy animado. Concluyo mi presentación con un comentario que, según puedo ver con claridad, toca una fibra sensible. «Algunas veces las estrellas se alinean», señalo. «Este es nuestro momento. Mi momento. Mi oportunidad de usar todo lo que he aprendido en veinticinco años de trabajo en Wall Street y los mercados de capital para ayudar a producir un cambio en el mundo que ayude a las personas que son como yo». Es una oportunidad, le digo, para que la libertad económica esté tan disponible como la política. El señor Mandela formula preguntas después de que acabo de hablar, y por fin inquiere: «¿Cómo puedo ayudarte?». Le menciono los detalles y nos ponemos de acuerdo en ver adónde nos lleva mi idea.

Por fin puedo usar la cámara que compré para las elecciones y le pido a Zelda que me tome una foto con Madiba, sentados el uno junto al otro. Hasta el día de hoy sigue siendo mi más valiosa posesión.

Nos estrechamos la mano y me inclino para besar su frente. Sonríe. Sabe lo que nuestro tiempo juntos ha significado para mí. Estoy listo para seguir adelante, preparado para continuar.

Irónicamente, al abandonar la reunión y pasar por delante del embajador que ha tenido que esperar cuarenta y cinco minutos, él y su séquito me miran y todos parecen preguntarse: *¿quién demonios es este tipo?*

En este mismo lapso de tiempo, sigo buscando mi concepto de capitalismo consciente mientras vuelo desde Sudáfrica a San Francisco, donde me reúno con el reverendo Cecil Williams a fin de discutir su visión para el desarrollo económico del Tenderloin (mi antiguo vecindario). La idea básica de Cecil consistía en comprar toda una cuadra en el 'Loin con el objetivo de desarrollar un complejo que fuera lo suficiente grande para incluir un pequeño centro de convenciones, tiendas minoristas y restaurantes, y hasta un estacionamiento, pero lo más importante era edificar casas asequibles para personas que trabajaran en el centro de San Francisco. La reunión concluyó con la decisión de reducir su plan original de comprar toda la cuadra por unos doscientos cincuenta millones de dólares a seleccionar ubicaciones y propiedades a un costo de unos cincuenta millones de dólares. Nunca fue la envergadura de esta empresa lo que me motivó. Era cuestión de volver al punto de partida. No se trataba de negocios, sino de un asunto personal.

¿Qué es el sueño americano si no contempla la posibilidad de que alguien, cualquiera, pueda ir desde caminar por las calles del Tenderloin y preguntarse cómo dar el siguiente paso hasta poder ayudar a proveer viviendas seguras y asequibles en ese mismo vecindario para las personas que trabajan? Después de todo, los estudios han demostrado que aproximadamente un doce por ciento de todos los sin hogar de los Estados Unidos tienen trabajo y van a un centro laboral todos los días. Cada vez son más los estadounidenses que ven cómo el sueño se les escapa, y eso está mal. Y por cierto, alcanzar la riqueza por la que todos queremos luchar no debería consistir en lograr el dinero. En realidad, me han preguntado cuánto dinero equivale a la riqueza real. Mi respuesta siempre es la misma. Según mi definición, el dinero es la parte menos relevante de la riqueza. Mi patrimonio neto no aparece en Forbes 400, tampoco ambiciono verme en semejante lista, pero tengo salud, he criado a dos hijos como padre soltero (bendecido con el apoyo de un pueblo) que se han convertido en jóvenes destacados, y estoy en una posición que me permite hacer un trabajo que refleje mis valores. Esa es mi definición de la riqueza.

La riqueza también puede incluir esa actitud de gratitud con la que nos recordamos a nosotros mismos que contemos nuestras bendiciones. Para mí, ha sido una bendición haber podido romper el ciclo que me impidió tener una relación con mi padre, una de las razones por las que decidí estar ahí para mis hijos. Y ellos también han estado ahí para mí. Mi hijo Christopher y mi hija Jacintha son dos jóvenes adultos extraordinarios, y en verdad unas de mis personas favoritas en el mundo, tanto que los contraté a fin de que trabajaran para mi empresa, no solo porque los amo, sino también porque son muy trabajadores y capaces. Siempre han hecho que me sintiera orgulloso de ser su padre y siempre me han proporcionado la verdadera felicidad.

Para un adicto al trabajo como yo, ser feliz también puede significar quitarle algún tiempo a la búsqueda de esto, lo otro y lo de más allá para disfrutar de alguna diversión. El 26 de junio de 2005 me regaló una de estas oportunidades. Nuestra compañía fue la anfitriona de una fiesta para la Asociación Nacional de Educación en Los Ángeles. Mi socio, Ndaba Nstele, voló desde Sudáfrica. Sydney Kai Inis, nuestra coordinadora de eventos especiales, volvió a lucirse al invitar a artistas ganadores del premio Grammy como

Dave Koz, Jonathan Butler y Waymon Tisdale para el acontecimiento. Con el fin de recaudar fondos para el NEA Black Caucus [Comité Negro de la Asociación Nacional de Educación], organizamos una rifa. El primer premio consistía en dos billetes de ida y vuelta a Sudáfrica en clase ejecutiva, incluido un paquete vacacional. El valor total del viaje superaba los treinta mil dólares, mientras que el boleto de la rifa solo costaba diez y vendimos un montón de ellos.

El ambiente de celebración y la oportunidad de estar con maravillosos amigos y clientes resultó inolvidable, aunque el verdadero punto culminante de la noche, para mí en lo personal, fue la oportunidad de darles las gracias a tantas personas que habían formado parte de mi viaje, toda nuestra familia de la NEA, y en especial a mi antiguo jefe, Marshall Geller.

Fue él quien dio la aprobación final para ser contratado en Bear Stearns y me enseñó el valor de la esfera de influencia. Hasta el día de hoy, Marshall nunca se ha enterado de cómo usé su oficina como apoyo cuando J. R., mi cliente racista y contador de chistes, decidió visitarme en persona aquella primera vez. Sin embargo, Marshall sí conocía mi corazón. Me vio, día tras día, intentando llevar a cabo mi cuota diaria de doscientas llamadas, muchas veces mientras él estaba junto a mi escritorio, y en última instancia me comentó: «No es así como lo hacen los tipos grandes, ellos lo logran a través de una esfera de influencia». Desarrollar esa esfera de influencia me llevó los siguientes veinte años. Recientemente, creo que he captado la idea. Tengo que admitir que es asombroso estar al teléfono y poder decir con toda sinceridad que el señor Mandela sugirió que llamara.

Además de recaudar fondos para el Comité Negro de la NEA, nuestra fiesta en Los Ángeles fue para honrar a dos queridas amigas y puntales educacionales, Anne David de la Asociación para la Educación de Illinois y Linda Poindexter-Chesterfield de la Asociación para la Educación de Arkansas, las cuales se retiraban tras décadas representando a los maestros de la escuela pública y el personal escolar de apoyo. El acontecimiento, que atrajo a cerca de ochocientos representantes de la NEA, fue el lugar perfecto para

agradecerle públicamente a Marshall. Mi madre siempre me enseñó que las palabras más importantes eran *por favor* y *gracias*.

Para muchos niños que crecían —le recordé a la multitud— a
veces solo hay una persona en su vida, a menudo un maestro o un
jefe, dispuesto a darles esa oportunidad, ese voto de confianza, ese
receso que necesitan. Marshall Geller —expliqué— fue alguien
que le dio ese descanso a un joven corredor de bolsa llamado Chris
Gardner.

Marshall respondió a mis comentarios diciéndole a la muche-
dumbre que él estaba en el negocio de tomar un montón de decisiones, algunas buenas y otras malas. «Chris Gardner resultó ser una
buena decisión para nosotros», dijo con fingida modestia, aunque
no podía ocultar su orgullo casi paternal.

La única persona ausente esa noche inolvidable fue mamá. No
haber podido compartir mi éxito con mi madre me habría roto el
corazón. Afortunadamente, antes de morir hacía diez años, no solo
tuvo la oportunidad de verme prosperar, sino pudo participar de
mi éxito. Durante algún tiempo ella no entendió a qué demonios
me dedicaba para vivir. Tras numerosas explicaciones e intentos de
analogías, finalmente lo expresé de este modo: «Digamos que todas
estas compañías que represento están en el casino y yo soy la casa».
Aquello le permitió captar la idea.

Hacia el final de sus días, Bettye Jean no estaba del todo bien. Lo
que su cuerpo y su psique habían sufrido a lo largo de los años le
pasó factura. Si el dinero le hubiese podido devolver la salud, habría
gastado hasta mi último centavo en ello. Sin embargo, no fue posible, y cuando recibí la noticia de su pérdida, mis hermanas y yo
tuvimos muy claro que mamá, aquella preciosa dama que vino a mí
por primera vez para hacerme caramelo, desde muchos años atrás
había apresurado su propia muerte bebiendo cuando sus doctores
se lo habían prohibido.

Perder a mamá me rompió el corazón, creando un vacío en el
mundo en el que un día había estado su sonrisa. Hasta el día en que
me muera echaré de menos verla sonreír. Quedaban muchas cosas
por venir que me hubiera gustado compartir con ella para hacerla
feliz.

Esto fue lo que le dije a mi tía Dicey Bell cuando me puse en contacto con ella en Chicago para contarle los apasionantes sucesos, no solo la fiesta de la NEA, sino también los proyectos que se estaban desarrollando con Glide y mi sociedad con Pamodzi Investment Holdings en Sudáfrica. Había crecido y me había hecho un hombre de provecho, me había graduado y ahora era un ciudadano del mundo, se lo debía a muchos que se arriesgaron por mí, pero a nadie tanto como a mamá. ¡Era muy importante para mí que supiera hasta donde había llegado gracias a ella!

Tía Dicey Bell me aseguró que mi madre había gozado de todos y cada uno de los gloriosos segundos de todas mis aventuras. «Chris», me dijo, y fue todo lo que necesité saber, «justo ahora tu mamá está en el cielo danzando con sus alas».

Aquello era tan perfecto; y por la forma en que lo dijo, tenía que creer que era verdad. Ella estaba bailando con sus alas puestas y asegurándose de que yo siguiera siendo bendecido con creces, más de lo que mil hombres pudieran soñar. Desde luego que sí.

Chris Gardner es director general de Gardner Rich & Company, una empresa corredora de bolsa multimillonaria con oficinas en Nueva York, Chicago y San Francisco. Siendo un ávido filántropo y conferenciante motivacional, está comprometido con muchas organizaciones —en particular con las relacionadas a la educación— y recientemente recibió el Premio al Padre del Año entregado por la National Fatherhood Initiative [Iniciativa Nacional de la Paternidad]. Oriundo de Milwaukee, Gardner tiene dos hijos y reside en Chicago y Nueva York.

Quincy Troupe colaboró con Miles Davis en *Miles: La autobiografía*. También escribió *Miles y yo* y *Little Stevie Wonder*. Un célebre poeta que también es autor de *Transcircularities* y *The Architecture of Language*.

Como coautora y escritora por encargo, Mim Eichler Rivas ha escrito más de catorce libros, incluido *Finding Fish*. *Beautiful Jim Key*, que marcó su debut como autora exclusiva.